SEARCH FUNDS &
ENTREPRENEURIAL ACQUISITIONS

搜索基金与收购式创业

如何收购企业并走向成功

The Roadmap for Buying a Business and Leading it to the Next Level

【比利时】让·赛门（Jan Simon） 著　　王逸樵　译

上海财经大学出版社
SHANGHAI UNIVERSITY OF FINANCE & ECONOMICS PRESS

图书在版编目(CIP)数据

搜索基金与收购式创业：如何收购企业并走向成功 / (比) 让·赛门 (Jan Simon) 著；王逸樵译. -- 上海：上海财经大学出版社，2025.1. -- ISBN 978-7-5642-4538-2

Ⅰ. F271.4

中国国家版本馆 CIP 数据核字第 2024MN7862 号

□ 责任编辑　台啸天
□ 封面设计　贺加贝

搜索基金与收购式创业
如何收购企业并走向成功

［比利时］　让·赛门（Jan Simon）　著
王逸樵　译

上海财经大学出版社出版发行
（上海市中山北一路369号　邮编200083）
网　　址：http://www.sufep.com
电子邮箱：webmaster@sufep.com
全国新华书店经销
上海华业装潢印刷厂有限公司印刷装订
2025年1月第1版　2025年1月第1次印刷

710mm×1000mm　1/16　22.5印张(插页:2)　340千字
定价：89.00元

图字：09-2024-0828 号

Search Funds & Entrepreneurial Acquisitions
The Roadmap for Buying a Business and Leading it to the Next Level
Jan Simon

ⓒ Jan simon 2021. All rights reserved.

Simplified Chinese translation edition copyright ⓒ 2025 by Shanghai University of Finance and Economics Press.

2025 年中文版专有出版权属上海财经大学出版社

版权所有　翻版必究

中文译者序

自 1984 年首支搜索基金成立以来，这一模式逐渐成熟，为创业者开辟了兼具创新与稳健的新路径。它汇聚了创业者、中小企业、高校和投资界的资源，共同推动企业和经济的可持续发展。欧美顶尖学府和资深投资机构积极参与其中，不仅因其年化 30% 以上的可观回报，更因为其激发的活力和社会价值。通过搜索基金，创业者无需从零开始，而是通过收购现有成熟企业，通过卓越的运营治理和进一步发展，直接实现价值创造。

将搜索基金引入中国具有深远意义。当前，中国经济正处于结构调整和产业升级的关键期，约 300 万个家族企业面临传承与转型的双重挑战。随着改革开放的深入，中国即将迎来最大规模的企业继任浪潮，这不仅将重塑国内产业格局，也将深刻影响全球供应链。然而，数据显示，仅约 10% 的制造业家族企业继承人愿意延续家业；即便在全球范围内，成功完成代际传承的企业也仅约为 30%。此外，双创时代涌现出大量分布于制造、消费服务、创新科技等领域的中小企业，经历快速发展后，不少面临增长瓶颈，亟须数字化管理、创新驱动和海外拓展实现突破。在此背景下，收购式创业的引入为这些企业提供了持续经营和转型升级的路径。

我对中小企业怀有特别的关注和尊敬，源于它们在社会经济中的独特地位。中小企业不仅是经济创新与灵活性的象征，更是社会经济的基石。数据显示，在中国，以家族企业为主的民营企业占中国所有商业活动的 90% 以上，贡献了中国 60% 以上的国内生产总值、一半以上的税收、70% 以上的技术创新和研究，以及 80% 以上的城市就业。中小企业在推动创新和促进社会稳定方面贡献不可忽视，也真正体现了市场的多样性和韧性。从长期看，我希望我们所处的世界依旧由生机勃勃的中小企业构成。唯有在充满活力、保持创新的中小企业生态中，人类社会的创造力和无限可能性才能被不断激发。因此，每一位中小企业主都令人敬佩——他们用智慧与毅力创造价值，推动社会的进步，为整个经济体系注入了无法替代的活力。

收并购市场的回暖为这些企业提供了新的成长路径。从长期来看，部分企业将被继承，部分将自然消亡，而另一部分则会通过并购易主，继续发展壮大。随着中国金融市场的日渐成熟、交易方式的多元化，并购市场的活跃已成趋势，中小企业的并购交易也愈发频繁。企业在从"0 到 1"、从"1 到 100"再到"100 到 10 000"的不同成长阶段，或在不同的历史背景和国际环境中，对管理风格、领导能力和外部资源的需求各不相同。具备强大学习能力和适应力的顶尖企业家或许能从容应对这些变化，而对于其他企业而言，收购创业者的进驻及其带来的新视角和资源，或许正是企业实现更长远发展的关键。

在推广搜索基金的过程中，我接触到许多卓越的收购创业者。他们具备敏锐的商业洞察力、出色的领导力、强大的执行力和精准的判断力。与从零开始的创业者不同，收购创业者能够迅速融入企业现有的运营模式，快速学习并识别优化空间，推动变革。在财务上，他们注重长期稳健增长，而非追逐短期收益。相比在大企业内部创业的管理者，收购创业者更加亲力亲为，推动核心调整，勇于承担风险，能在稳健中创新，助力企业市场拓展。因此，这些收购创业者是搜索基金模式的核心人物，推动模式持续成功发展。国际搜索基金社区则为他们提供支持和资源，帮助他们在不同市场和行业中充分施展才华。

当前，长期持有企业的趋势愈发显著，市场逐渐认可持续创造价值所带来的复利效应。然而，也有人认为"勇者终成恶龙"，担心那些原本立志长期经营的收购创业者在丰厚的退出收益面前难以抗拒诱惑，提前出售企业，削弱了长期价值的创造。对此，我们认为，收购式创业模式具备高度的灵活性，可以帮助创业者在短期报酬与长远发展之间取得平衡。

此外，搜索基金的引入为国内投资者提供了独特而优质的资产配置机会，尤其受到家族办公室和新一代企业家的青睐。随着财富积累加速，许多新兴家族办公室应运而生，这些机构对多元化和长期投资的需求日益增加。借鉴海外经验，搜索基金的核心投资人群体包括关注影响力投资的高净值人士、家族办公室、专业投资机构和中小型私募股权基金等。他们通过投资搜索基金，不仅支持年轻人发展，更助力目标企业实现价值创造。作为一种独特的优质资产品类，搜索基金满足了国内投资者在实现资产增值的同时推动社会价值创造的双重需求，逐渐成为高净值人群和影响力投资者资产组合中的新选择。

本书有几点处理需在此特别说明。根据最新的斯坦福大学报告，"传统搜索基金模式"已更新为"核心搜索基金模式"。为忠实呈现原著内容，本书沿用"传统搜索基金模式"的表述，不做进一步修改。此外，书中涉及的部分收购创业者的搜索基金多已注销，且这些基金大多未在国内运营，因此我们决定保留其英文名称，不做中文翻译。

最后，我要向所有帮助到这本中译本的前辈、伙伴和家人致以深切的感谢。感谢原书作者让·赛门（Jan Simon）教授对我的支持与信任，正是他的耐心和鼓励让我坚定地完成了这本译作。感谢我的搜索基金启蒙导师 A. J. 沃瑟斯坦（A. J. Wasserstein）领我入门，并在商业知识和人生智慧上给予指导。感谢行业前辈的指引，特别感谢曹啸教授和李沛伦先生，感谢管建军律师提供的中文保密协议模版；感谢同行伙伴的帮助，如我在耶鲁大学的同班同学、国际资深搜索基金投资人墨何塞（José Moreno），我的前同事魏添、刘天宇、杨瑜宝，以及 Search Panda™ 社区伙伴胡宇晴、倪玎等，他们的宝贵建议让我在翻译过程中备感信心。还要感谢我的家人，尤其是我的爱人王婉清，他们不懈的支持与鼓励让我得以专注于这项工作，而我两个孩子天真烂漫的笑容更是翻译过程中的不竭动力源泉。

我衷心期望此书能成为中国收购创业者、投资人和中小企业家们参与搜索基金的参考指南，为各相关方提供启发，帮助他们更深入地理解搜索基金的独特价值。也希望通过这本书，能共同推动这一模式在中国的本土化与发展，为我国经济的"毛细血管"——中小企业注入持续的活力与增长，培育出更多具有创新力和国际竞争力的"小巨人"企业，为中国经济的高质量发展提供强劲动能。

王逸樵

2024 年 11 月于上海

序　言

我清晰地记得罗伯·约翰逊（Rob Johnson）向我介绍搜索基金（又称收购式创业）这个精彩世界的那一刻：我们当时都在教另类投资领域的课程，刚开始分享彼此的投资策略和理念哲学，罗伯建议我了解一下搜索基金，并简单介绍了一番。听完后我觉得自己一定理解错了，谁会把钱给刚毕业的 MBA 学生[①]去搜索收购标的？甚至还提供资金给这些缺乏经验的学生去收购公司，并认为他们能成为 CEO[②]？

抱着些许怀疑和好奇，我认真研究了搜索基金。我发现，竟然真的存在着由一群高度自驱的搜索人、专注的经营者和善于赋能的投资人组成的搜索基金社区！他们合作收购一家家公司，不断将经营者培养成商业领袖，并为公司的所有相关方创造深远价值。搜索基金社区的成立最早可追溯到 1984 年。

我为这个"传递先辈智慧，扶持后起之秀"的好主意拍案叫绝：让富有经验的投资人给冲劲十足的年轻人当创业导师，并提供收购资金。然而，我也为隐藏在其背后的风险忧虑不已。这些在实质意义上未曾担任过领导职位、平均年龄 32 岁的年轻人，如何成为优秀的 CEO？在寻找答案的路上，我将好奇心化为热情，从观察者做起，后来成了顾问，再到现在成为搜索基金的导师、教育者和投资人。

在身份不断转变的同时，我发现了搜索基金有三个环环相扣的优势：绝佳的

[①] MBA 的全称是 Master of Business Administration，工商管理专业型硕士研究生。——译者注
[②] CEO 的全称是 Chief Executive Officer，首席执行官。——译者注

投资业绩、体系化的运作模式和高度协作的社区，分别代表了"是什么""怎么做"和"为什么"。

首先，和其他人刚接触搜索基金时的情况一样，我研究了每一份研究报告，惊讶地发现，即使回溯到1996年，搜索基金的平均年回报率持续高于30%，且始终维持在这一水平。

我此前的学术研究主要集中在两个方面：投资业绩的持续性和投资的决策流程，尤其在对冲基金领域。因此，我深知投资行业中所谓的业绩持久性，或者普通人所称的"投资技巧"，几乎是不存在的。除却风险投资、私募股权投资，还有为数不多的特定对冲基金策略以外，从统计学上来讲，"阿尔法收益"是不可持续的。

那么，究竟为何搜索基金这一投资类别的高回报率无法被风险溢价理论[①]解释？我的兴趣被完全激发出来了。

这个问题驱动着我发现了搜索基金的第二大优势：成体系的运作模式。搜索基金有时被比作马术比赛——骑师就好比搜索人或经营者，马匹被比作被投公司，而驯兽师则代表投资人或董事会成员。说实话，我骑马从未上过赛道，而且这辈子也只骑过小马"丹尼"——那是在加拿大不列颠哥伦比亚省，靠近70英里屋[②]，恬静温馨的格雷厄姆·登顿度假农场。省略其余细节，我只能说，我下马的时候，小马"丹尼"好像终于松了一口气。

不过，我对站立划水板却充满兴趣，并经常练习。不论春夏秋冬，你都能在温哥华附近的霍布桑德港湾找到我。和搜索基金模式一样，想要划好站立划水板需要六个要素：气候条件（宏观经济条件）、海面情况（行业）、划水板（公司）、冲浪者（经营者）、划水桨（投资人/董事会），还有协调以上所有要素的能力。

搜索基金模式中最重要的是那位缺乏经验的经营者，这样的经营者既是风险

---

① 根据风险溢价理论，投资者期望从风险较高的资产中获得更高的回报，以补偿他们承担的额外风险。这种额外的回报被称为风险溢价。

② 加拿大地名。

的主要来源，也是丰厚投资回报的根本原因。由于投资人支持的是一些缺乏经验的经营者，他们要尽量减少其他的不确定因素，那么收购处于优秀行业中的优质公司就十分必要。不但如此，一个经验丰富、给予全力支持的董事会也能进一步降低各类风险。

快进到五至七年以后，现在这个被投公司的经营者和董事会都已经从这个管理有方的公司和良好的市场环境中获得了更多的资本回报，经营者自身也逐渐变得经验丰富、富有知识。这样一来，企业的业绩和估值系数通常会进一步增长。

搜索基金的运作模式能解释业绩表现，但关于业绩的持续性，则要归结于高度协作的搜索基金社区。最开始的包括埃文·格罗斯贝克（Irv Grousbeck）、吉姆·萨瑟恩（Jim Southern）、科克·莱丁吉尔（Kirk Riedinger）、杰米·特纳（Jamie Turner）等先驱们共同创造了搜索基金社区的协作文化，这样的文化使得潜在搜索人和潜在投资人发现信息搜集的过程非常容易，因为现如今的搜索人、经营者和投资者正在传递过去他人善意给予的帮助。他们深刻认识到搜索基金模式的成功离不开高度的协作，从而能让年轻人实现梦想，让其他相关方同时分享回报。

从本质上讲，这种协作文化相比于私募股权行业更加贴近学术界。如此看来，那么这种模式与知名商学院紧密相关，并且许多投资者也在这些学校任教，就并不十分令人意外了。帮助下一代领袖的事业发展及个人成长，同时协助建立一个更大的社区，这样的愿景对于商学院和搜索基金投资人已然成为共识。当然，每一位社区成员都有责任一起营造氛围并创造价值。

通过与罗伯·约翰森（Rob Johnson）、彼得·凯利（Peter Kelly）和西蒙·韦伯斯特（Simon Webster）的合作，我致力于解决如何让年轻人在没有资金且经验有限的情况下收购一家公司，成为其 CEO，为股东们创造超额回报，还为其他利益相关方提高经济效用。我们这么做为的是给读者提供一个关于搜索基金模式细微之处的深度解析。

搜索基金仅仅只是个人或团队开展收购式创业的其中一种模式，但也是目前被研究最广泛、最详细的模式。在自筹资金的情况下，搜索人无需对外融资便可开始搜索，而在加速器中的创业者也不用劳心费神地去说服十几位投资人收购的价值。

通过仔细研究搜索基金模式，我们不但能帮助读者全方位理解收购式创业的各个可能的阶段，还能告知读者跳过其中一些步骤的好处和风险。

这本"路线图"首先是为那些想要冒险开始搜索、收购和管理公司的创业者提供的分步骤指引。自20世纪80年代那些才华横溢、兼收并蓄的先驱者开始，由个人或团队接管私人企业的搜索基金模式被不断学习、调整并改善。这本指引总结了收购式创业和搜索基金社区的经验、知识和研究成果，并为有志之士提供方向。

这本指引也可以服务于不曾了解收购式创业和搜索基金的投资人，或正在考虑是否要支持一个收购创业者开展搜索或提供收购资金的投资人。投资年轻人，好比抚育他们，伴随而来的是责任。本书会揭示如何在不同阶段，给这些勇敢的年轻人予以最佳的辅佐、教导和支持。因此，本书同样适用于那些在被投公司担任董事或股东的搜索基金社区成员。

我们已经知晓收购式创业社区和商学院有着良好的联动，而搜索基金尤为甚之。不过与商科教育其他领域所不同的是，收购式创业和搜索基金有着类似医学院的培养模式：心脏科医生平时上午手术，下午教课，晚上和周末做研究。而我们的教授们在顶级商学院教授收购式创业和搜索基金的相关课程的同时，自身也是连续投资人，并持续输出相应的支持材料。即使其他地方还未形成这样的联动，我们也遇到越来越多的教授讲师对这个快速发展的创业模式有着浓厚的兴趣。我们认为该指引会对那些在收购式创业领域有创造、创新和探索热情的导师和学生有帮助。

在开始之前，我们先对以下五点进行澄清。

第一，如之前所说，搜索基金只是本书称为收购式创业大类范畴中的一种表达形式，关于这点第一章会有更详细的解释。收购式创业本身横跨多个领域，对于一个胸怀志向的CEO，收购式创业相比单纯创业需要更多方面的考虑和决策。

第二，虽然本路线图对于在收购式创业过程中任意一个阶段——或刚刚萌生想法，或正在执行的人皆有帮助，但本书十分依赖于搜索基金的相关研究、最佳案例及其社区。毕竟搜索基金是所有模式中研究最透彻的一个模式。本书会将"搜索基金"与"收购式创业"在合适的地方互换使用。

第三，本书在撰写过程中，多元化、公平性和包容性声明（EDI）终于得到了重视，诸多举措予以实施。为了表示对 EDI 的支持，你会发现本书的主人公（搜索人和经营者）为女性。EDI 显然不仅仅表现为性别多样性，但本书目前只能如此表现（我们希望下个版本有所改变）。实际上，最新的斯坦福大学研究报告显示，7% 的搜索人为女性，IESE 则指出 4% 的国际搜索人为女性。关于少数族裔的占比暂无数据，传闻中比例很低。可以见得，如果搜索基金是收购式创业的代名词，那么所有收购式创业的相关人士都需要在 EDI 方面做得更好。不过，最近已经有几个值得注意的倡议活动，其中一个为"女性搜索人网络"，由 TTCER 的莎拉·罗森塔尔（Sara Rosenthal）和 Hunter Search Capital 的莱西·威斯默（Lacey Wismer）发起。另一个是"黑人搜索人网络"，由 Apex Physics Partners 的基思·伯恩斯（Keith Burns）和迈克尔·库里（Michael Curry）发起。

第四，一些人单独追寻收购式创业梦想，另一些人会和其他人合伙。在搜索基金领域过去的两年里，20% 的搜索人会合伙搜索（斯坦福大学商学院数据），而除美国外，国际上同期则有 40% 的搜索人合伙搜索（IESE 商学院数据）。在收购过程中，团队成员有着不同的分工方法：他们可以是联合 CEO，CEO 和 COO，CEO 和 CTO，CEO 和 CFO，等等。经常不担任 CEO 的合伙搜索人，会成为董事长。秉持奥卡姆剃刀[①]的原理精神，本书省略了更为复杂的情况，仅假设独立搜索人成为 CEO 的情况。

我最后想说的是，在许多资本主义国家，一种趋势正在形成：企业股东的权益优先级遭到质疑，同时企业被要求解决范围更广的问题，如从气候变化到贫困的诸多问题。这将管理职责（或使命）从股东权益高于一切的原有规则悄然转

---

① 奥卡姆剃刀理论又称"简约法则"，强调"如无必要，勿增实体"，能简化的就不要过度复杂处理。

变，转变到需要平衡和认识到所有的企业利益相关方的权利和义务的新的商业世界法则。本书反映了 CEO 们需要平衡日益增强的社会期望和既有法律受托责任的现实情况。

希望你享受本书，享受这个旅程。

愿原力与你同在，年轻的绝地武士！

让·赛门

2021 年 5 月 4 日于狮子湾①

---

① 狮子湾（英语：Lions Bay）是加拿大不列颠哥伦比亚省大温哥华地区西北角一个风景优美的村落。——译者注

目　录

第一章　人生没有彩排，做出你的选择 / 1

收集信息 / 3

 挖掘自我 / 3

 挖掘收购式创业的机会 / 4

  传统搜索基金（资助搜索）/ 5

  自费搜索 / 11

  独家赞助搜索 / 14

  加速器模式 / 15

  特殊目的收购公司（SPAC）/ 17

  绿地投资机会 / 19

决策过程 / 20

 搜索、收购并管理一家公司，对你来讲是一条可行的职业道路吗？/ 21

 哪种收购式创业模式合适你？/ 22

 你应该与人合伙还是单干？/ 23

第二章　钱有千面，如何募资？ / 27

准备 / 30

 预算 / 30

投资单位和投资人 / 33

准备私募备忘录和融资演示文稿 / 34

　　私募备忘录 / 34

　　融资演示文稿 / 36

投资团（辛迪加）/ 36

　　搜索目标公司 / 37

　　尽职调查 / 37

　　收购 / 38

　　管理公司 / 38

　　退出 / 38

　　拼凑具有多面能力的辛迪加 / 38

募资过程 / 39

　　非正式会议 / 40

　　与本地投资人见面 / 41

　　与国际投资人会面 / 41

　　保持势头 / 43

你所提供的投资机会 / 44

　　搜索国情况 / 44

　　搜索人资质 / 46

第三章　精益求精：搜索（上）/ 50

过程持续优化 / 52

　　数据和数据库 / 52

　　客户关系管理系统（CRM）/ 54

　　行业和/或机会主义搜索 / 54

　　交易中介、其他专业人士和人脉网络 / 57

　　河流向导 / 59

目　录

　　实习生 / 59

　　始终保持势头 / 61

创造学习环境 / 62

　　顾问委员会和投资者导师 / 63

　　季度报告或业务动态分享 / 64

　　实验 / 66

　　学习小组 / 68

　　打破框架和反馈环节 / 69

　　最佳实践 / 69

为未来做准备 / 71

　　反馈 / 72

　　顾问委员会会议和投资者导师 / 73

　　导师 / 74

第四章　寻找圣杯：搜索（下） / 75

行业的视角 / 76

　　行业竞争力 / 76

　　行业集中度 / 78

　　颠覆性 / 79

　　趋势、潮流和增长性 / 81

　　周期性 / 83

　　政府治理 / 84

公司动态特征 / 87

　　收入 / 88

　　EBITDA 和 EBITDA 比率 / 92

　　历史增长 / 93

　　可持续的竞争优势或护城河 / 94

复杂性和其他企业风险 / 96

集中度 / 98

资本支出 / 101

退出 / 103

 IPO / 103

 私募股权 / 104

 战略买家 / 105

第五章 探云撩雾：收购（上） / 111

接触卖家 / 113

 第一次会面 / 116

 陷阱 / 117

 意向书（LOI） / 123

报价 / 127

 公司估值方法其一：倍数法 / 129

 谈判：谈论价值和价值观 / 135

尽职调查和买卖协议 / 139

 尽职调查过程 / 140

 尽职调查的类型 / 142

 买卖协议（SPA） / 150

第六章 循序渐进：收购（下） / 157

资本结构 / 158

 金融工具 / 161

 公司估值方法其二：杠杆收购模式 / 163

 与银行谈判 / 168

投资者 / 170

评估机会——保密信息备忘录（CIM）/ 171

    CIM 概述样本 / 171

    评估搜索者——CEO 准备程度 / 174

    投资者的参与和承诺 / 175

成交 / 179

第七章　先活下来：管理（一）/ 181

为第一天做准备：沟通计划 / 182

    与谁沟通 / 183

    沟通什么 / 183

    如何沟通 / 185

    何时沟通 / 185

前一百天 / 193

    管理报告 / 196

    有组织地学习 / 198

    定下管理基调 / 201

    创造文化 / 204

第一年 / 208

    打造价值创造的平台（未雨绸缪）/ 208

    设定和传达目标（活在当下）/ 213

第八章　打好基础：管理（二）/ 215

人员管理 / 217

战略机遇 / 225

    战略发展 / 225

    组织双元性 / 226

        现有业务开发 / 228

新兴业务探索 / 228

商业模式 / 230

运营模式 / 233

 运营模式的卓越化 / 234

 运营模式创新 / 235

财务管理 / 240

艰难的岁月 / 242

第九章　经营老手：管理（三） / 244

资本配置 / 249

资本结构机会（包括财务政策）/ 252

兼并和收购 / 255

 战略理由 / 257

 关于财务的论述 / 261

  第一步：独立估值目标公司 / 262

  第二步：评估协同效应 / 263

  第三步：确定你可以放弃的部分 / 265

 资本结构 / 265

 执行——并购后整合（PMI）/ 266

 并购的成功与否 / 271

一致性模型 / 276

 输入 / 278

 产出 / 279

 转换过程 / 280

第十章　董事会与企业治理：管理（四） / 282

受托责任 / 284

董事会的作用 / 285

  选择首席执行官 / 285

  理解和批准战略 / 287

  监控财务情况 / 287

  确保合规 / 288

  支持首席执行官 / 288

董事会基础知识 / 291

建立一个优秀的董事会 / 295

董事会的维护：如何管理一个优秀的董事会 / 297

公司目标和董事会角色的转变 / 301

第十一章　放手离开：退出 / 304

退出方式 / 305

  资本重组 / 306

  重置资本 / 306

  贸易出售：企业买家 / 306

  贸易出售：私募股权买家 / 307

  上市（IPO） / 308

提前规划退出 / 308

退出的驱动因素 / 309

  对退出时机的反思 / 311

启动退出 / 313

退出过程 / 314

  需要参与的人员 / 314

  关键角色 / 315

  数据空间 / 315

  谈判 / 316

管理退出过程 / 316

这是一个非常个人化的决定 / 318

退出后的生活 / 318

  我想做什么？/ 319

  新的职业 / 319

  我想成为什么样的人？/ 321

致谢 / 323

关于作者和贡献者 / 327

关于作者 / 327

关于贡献者 / 328

附录 / 330

保密协议 / 331

推荐语 / 336

第一章

人生没有彩排,做出你的选择

带着自信迈向自己的梦想,实践自己想象中的生活方式。

——亨利·大卫·梭罗

二十年后,相比你做过的事,你会为未做的事更加懊恼。所以,解开帆索,驶离安全港,乘着信风扬帆起航吧。去探索,去梦想,去发现。

——马克·吐温

收购式创业是指收购一家公司并成为 CEO 和公司股东的创业形式。在创业光谱中,收购式创业者介于初创公司发起人和企业内部创业者[①]之间。她和初创公司发起人有相同之处,也会成为公司的管理层,最常见的是担任 CEO,并持有公司的一定股份。和内部创业者相似之处,则是都"加入"了一个已经存在的公司,公司本身有自己的客户、供应商、组织架构、员工、历史沿革和公司文化等。

收购式创业的全程可以包含收购理想公司前后的许多步骤:收购前,创业者可以筹集资金来完成对于目标公司的搜索;谈判时,对于公司的尽职调查当然也必不可少,能降低投资的下行风险[②];交割后,收购创业者则希望能够带领公司发展,精益管理,为相关方创造价值。最终,收购创业者会退出,并为自己未来的事业生活做出其他打算。你所阅读的这本指引,囊括了这段精彩旅程的

[①] 在发展完善的公司中,作为公司职员充分运用自己的组织管理能力和创造能力的创业者。——译者注
[②] 下行风险为投资或行动可能面临的负面风险或损失。——译者注

每一步骤。

那么在开启这段旅程前,我们需要回答两个根本问题。首先,"收购式创业"是否适合你?若适合,哪种"收购式创业"的具体模式对你来说更加可行?本章节将先带你了解不同具体模式的机会集合①,再为你呈现关于决策流程的一些讨论,带着这些信息,帮助你做出一个明智的决定,并指引你前进的道路。

选择事业令人兴奋也令人犹豫不决。因为选择就意味着失去——每个决定所引发的路径都不同,充满不确定性,也等于放弃了其他路径的重要机会。但我们必须衡量选择的利弊,也必须做出决定。

决定的依据来源于信息的输入和处理。专业投资人,通常依靠投资委员会来评估投资机会本身(输入)和对于投资机会的分析(处理)。同样,当做出事业选择时,未来收购创业者应该仔细并系统地检验相关事实(输入),并评估决策过程(处理)。

除输入和处理之外,还有其他的因素。对于商业人士,社会压力和同辈压力有着超乎想象的影响,MBA学生更是深受其苦。在这样的压力下,他们可能无法依赖于全面分析,使得决策有了确认偏误②。这种偏见再加上浅层分析,往往会导致不理想的职业选择。

良好的事业选择是以较平衡的尽职调查为基础的——包括积极寻找相关且无偏见的信息,并将其深入分析。分析是为了明确自己真正想做什么,而不是为了合理化的自己选择。一旦对所求真正了解,你便可以自信地去往梦想的方向,并予以实现。

---

① 机会集合是指在预算约束和时间约束下,经济个人所能够做出的选择的集合,即那些在实际中可行的全部选择所构成的集合。——译者注
② 确认偏误是社会科学范畴的概念,这种认知偏见指人们倾向于寻找、关注和解释那些符合自己预期和信仰的未加验证的信息,而忽视、忽略或贬低那些与自己观点相悖的事实和数据。

收集信息

在制定任何决定以前,未来收购创业者要收集足够的信息。而最关键的信息来源,是你自己和相关的机会集合,只有当你将二者充分挖掘、理解,并进行连接,才能做出更好的决策。

挖掘自我

我是谁?我想要成为什么样的人?为什么?我真正喜爱什么?想要什么?

大多数商业人士能够快速给出答案,至少是表面答案——而稍微进一步探究,就很容易支支吾吾。由于时间宝贵,便将问题抛之脑后。然而在海上航行时,我们应时常靠港停歇,思考航帆是否仍然坚固,航向是否依然准确。在与就读 MBA 学位相类似的事业转型期是进行此类反思的理想时机,我们应充分利用这个时间机会,完全彻底地自我剖析。如果在过程中对结果的担忧不断出现,常常代表了过程和决策的不牢靠。

寻找真我、想成为的人和真正喜爱的事物,应该是清晰、真实且实在的。而抱着清晰和诚实的答案,你便能探寻到最合适自己的未来发展方向。

以下的问题可以帮助思考。

- ☑ 我在什么时候最有事业成就感和幸福感?给出具体案例。
- ☑ 我为何这么想?
- ☑ 我在从事什么工作和活动的时候最游刃有余?给出证据。
- ☑ 我在何处能找到人生的意义和价值感?
- ☑ 在我跑步、游泳、骑行……的时候,我会情不自禁地想到什么?
- ☑ 什么对我来说随手而得?为什么?
- ☑ 如果不需要养家糊口,并从事一份没有报酬的工作,我希望做什么?为什么?
- ☑ 我认为人生的意义是什么?

在回答这些问题的时候,不要将语境集中在特定的工作或者职业上。相反地,请着重于事物的特性和特点。譬如说,你更加享受目前工作给你带来的自由度,还是更加偏好于接收清晰的指引,让你能够更专注于执行得更完美?将注意力集中在特定的工作上,可能会让你看不到更好的选择。

这样的自我探寻当然不必完全独自进行。如进行一些心理测试①,阅读一些心理学书籍②,都能帮助你做出事业决策,专业的职业顾问也可以帮到你。

一旦你认知到心中的自我和真实的自我、你想要成为的人和他人想要你成为的人之间的差别,接下来就可以慢慢寻找到你的最佳发力点——你的技能特长、热情所在和社会奖励的交叉点(见图1-1)。

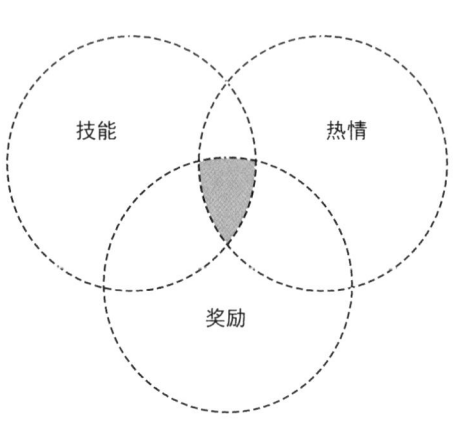

资料来源:作者整理。

图 1-1 你的最佳发力点

挖掘收购式创业的机会

收购式创业的各种模式中,关于典型的资助搜索模式已有较为完善的研究,能帮助读者更好地理解整个收购式创业的资产品类。它的不同组块可以被省略或者重新设计,成为新的衍生模式。学界和业内人士通常以"收购式创业"一词代指搜寻标的、收购公司和管理存续公司的整个过程。

不同的收购式创业模式有许多相同和不同之处,且没有绝对的好与坏。在接下来的内容,我们将介绍这些模式的特点以及其中较为显著的优缺点。

---

① 迈尔斯-布里格斯性格分类指标(MBTI),五大性格模型,九型人格,MAPP职业评估测试等。
② 例如,博尔斯(Richard N. Bolles)和福斯特(Michael Foster)所著的《你的降落伞是什么颜色?》(What Color is Your Parachute?),布里连斯出版社(Brilliance Publishing),2019年。

❖ 传统搜索基金（资助搜索）

传统搜索基金主要的作用是支持创业者找到一家能收购、运营、成长和退出的私营公司。创业者募集到这笔"搜索基金"[①]后便能开启进行对于目标公司的寻找阶段。通常，创业者会召集16位投资人，每位投资人承诺为其提供约2.8万美元的资金来进行搜索。[②]

搜索基金的生命周期通常包括以下几个阶段：募资（3~5个月），搜索（19~24个月），收购（3~6个月），运营（5~7年以上）和退出（4~6个月）（见图1-2）。

资料来源：作者整理。

图1-2 搜索基金的生命周期

潜在的搜索基金投资人会从正在募集资金的搜索人那里收到一份私募备忘录（PPM），其中详细说明了重要的决策因素，包括搜索标准、里程碑和时间线、所需融资金额、费用明细以及搜索人的简历。这份文件以及随后的面试会为潜在投资人提供决策信息。

一旦搜索人结束了募资，她便开始对目标公司的搜索。根据斯坦福大学和IESE商学院2020年的研究，虽然用于搜索的资金可以覆盖24个月的搜索，但在北美，搜索总时长的中位数为23个月，在国际上为22个月。

收购发生时，每单位2.8万美元的搜索基金会自动增加50%，相当于4.2万美元——为了补偿投资人在搜索过程中承担的风险。如果投资人决定不参与收购，

[①] 此处的"搜索基金"更为狭义，指搜索人所募集的第一笔专门用于搜索的资金。——译者注

[②] 搜索基金会被分成若干单位，投资人可以参与一个或多个单位。例如：44.8万美元可以被分成16个单位，每单位2.8万美元。投资人可以承诺半个单位，并提供1.4万美元，相当于总搜索资本的3.125%。根据IESE商学院2020年对于国际搜索基金的研究，60%的搜索人独立搜索，而40%的搜索人会进行合伙搜索。独立搜索资本额的中位数为413 695美元，合伙搜索资本额的中位数则高至606 444美元。

搜索人可以向投资人支付 4.2 万美元，也可以给投资人提供相当于 4.2 万美元的目标公司股权。① 如果投资人决定参与收购，4.2 万美元也将直接转换为股权。

除搜索基金外，投资人可以选择按比例提供收购资金。例如，如果投资人购买了 16 个搜索基金单位中的 1 个，他有权利提供最高相当于收购总额 6.25% 的收购资金。他同样将在其他投资人的未执行继续投资权方面享有按比例投资的优先权。如果股权投资的总额大于所有投资者投资意愿的总和，那么就会存在一个股权投资缺口。搜索人可以向外部寻找资本来填补这个缺口。

被收购公司的资本结构可以包括传统银行贷款、夹层贷款、卖方融资贷款、优先股以及普通股。在 2020 年斯坦福大学的研究中，收购价格从 170 万美元到 1.17 亿美元不等，中位数为 1 050 万美元。

以下是 1 000 万美元收购的资本结构（包含了交易成本），其中 50% 是股权投资，其余部分则是银行贷款。该搜索人最初筹集了 44.8 万美元 16 个单位的搜索基金。

收购时的目标公司资本结构（举例）

银行贷款	500 万美元
投资人搜索股权	67.2 万美元
	（44.8 万美元，已提高 50%）
投资人收购股权	500 万美元
	（16 个单位，每单位 31.25 万美元）
	1 067.2 万美元
	（67.2 万美元为非现金股权）

注：虽然在收购时贷款和股权的现金注入相等，但由于非现金搜索股权的注入，资产负债表会包含 47% 的贷款和 53% 的股权。

---

① 股东协议会规定当投资人决定不投资时会如何处理。通常情况下，投资人有权选择收取现金还是股权。

从 1984 年第一个搜索基金的成立到 2019 年年末，全球已经发起了 500 多个搜索基金，其中近半为过去四年发起的（见图 1-3）。

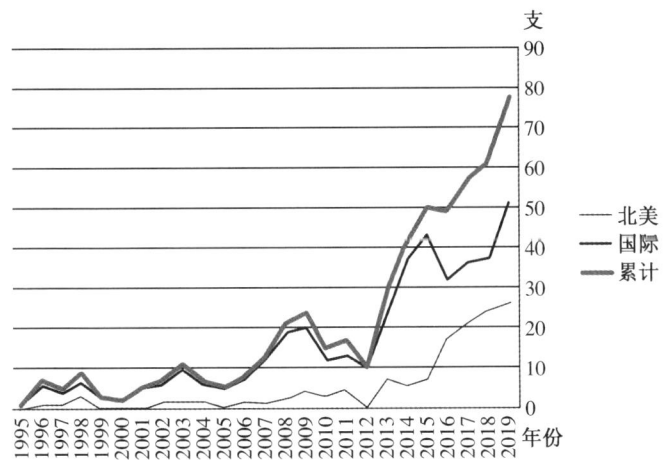

资料来源：斯坦福创业研究中心和 IESE 商学院国际搜索基金中心。

图 1-3　1995~2019 年发起的搜索基金

斯坦福大学商学院创业研究中心，使用相对保守的假设研究了北美搜索基金[1]，并报告了 32.6% 的税前内部回报率（IRR）和 5.5 倍[2]的税前资本投入收益率（ROIC）。IESE 商学院研究则报告了国际搜索基金的业绩情况，计算得出 28.7% 的税前内部回报率和 2.4 倍的税前资本投入收益率。两份报告都包含了截至 2019 年 12 月 31 日前的所有数据。

正如图 1-4 所示，搜索基金持久的高回报令人咋舌。

以上研究仅包含传统搜索基金。他们并不包含收购式创业的其他种类。将传统搜索基金模式的数据直接用于分析其他模式是不可行的，传统搜索基金模式和其他模式不能直接画等号。这点非常重要。

在各大商学院，商业和学术的合作是一项关键原则，而传统搜索基金的起源

---

[1] 值得注意的是，斯坦福仅研究了北美（美国和加拿大）。墨西哥搜索基金和其他所有非美国/加拿大搜索基金被包含在了 IESE 的研究中。

[2] 斯坦福大学商学院，2020 年搜索基金研究（精选观察）。

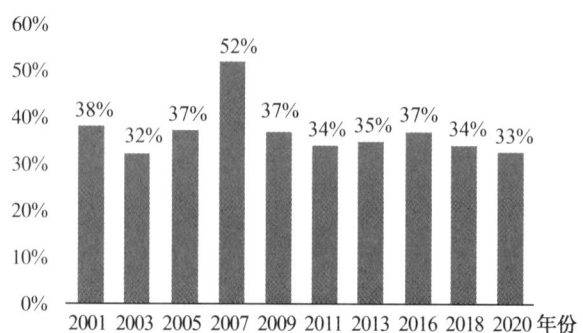

资料来源：斯坦福创业研究中心。

图 1-4 搜索基金业绩研究 2001~2022 年

也与此紧密相关。不仅如此，早期的搜索基金投资人有意搭建了基于合作、教育和导师制的特有文化。这样的文化和准则在一批批搜索人和投资人的不断实践中延续至今。

在搜索阶段，搜索人的工资相比其他应届毕业生的工资要低，但为搜索而花费的机会成本，在很大程度上会被成功所弥补。2020 年斯坦福研究表明，搜索人平均可以获得 650 万美元的股权退出收益，相当于每年 125 万美元的股权收益。[1]

股权收益分三部分。[2] 首先，搜索人在收购交易成功后，即可以拿到 8.33% 的股权，作为找到目标公司的补偿；在接下来的 4~5 年间，她可以分散获得另外 8.33% 的股权；最后，还有 8.33% 的股权则是基于业绩情况（属于业绩报酬），在 20%~35% 区间的内部收益率等比例获得。这样一来，独立搜索人一旦成功退出，便可收获 25% 的股权收益。对于团队/合伙搜索来说，股权收益可累加到 30%（10%+10%+10%）。[3] 这样的收益结构使得搜索人和投资人保持利

---

[1] 在这个语境下，平均退出时长为 5.2 年。——译者注

[2] 收益结构存在多个变体。比如，在较大的交易案例中，团队能够收获 23% 的股权，其中 50% 基于绩效。

[3] 更加深入的讨论请查看 R. Johnson 和 J. Simon 所著的《重新思考搜索基金激励结构》，IESE，2017。

益一致，解决了委托代理问题。

搜索基金模式还有一个优点：搜索人不用将自己的资金置于风险之中。她付出时间和汗水，投资人提供资金用于搜索和收购。搜索基金不仅承担企业注册、尽职调查、差旅、实习生招聘雇佣等一系列费用，还会给到搜索人一定的工资，通常是10万美元左右，取决于搜索人的资历和所处地理位置。

收购完成后，搜索人会担任公司总裁及首席执行官的职位，并对董事会成员提名。大多数董事会成员为投资人。相关行业的操盘手、成功退出的搜索人和原企业主也可以成为董事。董事会成员对运营和财务领域的涉猎非常广泛，他们中有风险投资、私募股权、对冲基金、搜索基金的投资人、市值10亿美元左右公司的销售执行官、中型公司的首席财务官和其他成功完成收购正在担任首席执行官的搜索人。[①] 搜索基金模式的成功离不开董事会，因为其能为缺乏经验的收购创业者提供指导。

导师制度在搜索基金的模式中颇为重要。因为从本质上讲，搜索基金的整个过程其实是一个漫长的学习过程。在这期间，投资人以及包括行业老将的董事会成员担任导师，而搜索人则致力于成为合格的首席执行官，并继续成长。搜索人用学习的态度去对待搜索基金模式会有更深入的理解，同时也避免走捷径。

在32岁便担任企业领袖的情景似乎令人生畏，但是花两年时间，获取所聚焦行业的专业能力，管理一众实习生，定期与专业股东交流是百利无一害的实践练习。正是由于这个原因，恰到好处的指导是必不可少的。如果关键投资人太过于放任，搜索会过于漫长且在偏离的方向上浪费很多时间。另一方面，过度参与的投资人则会阻碍重要的学习。也许过度参与更容易找到好公司，但也会严重削弱新任CEO的准备程度，妨碍其重要的学习过程。传统搜索基金模式的利与弊如表1-1所示。

---

① 斯坦福商学院. 2018年搜索基金研究：精选观察[M]. 斯坦福出版社，2019.

表 1-1　　　　　　　　　　传统搜索基金模式的利与弊

优势	劣势
成熟的模式	有限的决策权利
为创业者提供的指导	相比其他模式，回报空间有限
协作的生态系统	较为低效的流程
对创业者和投资人可观的回报	
有限的财务风险	

一旦募资结束，搜索人和投资人会签署股东协议（SHA），该协议既指导了搜索过程，也规定了所有相关方的权利和义务。在股东协议生效执行后，搜索人便开启了搜索阶段，开始寻找可收购的优秀公司。值得强调的是，接受投资意味着搜索会被限制在一定行业和企业的范围内。如果搜索人只是想要寻找一个小本生意来养家糊口，那么传统搜索基金可能不是首选。就像其他所有的创业方式一样，创业者和投资人的利益需要一致。

有些经营者（包括非常成功的一些代表人士）抱怨搜索基金的激励结构。他们要么认为最后阶段基于业绩的 8.33% 股权激励对于实现价值创造来讲低得可怜，要么觉得 35% 的内部收益率门槛过高。而在投资者这边，很多认为在没有投入资金或搜索人自身没有相关经验的情况下，找到一家公司并管理四年，就能获得 16.67% 的股份也是闻所未闻。我们理解双方的观点，也相信一个良好运转的、充分理解搜索基金模式的董事会，可以在需要且合理的地方，对激励结构提出调整建议。

还有人认为传统搜索模式效率低下。每个搜索人都要经历类似的过程：建立经纪人网络、构建搜索项目储备①并推动进展、建立数据库、客户关系管理系统等。搜索结束后，不论成功与否，下一个搜索人又是从头再来。不过换个角度来说，全部自行搭建来进行搜索能更好地帮助搜索人成为优秀的 CEO。

---

① 英文为 Pipeline，在投资领域中通常指的是潜在投资项目的储备或正在进行中的投资机会。——译者注

❖ 自费搜索

自费搜索也可以满足收购公司的愿望。自费搜索模式中，创业者（或其家人）承担所有搜索相关的费用，跳过资助搜索的筹资阶段。

传统搜索基金模式中，搜索人对投资者负有义务，而在自费搜索模式中，搜索人在遵守法律、商业管理和道德的前提下，便没有了其他约束。她可以兼职搜索，可以搜索类似杭廷顿海滩的冲浪店，如果愿意，也可以收购一家仅能带来有限的价值创造、但能更好服务一个社区的企业。花自己的钱只需向自己汇报。

注意，我们目前只讨论搜索阶段。在自费搜索的后续阶段中，其他投资者，如家人、家族办公室、搜索基金投资人、小型私募股权基金仍可以提供（部分）收购资金。那么，在收购阶段，标的须满足各方出资人的标准。

传统搜索基金的激励结构是高度标准化的，而自费搜索的激励结构则是一个协商的过程，且所协商的"分成条款"并没有想象中的吸引人。在传统模式中，投资人和搜索人有着密切关联，可以很好地评估搜索人是否准备好担任 CEO。在自费模式中，因为不了解，投资人认为搜索人无法承担 CEO 职位的可能性更高，因此阻碍了更好的交易条件的达成——至少对于搜索基金社区的连续投资者来说是这样。

斯坦福大学和 IESE 搜索基金研究没有包含自费搜索，我们也没找到对于该模式的深度研究。不过，我们看到自费搜索模式在许多案例中的成功应用。即便仅有轶事证据[1]，如果该模式符合你的眼光和愿景，我们也强烈建议你对其进行探索。

尼基塔·高森（Nikita Gossain）在尝试传统搜索模式后，转向了自费搜索。

2017 年，尼基塔从博客"做出最好的投资"上学习到了搜索基金概念之后，她便为之着迷。然而，搜索基金的概念当时还未传到澳大利亚。虽然有着丰富的投资相关经验，搜索基金创业仍是一个令尼基塔望而却步的路径，因为这意味着她是家庭里第一个偏离传统职业道路的成员。当尼基塔从康奈尔大学 MBA 项目

---

[1] 指来自传闻、故事的非直接性证据。——译者注

毕业时，她坚定地选择了追寻传统搜索的道路，并募集资金以成立澳大利亚第二个搜索基金。

在募资的过程中，她决定切换到自费搜索模式。"我做出改变的原因有三个：首先，我原本设想能被更多比例的国际搜索基金领域的投资者进行投资团（辛迪加①）投资，而不是本地那些不理解搜索基金导师制度的投资人。不幸的是，在新冠疫情期间，澳大利亚外国投资审查委员会增加了相关规定，让国际资本为主（75∶25）的投资交易难以达成。

"其次，我与国际投资人可以达成良好沟通，然而找寻澳大利亚投资人的进展却非常缓慢。由于模式概念过于新潮、新冠疫情导致投资情绪保守等诸多原因，让四万澳元（每单位）的前期投资难以募集。

"第三，在我募集搜索基金的同时，便已开始搜索标的。我的邮件回复率很高，进展也很迅速。我当时感觉很快就能为项目收购进行融资了。"

在自费搜索了几个月后，尼基塔收购了 Smoke Shield 公司。该公司提供一站式商业安保服务，如闭路电视、报警器、监控器、门禁等。它还向专业人员销售先进的消防培训设备，并设有消防培训部门。

自费搜索模式的利与弊如表 1-2 所示。

表 1-2　　　　　　　　　　自费搜索模式的利与弊

优势	劣势
较高的决策权利 较高的回报潜力 模式已经过验证	更少的协作 更弱的导师和尽调支持 董事的组建具有挑战 更高的风险 更小的投资标的

---

① 原文为 syndicate，通常指的是由多个实体组成的联合体、财团或联盟，尤其在金融和投资领域内常用。这个音译在中文中也被广泛接受，因此可以直接使用"辛迪加"。

第一章

传统搜索基金模式，从欧文·格罗斯贝克（Irv Grousbeck）、比尔·伊根（Bill Egan）、威尔·桑代克（Will Thorndike）等第一批投资者的远见卓识中受益匪浅，自费搜索模式却不然。这种模式下的自由是有代价的，它没有了协作文化，难以将潜在搜索人、现任搜索人、经营者和投资人联结在一起。

如果没有这样一个相互合作的投资者一起支持搜索人的社区，就没有一套共同的价值观渗透到这个模式中。那么，寻找看好搜索人并愿意对其投资的导师将更加困难。

这并不代表自费搜索人不去接触传统搜索模式的投资人和搜索人，但这样的做法的确并不常见。投资者发现，自费搜索人经常来请教并索取资源，但在收购融资时却不见了人影。老话说得好：鱼和熊掌不可兼得。

自费搜索人也更难组建一个强有力的董事会。优秀的搜索基金董事会成员可以提供行业专业知识、董事会经验，并为缺乏经验的经营者领路。

自费搜索相对来讲风险偏高。在其他的搜索模式中，投资人都为搜索费用和工资买单。资助模式下，即使搜索人没有成功收购，也建立了强大的关系网络，其中有她的导师和其他希望她能成功的人士，许多人可以帮助她找到工作。而这些优势在自费搜索中都不存在，一旦搜索以未能收购告终，搜索人则承担了所有成本。这些因素都使得自费搜索变得更有风险。

在区分传统和自费搜索模式时，有些行内人士会分为"哈佛"模式和"斯坦福"模式，这样的分类不够清晰。我们认为分为"资金成本"模式和"增长"模式更有意义，且这样一来，任何搜索模式都可以在两者之间的范围内进行描述。增长模式和资金成本模式如图1-5所示。

当提到"哈佛"模式时，人们通常会假设图1-5中左侧的特征，而右侧则为"斯坦福"模式的相关特征。搜索方式和收购标的的特征相关联，但受资助的搜索人也会收购成熟的企业，而自费搜索人也可以收购成长中的企业。这种区分很大程度上来源于实践。自费搜索人对收购资本的获取渠道较少，因此会倾向于收购价格更低、规模更小、但处于成熟行业的企业，因为成熟的行业能为收购提供更高的杠杆。

资金成本模式	增长模式
成熟企业 ←→	成长中企业
高股息 ←→	留存收益
高杠杆 ←→	中等杠杆
缓慢增长行业 ←→	增长行业
中等 EBITDA 比率 ←→	高 EBITDA 比率
自费搜索 ←→	资助搜索
EBITDA 50 万~200 万美元	EBITDA 100 万~500 万美元

资料来源：作者整理。

图 1-5 增长模式和资金成本模式

我们稍后会研究两种模式不同的价值创造机会。此外，在收购杠杆更便宜、更容易的欧洲国家，搜索人获得的资助比例比北美要高。

❖ 独家赞助搜索

对于想要开始搜索收购，但更偏好传统组织架构的创业者们，独家赞助（以下简称"独赞"）搜索可能比较合适。独赞搜索中，搜索人与私募股权公司或者家族办公室合作寻找收购目标。

搜索的费用由赞助实体承担，其中包括了私募股权公司的同等薪水等。倘若搜索人和赞助方有着良好的工作关系，且搜索人未能成功收购，完全融入赞助方实体或赞助方的投资组合公司也是一个选项。

在传统搜索基金模式中，导师制度建立在足够多样且紧密协作的文化上，导师们是各方投资人和其他搜索人。在独赞模式中情况并非如此。

在独赞模式中，与更大的搜索基金社区的协作几乎不存在。相反，由于赞助方提供了 100% 的搜索资源，他们承担了导师的功能，并愿意提供大量指导。此外，搜索人可以使用赞助方的其他内部服务，如数据库、客户关系管理系统、尽职调查服务或结构性建议。

尽管独赞模式尚未进行学术研究，但坊间证据也指向了成功。目前独赞模式案例主要在美国发生，但我们预计在未来几年会有更多的国际成功案例。赞助搜索模式的利与弊如表 1-3 所示。

表 1-3　　　　　　　　　　赞助搜索模式的利与弊

优势	劣势
有限的财务风险	有限的决策权利
大量的导师指导	降低的回报潜力
模式已经过验证	更低的外部协作

不谈法律合同上的合作关系，赞助方和搜索人之间的关系本质上是一种雇佣关系。收购仅会在赞助方支持时发生。这点和传统搜索模式迥然不同——传统模式中，无需所有投资人都同意即可发生收购，有时甚至只需少部分同意；而自费模式中的自由度则更高。

由于搜索人承担的风险较小，她将比传统和自费模式中拿到更少的股权，这一点与金融学理论一致。在成功收购和退出的条件下，算上全部所得，这一比例通常在 15% 到 20% 之间。

还有一个值得注意的洞察：由于独赞搜索人是被赞助人或赞助机构所雇佣的，专业度和双方之间的化学反应相比其他模式尤为重要。

❖ 加速器模式

加速器是一种更结构化的、有着直接支持的，且在初创企业中成功应用的模式。例如，Y Combinator 成功"加速"了 Airbnb、Stripe、Cruise 和 Dropbox。[①] 一个搜索基金加速器是一种有着同届群组、固定期限的项目，为一组搜索人提供基础设施、建议指引、社交网络、资金、董事会功能和导师指导。

加速器承担着项目的全部财务风险。倘若项目被选中，搜索人不必参与收购款募集。她可以获得薪水，有办公室，并与其他参与者成为同届成员。与初创企业一样，专业加速器提供一流的导师指引。许多加速器很集中，允许加速器发起人和参与者随时保持联络。

加速器所有的资源都是为参与者的成功而配备的。这样的结构使得整个搜索

---

① 因此处的国际知名公司通常使用英文名进行商务沟通，不做翻译。——译者注

过程可以被加速器的客户管理系统和反馈回路所优化。加速器可以快速获取最佳实践、数据和最新知识。而且，和独赞模式相似，是否收购取决于加速器的管理者。话事权和自由决定权从搜索人端移交给了加速器端。

虽然加速器的支持者声称该模式为搜索人提供了更多好处，但是他们缺乏实际证据。而坊间证据表明，加速器模式的交易规模中位数小于传统模式，甚至小于独赞模式。而这不仅仅代表了更少的回报补偿（即使实现了相同的内部回报率），还使得这些收购交易风险更大。规模较小的收购交易在面对负面冲击时更难以维持，通常没有规模效应，也很难招聘到一流的人才。

加速器可以提供绝佳的导师指引和实践指导，但是进行选择时，搜索人需要和传统搜索基金社区中的协作文化做出权衡。前者更加直接和紧密，后者更加多元化。

加州大学伯克利分校的毕业生约翰·谢菲尔德（John Sheffield）决定加入加速器。约翰解释道："选择加速器模式的原因有二，首先是其功能性。如果搜索的基本模块包含了募资、搜索、收购和经营，我已经做过了其中的三个步骤，在攻读硕士之前，我已经是一家小的成长型教育服务公司的首席运营官。我也为企业三次募资，并带领公司收购了一家竞争对手；至于搜索阶段，我感觉，在同一届里和其他搜索人协作会让我更快地成为更好的搜索人，能让我从同伴那里学到经验、与他们一同甄别机会、并在卖家和中介方建立信任感。"

其二则是心理层面的动机，约翰继续道："我比较外向，享受在团队中工作的氛围。通过和其他搜索人的沟通了解到，搜索过程就像坐过山车一般跌宕起伏，我相信和同伴们一起度过会更加开心些。"

2019年七月，他加入了斯普尔收购的第一届"经营伙伴"的搜索团体。

加速器模式的利与弊如表1-4所示。

表 1-4　　　　　　　　　　加速器模式的利与弊

优势	劣势
有限的财务风险 大量的导师指导 高效的搜索过程	更少的决策权利 更少的回报潜力 更少的外部协作 尚未有数据支持

收购式创业中的加速器是一个近期的现象（2015 年）。[①] 因此，我们需要一段时间才能获得足够的数据来得出有意义的结论。虽然该模式解决了传统和自费搜索模式中的低效问题，但仍然有一个问题悬而未决：简化搜索流程是否减少了一些必要的功课，而这些功课是否能让搜索人做好成为 CEO 的准备？

和其他所有的收购式创业模式一样，这种模式会更适合某些创业者。但将其和传统的创业加速器相比，后者要有利可图得多。

❖ **特殊目的收购公司（SPAC）**

特殊目的收购公司（SPAC）是通过 IPO 公开上市的壳公司。它的方法是用这家壳公司收购一家私营企业。通过购买通常价值 10 美元的 SPAC 股票，投资者将获得一股 SPAC 股票和一系列权证（SPAC 对未来股票发行的期权）。

SPAC 的发起人就相当于传统模式的搜索人。一旦 SPAC 公开上市，发起人有两年的时间寻找一家符合投资招股书中投资理念的公司，并通过与 SPAC 并购的方式完成收购。如果 SPAC 筹集的初始资金不足以完成合并，则会发行更多的股票，并可以行使认股权证。

SPAC 属于收购式创业的一种，因为它们具有搜索、收购和管理的组成部分，但从很多层面上与前面提到的四种模式不同。

首先，他们成立的全部理由就是收购一家私营企业并将其公开上市，从第一天就得到了流动性提升。

其二是规模不同。2020 年，SPAC 融资中位数为 2.4 亿美元［2020 年 7 月

---

① 第一个搜索基金加速器（SFA）是由连续创业者蒂莫西·博瓦德（Timothy Bovard）在波士顿所创立。

22日，比尔·阿克曼（Bill Ackman）为珀欣广场唐提控股有限公司SPAC融资超过40亿美元］。

其三，与传统的搜索人相比，SPAC的发起人通常年龄更大，有更多的交易和运营经验。随着沙奎尔·奥尼尔（Shaquille O'Neal）、艾利克斯—A. 罗德—罗德里格斯（Alex—A. Rod—Rodriguez）、斯蒂芬·库里（Steph Curry）、希亚拉（Ciara）、塞雷娜·威廉姆斯（Serena Williams）和科林·卡佩尼克（Colin Kaepernick）纷纷加入SPACs，卓越的企业高级管理经验似乎不再是一个差异化特征。

其四，当搜索人在寻找他们能够领导的企业，SPAC发起人则最多只能获得董事会席位。从这个角度，它们更像是杠杆收购（LBO），即收购方的私募股权公司在董事会任职。

其五，发行SPAC公司期间所筹集的资金由第三方保管，发起人在并购发起之前不得取出。如果投资人不喜欢该交易，她通常会拿回原价值10美元的股本（没有增值）。请注意，发起人承担了搜索的成本，且通常在收购发生后会获得6%的股权。尽管业绩报酬的差异很大，但SPAC的发行人通常会获得7.7%的并购后股权业绩报酬。

最后，SPAC的收益表现充其量也就是平平无奇。在近期的研究中，斯坦福大学的迈克尔·克劳斯纳（Michael Klausner）、艾米丽·鲁安（Emily Ruan）和纽约大学的迈克尔·欧洛格（Michael Ohlrogg）报告称通过SPAC上市的公司在发行三个月后市值下降3%，六个月后下降12%，一年后下降30%以上。他们表明，SPAC的投资者承担了股权稀释乃至公开发行的成本。

如果追踪相关的热点话题，其中值得知道的是：第一个SPAC在2003年米尔特斯利姆收购公司公开发行上市时首次亮相，它在2004年与国家卫生组织合并。让SPAC这个特殊用途工具成功引起注意的则是2019年的一起成功案例，由帕里哈皮蒂亚（Palihapitiya）和理查德·布兰森爵士（Sir Richard Branson）发起，与维珍银河合并。SPACs模式的利与弊如表1-5所示。

表 1-5　　　　　　　　　　　SPACs 模式的利与弊

优势	劣势
是首次公开募集有效的工具 是大型企业进行收购式创业的工具 更容易进行资本募集	对投资人更昂贵 较为平庸的回报 利益并非统一化 差异化条件环境

绿地投资机会

绿地一词是从宏观经济学中借来的，原指从"绿地"上从零开始建设的外商直接投资，相对应的，棕地投资是通过收购现有设施和公司进行的投资。

在收购式创业的领域，绿地投资机会指的是从头开始创建公司的可能性，而非收购一家现有的公司。[1] 这样看来，它不应该被写进一本关于收购式创业的书籍中，而应该被写进关于初创企业的著作里。然而，"绿地投资"值得一提，因为多个案例表明，最初志在搜索一家公司的人有可能会最终白手起家建立公司。有很多搜索投资人也最终为这类"初创企业"提供了融资。

不过，发展成为绿地投资的决定是在搜索途中做出并予以实施的，或是因为搜索人未能成功收购感兴趣的公司，且搜索人和投资人都相信创建公司比收购能买到的公司是更好的选项，又或是因为所期望的公司类型实际上并不存在。因此，在收购式创业领域中，绿地投资机会从来不是一开始想要的战略，而是新兴的，甚至有人已经实现的战略。

例如，简·卡格瓦（Jane Kaggwa）在 2013 年筹集了非洲的第一笔搜索基金，并开始在肯尼亚和乌干达寻找公司。在许多前搜索人的支持下，简和一些投资人在搜索开始讨论了标准尺度，重点关注有被验证的商业模式与技术和明确业

---

[1] 棕地投资至今仍不是收购式创业领域中的名词。

务增长机会的公司。

虽然有一些公司最初看起来很有希望，但是尽职调查常常揭露了公司的财务报告缺乏透明性的问题，且往往伴随着公司所有者不切实际的高估值预期。在这段时间，简和她的投资人保持日常沟通。在搜索了十五个月之后，基于她对于东非市场的观察，简开始与她的投资人交流关于追求绿地项目的想法。

绿地项目的标准包括一个管理不足的行业、被验证的商业模式和技术以及高增长路径。在这个过程中，她向成功的前搜索人何塞·斯特拉（Jose Stella）和拉斐尔·萨摩扎（Rafael Samoza）寻求指导，他们二位均走过类似的搜索基金路径。在评估了若干行业后，简选定了其中一个在之前搜索过程中探索过的一个行业——非瓶装饮水机的分销。她随后与更大范围的投资人讨论了这个想法，最后得到了他们的支持。如今，简的公司，Aquavita是肯尼亚、乌干达和坦桑尼亚如今最大的非瓶装饮水机供应商。

绿地投资机会的优势与劣势如表1-6所示。

表1-6　　　　　　　　　　　绿地投资机会的利与弊

优势	劣势
高等级的控制权	更高的风险
不受历史沿革影响	更高的进入成本
容易塑造架构和文化	更类似初创企业

现在，既然你对于自己有了更好的了解，对于自己的抱负理想有了更好的想法，也了解了收购式创业的各种方式，那么是时候审查你的决策过程了。

决策过程

事业的选择对于我们的人生有着重大影响。事实上，仅仅几个决定便能改变整体的轨迹。在做出这些非常重要的选择前，用可靠的流程可以减少发生不幸结果的可能。我们从本章一开始便对内心进行审视，并理解自我。接下来便是通过理解收购式创业的不同方式，以及哪种方式最适合你，来寻找最佳切入点。

在考虑收购式创业时，你的决策过程应该解决以下问题。

1. 搜索、收购并管理一家公司，对你来讲是一条可行的职业道路吗？
2. 哪种收购式创业模式合适你？
3. 你应该与人合伙还是单干？

现在我们将逐一解决这些问题。

搜索、收购并管理一家公司，对你来讲是一条可行的职业道路吗？

如何判断收购式创业（或任何与此相关的职业道路）对你有价值的方法，是确定你是否对收购式创业的前景充满热情，并具备必要的技能。[1] 以下策略可以帮助你加深对收购式创业的了解，考验对其的热爱并测试所拥有的技能。

- ☑ 与搜索人和经营者交谈（包括成功与失败）
- ☑ 选修相关课程
- ☑ 参加收购式创业的论坛
- ☑ 与投资人会面交流
- ☑ 与了解你个人和专业能力的人交谈
- ☑ 在搜索人和/或经营者身边实习
- ☑ 继续阅读本书

这是你所应做的尽职调查，关乎于收购式创业是否合适你的职业道路，而且还能帮助你找到哪种模式最适合你。如果不认真对待这个问题，你做出后悔决定

---

[1] 除去这两点之外，如上文所提到的，"职业最佳发力点"的第三个特征是：是否能获得奖励。该特征可以从2020年搜索基金报告中得证。

的可能性将大大增加。

这些活动也是为了让你体验一下你可能追寻的生活。如果你觉得引领他人、为利益相关者创造价值、在不确定的环境中持续解决问题都对你很有吸引力，那么可能没有比收购式创业更能满足你，况且执行得当还能带来可观的回报。

哪种收购式创业模式合适你？

没有最好的收购式创业模式（尽管有时可能会让人觉得是这样，因为许多参与者对他们所做的事情充满热情）。真正相关的问题是：哪种模式最符合你的期望？即使在同一种模式中，也有很多变量。不同的投资团（辛迪加）可能提供不同的平台，不同的加速器可能有着不同的文化。倘若你一定想要找到一个最适合你的，那么什么对你重要？

正如博斯沃思资本（Bosworth Capital）的马特·艾斯戴普（Matt Estep）所说："关于哪种收购式创业的路径更好，有很多不同观点。从我的角度来看，这些路径带来了不同的个人和职业挑战，但产生了相似的风险调整后的财务回报。我经常听到人们通过衡量预期财务成果来选择收购式创业模式，而我很自信地说，他们在财务测算中的假设是高度偏颇的，而且很可能是错误的。你应该选择一个能让你从中收获最多的方式（无论是个人方面还是职业方面），然后便开始搜索吧。如果你努力工作，正确对待他人，你的财务问题会得到解决。"

表1-7是自我审视清单的一个例子，列举了对我们来说很重要的因素。我们建议你也为自己定制一个，把你认为重要的属性进行排序。

表1-7　　　　　　　　　　排列收购式创业模式

	传统搜索	自费搜索	独赞搜索	加速器模式	SPAC	绿地投资
风险	中	高	中	中	中	高
回报	高	高	中	中	中	高
独立性	中	高	低	低	中	中
合作性	高	低	中	中	低	高

(续表)

	传统搜索	自费搜索	独赞搜索	加速器模式	SPAC	绿地投资
搜索支持	中	低	高	高	低	中
交易支持	高	低	高	高	低	中
管理支持（董事会）	高	低	高	高	中	高
退出自由	高	高	低	低	—	高

资料来源：作者整理。

你应该与人合伙还是单干？

最后，你应该考虑是单独还是搭伙搜索收购。在北美，最新的斯坦福报告显示，80%的传统搜索人独自搜索。在全球范围内，IESE 的报告显示，60%的搜索人独自搜索。即便如此，两项研究都表明，在收购成功度和为投资者实现回报的可能性方面，合伙方式的表现更强。当然，相关性不等同于因果性，有许多因素在起作用。

决定如何投身事业是一个复杂的命题，也是一个很私人的选择。它将指导你的人生，反映真实的自我。决定走收购式创业的路线，无论是单独还是合伙搜索，也同样复杂且私人。反思个人的过往经历，接收来自值得信赖的朋友反馈，都可能会帮助你做出最适合自己的选择。

让·保罗·萨特在《禁闭》中写道："地狱即他人"。为了防止这样的情况发生，合作伙伴应当了解彼此的技能是否互补，价值观和行事标准是否相近，高压下的行为和态度是否可以接受，以及是否拥有相近的理想和抱负。为解决这些问题并探讨未来的合作方式，足够坦诚和花大量的时间是非常重要的。为此达成口头或是书面的协议也会很有帮助。此外，在沟通中让双方的人生伴侣参与进来，也会为之后的合作奠定基础。

劳拉·富兰克林（Laura Franklin）很高兴能够和她的堂兄弟威廉·柯尔特

（William Colt）一同搜索，他们都是 Buck Jack Capital 的管理合伙人。她说道："我受益于合伙搜索，观点肯定会带有偏见，但我的确非常推崇合伙搜索和运营！而且，最理想的是能找到有着共同价值观的搜索伙伴。我和我的堂兄威廉一起搜索和经营，我们也很幸运地发现彼此成长中有着共同的价值观。我们从根本上相互信任，我发现这样的信任是搜索和运营中最重要的。从根本上互信能帮助我们在安全的环境中相互提供反馈，并促进了彼此成长。"

SteadFast Horizon 团队的杰西卡·帕特森（Jessica Patterson）做了以下补充："乔和我的配偶在我们开始撰写私募备忘录之前就开始加入讨论了。如果你的另一半没有准备好搬家，或者并不理解风险与回报，不要继续下去。如果没有安吉丽娜（乔的配偶）和丹（杰西卡的丈夫）百分百支持，我们没办法走到今天这一步。

"乔和我不仅关注技能匹配度，更关注我们的底层价值观。我们秉持着啤酒准则①。在行动上，我们分别就长期成功和目标、工作方式等进行了问答填写并充分讨论。我们想要确保是朝着同一个长期目标前进，也都有足够的情商来面对挑战。简而言之，我们专门花时间确认统一'为什么'，也认真地问一个简单的问题：'（除了工作外）我们真的喜欢彼此吗？'"

有情感羁绊的合伙关系也是一种特殊形式。在搜索基金的领域中也不乏此类案例。例如，巴西有帕特里夏·巴博萨（Patricia Barbosa）和卢卡斯·科雷亚（Lucas Correa）的 Horizonte Capital，美国有布兰妮·柯林斯（Brittany Collins）和迈尔斯·柯林斯（Miles Collins）的 West Sands Partners，捷克共和国有依沃纳·赫鲁什瓦·布彻尔（Ivona Hrusiva Butcher）和科尔宾·布彻尔（Corbin Butcher）的 Continuum Capital，以及加拿大有帕特里夏·锐欧佩（Patricia Riopel）和恩里克·马格纳尼（Enrico Magnani）的 Magnum Capital。

---

① 啤酒测试：我真的愿意（在闲暇时间）时不时和对方一起来杯啤酒吗？

第一章

帕特里夏和恩里克收购了 Scribendi。当被问及他们想给未来搜索伴侣提供什么建议时，帕特里夏首先指出，这并非适用于每对夫妻。"首先，你们必须都真正具备能力，并全身心地投入这个项目中。我和恩里克在商学院时就在一个团队中，清楚彼此技能互补，且在压力下能良好合作。重要的是从一开始就相互尊重彼此的技能、观点和价值观。

"此外，作为伴侣，你们应当诚实深刻地审视自我，并确定是否有能力且愿意以同事和伴侣的双重身份应对旅程中可能出现的情绪起落。我们将永远铭记在与卖方、银行家和投资者同时为 Scribendi 收购项目谈判周旋时，那 6 个月期间所经历过的磨难，包括其中许多的'濒死体验'。"

恩里克补充道："我们有过许多紧张的时刻，我们最初没有在谈判策略上达成一致，再到后来'挽救交易'的最佳方法上也存在分歧，但我们仍然必须在所有利益相关者面前统一立场。"我们能够将工作上的争论与对彼此的情感做出隔离，但不是所有人都能做到这一点。当工作上产生争论时，你必须有能力将强烈的情感进行理性的表达，且不能针对个人以免影响关系。我们在重要决策上，规定了要通过协商一致的决定。我们会充分沟通、持续辩论，直到大家都对这个决定满意为止，即使这样可能导致过程变慢也不要紧。"

帕特丽夏接着说道："你们会有非常非常多的时间在一起。根据我们的经验，无论你多么努力都很难完全将'工作生活'和'家庭生活'分开。在搜索阶段，租用一间办公室并每天'去上班'可以帮助创造一些分离感。尽管如此，我们还是发现彼此常常在晚餐桌上或周末去探亲的路上时讨论工作。在新冠疫情期间，我们的'居家办公'是真正意义上的居家办公。我们决定接受这种情况，不再严格区分'工作生活'和'家庭生活'。其实归根结底，我们享受经营和发展我们的企业，也觉得想说工作话题便但说无妨。"

恩里科说道："另外一个同样重要的方面，是认识到伴侣搜索意味着未来许多年整个家庭收入将依赖于所收购公司的情况。实际上，家庭的'鸡蛋'都集中在一个'篮子'里。这使得成功收购具有良好经济效益的优质企业变得尤为重要。虽然听起来似乎是显而易见的，但当你发现自己进入搜索阶段的第二年资金越来越少时，收购任意一家公司的压力都会增加。所以要为自己成功提前做好准备，确保收购一家双方愿意长期经营并最终能带来丰厚回报的企业。"

就像任何关系一样，如果合作顺利，效果会非常出色，倘若相处不来，结果不言而喻。因此，投资者通常会建议：团队合作当然很好，但如果团队出现问题，独自行动反而更好。这是一个非常个人化的决定。

请注意，尽管这本书是从独立搜索人的角度写作的，但这只是为了保持叙述连贯性。本书内容同样适用于合伙搜索。

下一章将探讨许多收购式创业者在开始时面临的挑战：筹集搜索资金。

第二章

钱有千面，如何募资？

最有效的方法就是去动手做。

——阿米莉亚·埃尔哈特

机会去而不返。

——韦恩·格雷茨基

募资 ▶ 搜索　收购　管理　退出

在第一章中，你了解了收购式创业的概念，并接触到了其不同形式。它的本质在于寻找一家公司来收购，并成为它的首席执行官和共同所有者。SPAC偏离了这个内核，因为其经营者在很多案例中并不承担被收购方的管理角色；绿地投资形式也有所偏离，因为是"从零开始"创建公司。

到目前为止，本书已经帮助你把收购式创业的概念转化成潜在的职业选择。你需要高质量的信息，清晰的自我认知，以及扎实的决策过程，才能"择优上岗"。第一章整合了这三个关键的决策变量，并探讨了多种模式，为的是指引并帮助你决定收购式创业是否适合你。

虽然并非所有形式的收购式创业都遵循相同的过程，但出于教学原因，本书描述了传统搜索基金模式的每个阶段。全面了解传统模式能帮助你更好地理解跳过或者调整某个步骤可能带来的利弊。

第二章介绍了传统搜索基金的第一阶段：搜索资金的募集。你在接下来的搜索阶段能接触到的资源对于搜索、收购和经营的成功概率有着重要影响。因此，你需要进行专业化的融资，并且更好地了解你的投资人或联合投资人（辛迪加）。本章讨论了准备文件和其他准备工作，如何从概念上理解你的辛迪加，以及如何更有效地募集资金。你会了解到投资人到底寻找什么，以及你所能提供的价值主张。

募资是见真章的过程。从募资开始，收购式创业从理论走向实际，从想象走向现实甚至超越现实。募资非常关键，它贯穿于不同阶段中，倘若执行得当，会产生持久的积极影响。

"募资"一词可能有些误导性。从表面上看，它似乎只是一种聚集金钱的行为。然而，在当今货币被视为商品、许多资金来源都在寻找良好投资机会的投资大环境下，募资活动显得非常重要。你可以将其视为包括金钱等多种资源的筹集过程。

传统搜索基金成功的关键在于搜索人与其投资者之间的紧密合作。投资者会评估搜索人的潜力，但搜索人也应该对每个投资者的情况调查充分。正如最早支持搜索基金的一位投资者所说："钱有千面"。

在组建投资团（辛迪加）时，搜索人扮演着类似教练的角色。教练希望有一支常胜球队能够随时上场。为此，他不仅会评估每位球员的能力，还会评估团队协作的情况。

辛迪加在接下来的每个阶段都发挥重要作用：寻找交易来源和尽职调查、收购、前100天的过渡、公司发展和退出。一些投资者甚至可以为募资提供帮助。倘若能组建一个消息灵通、亲自参与且具有协作精神的辛迪加，将极大增加成功概率。

在组建投资团之前，你可以拟定一份辛迪加的布局梳理，将搜索基金过程中最需要帮助的关键节点与最适合提供该帮助的投资者对应起来。表2-1给出了一个布局梳理的模板。

你的辛迪加布局梳理应能比较清楚地展现你的理想阵容。商业领域就像体育运动一样，需要一个默契配合的团队；你与辛迪加成员须在搜索模式和潜在收购目标类型上保持一致。你也应尽量避免队伍的内部矛盾，比如有一半辛迪加成员推动你进行小规模的"资本成本"收购，而另一半则只支持更大规模的"增长型"收购。

表 2-1　　　　　　　　　　辛迪加布局梳理

投资者可提供专业知识的领域	募资	介绍其他投资者 对其他投资者的评价
	搜索	顾问委员会 流程 关系网络 现场尽职调查
	收购	尽职调查 投资架构 流程
	运营	过渡 董事会能力 非正式支持和指导
	退出	流程 顾问联络
专业领域		
投资者提供收购资本的能力		
投资者对流动性的需求		
投资者声誉		
投资者概况	本地 vs 国际 资助 vs 个体 老手 vs 新手 亲自参与 vs 不介入	

资料来源：作者整理。

要知道，整个搜索很可能需要 10 年的时间，因此寻找合适的资源是关键。努力组建一个平衡的辛迪加，并避免无谓的损失，将是搜索成功的一个决定性因素。其他搜索人和经营者也可以为你提供有用的信息。

在募资的过程中聘请法律顾问也是一种惯例。律师帮助未来经营者们避免违反规则、法律法规，并创建搜索基金的合法主体。

寻找那些给其他搜索人提供法律支持的律师。他们熟悉结构，费用往往较低，专业知识也较高。一个额外的条款或不同的措辞往往很重要。

让我们一起探讨一些在募资过程中会遇到的问题和会做出的决定吧。

准 备

在你正式开始筹资之前，准备工作是必不可少的：确定预算（或决定不作预算）、投资单位的个数和投资人数。

预算

斯坦福大学和 IESE 搜索基金研究调查了预算。2020 年 IESE 研究报告称，独立搜索人的预算范围为 168 311 至 549 723 美元，中位数为 413 695 美元，合伙搜索团队的预算范围为 421 078 至 875 000 美元，中位数为 606 444 美元。斯坦福大学提供的总费用范围为 300 300 至 900 000 美元，中位数为 450 000 美元。搜索人的年平均工资从 3 万美元到 20 万美元不等，中位数和平均值均为 11 万美元左右。

一些投资者在合理范围内并不关心预算，因为预算会有 50% 的垫补（step-up）。换言之说，如果有收购，投资团提供的搜索资本将会自行垫补 50%。此外，为了不太稀释股权，你可能会进行一些更大的交易，有些投资人也正偏好如此。

有些投资者确实关心预算，因为预算能提供一些信号，包括搜索人是否节约、有哪些权衡取舍、用什么视角看问题等。这些投资者倾向于看整体预算（和同一国家或地区的搜索人相比较）、工资和福利，以及成功案例中不同种类的花销(尽职调查、差旅费等)。有些人使用"工资预算比"(S+2B比率)①，如表 2-2(独立搜索)和表 2-3(合伙搜索)所示。②

表 2-2　　　　　　　　　　　　独立搜索预算

单位：美元

		第一年	第二年	总计	%
主要费用					
	主要拨款	100 000	100 000	200 000	50%
	雇佣税	10 000	10 000	20 000	5%
	员工福利	0	0	0	0%
生产准备成本					
	基金组建	5 000	0	5 000	1%
	会计	1 000	0	1 000	0%
	法定	1 000	0	1 000	0%
	硬件&软件	5 000	0	5 000	1%
办公费用					
	租金	20 000	20 000	40 000	10%
	沟通	2 000	2 000	4 000	1%
市场调研		2 000	2 000	4 000	1%
旅行费用		10 000	10 000	20 000	5%
尽职调查		20 000	40 000	60 000	15%
实习生		15 000	15 000	30 000	8%
突发事件		5 000	5 000	10 000	3%
总计		196 000	204 000	400 000	100%
				工资预算比	55%

---

① S+2B 比率=(工资+总福利)/总预算。

② 值得注意的是，虽然这些预算表格包含了实习开销，但是很多搜索人能够招募到愿意免费实习的潜在搜索人和想要提升简历的大学生。

表 2-3　　　　　　　　　　　合伙搜索预算

单位：美元

主要费用		第一年	第二年	总计	%
	主要拨款	180 000	180 000	360 000	60%
	雇佣税	19 000	19 000	38 000	6%
	员工福利	0	0	0	0%
生产准备成本					
	基金组建	5 000	0	5 000	1%
	会计	1 000	0	1 000	0%
	法定	1 000	0	1 000	0%
	硬件&软件	5 000	0	5 000	1%
办公费用					
	租金	24 000	24 000	48 000	8%
	沟通	2 000	2 000	4 000	1%
市场调研		2 000	2 000	4 000	1%
差旅费用		10 000	10 000	20 000	3%
尽职调查		20 000	40 000	60 000	10%
实习生		20 000	20 000	40 000	7%
突发事件		7 000	7 000	14 000	2%
总计		296 000	304 000	600 000	100%
				工资预算比	66%

资料来源：作者整理。

此外，收购式创业，顾名思义是一种创业行为。世界各地政府都知晓创业行为与未来经济增长（减少失业和增加税收）之间存在强关联。搜索人可以参与一些"创业支持计划"来获得赞助或补贴。

来自 Quercus Transmission 的阿兰·格列柯（Alan Greco），一位法国的搜索人就是这样做的。用他自己的话来说：法国支持个人创业，如果人们为此离开或失去工作，国家会补贴他们部分工资。你当然需要达到一定的标准来获得资格，例如离职原因、工作年限、工资金额等，你需要向法国国家职业介绍解释你的项目。如果你的申请符合所有标准并获得了批准，他们会在一段时间内补贴你的部分工资（通常在 4 到 24 个月之间，取决于你的工作任期）。

这使得阿兰能将预算中的"工资"部分减少了 65%，同时增加了尽职调查的预期成本，并为延长搜索时间留出了余地。

投资单位和投资人

搜索基金的架构为有限合伙企业。搜索人将该合伙基金中的投资单位出售给她的投资者。单位的数量是预先确定的，通常在 10 到 16 家之间。通过购买由 10 家单位组成的搜索基金中的 1 个单位，投资者就持有 10% 的股份。一些投资者购买 0.5 个单位（甚至 0.25 个单位），而另一些投资者购买 3 个单位。所发行单位的数量并不那么重要。

虽然发行单位的数量不重要，但是投资者的数量很重要。理想情况下，投资团的规模要足够大，而且要足够多元化，这样收购就不会依赖于几个投资者的支持，但规模也不能太大，留给搜索人大部分时间来进行搜索和收购，小部分时间来协调投资人关系。

同样重要的是要找准那些既有时间又有兴趣牵头（领投）的投资者，或者愿意成为亲密顾问的投资人，这需要花费时间和精力去好好寻找。拥有一位经验丰富的牵头投资者可以承担更大的共同责任——比如对股东协议条款的预审、意见和通过，并帮助尽职调查等。牵头投资者会在搜索期间提供较为及时的导师指导，并通常承担一部分董事会的职责。为了弥补这一点，牵头投资者往往会持有多个投资单位。

正如 Relay Investments 的桑德罗·米纳（Sandro Mina）分享的那样："领投"的作用值得细细推敲，就像 IPO 过程中辛迪加的首席经理一样，领投人将发挥指导作用。但这并不意味着其他人就可以"搭便车"。IPO 中的初级经理知道自己的工作范围和在团队中可以发挥的作用。限制"搭便车"的投资行为会让搜索更加顺利。

总结记住一些有用的常用数字：

投资者数量：12～16人。

牵头投资者：1～2人。

每个投资者的最大搜索投资：20%（尽管有些人可能希望获得25%，而另一些人坚持将其限制在15%以内）。

牵头投资者应该持有足够多的股份。

准备私募备忘录和融资演示文稿

在你与潜在投资者面对面会谈之前，你必须清楚地了解你的搜索基金的使命。有两份文件可以帮助你抓住重点，并向潜在的投资者展示你专业严肃的态度，就是私募备忘录（PPM）和融资演讲稿（PD）。

私募备忘录

私募备忘录（Private Placement Memorandum，PPM）又称发行备忘录（OM），它是你的商业名片，表明了你是认真的——你早已清楚地知道这是你想要的。写私募备忘录既可以帮助你澄清为什么要这样做，也可以帮助你为会见投资者做准备。这将为投资者提供一个窗口，来了解你的专业能力，以及你的搜索基金，并能根据所提供的信息在会议上提问。

表2-4是来自英国Arven Capital的理查德·查利斯（Richard Challis）和丹尼尔·波特希特（Daniel Potgieter）的PPM内容表格。

私募备忘录（PPM）必须具有指导性，既要满足首次接触该模式的潜在投资者的需求，也要适应有经验丰富的连续投资者。在PPM所有可能的部分中，以下部分是投资人最感兴趣的。

表 2-4　　　　　　　　　　私募备忘录内容表格

机会一览		
执行概要	资本背景	
	投资结构	
	搜索策略	
投资亮点		
资本背景	设立搜索基金的原因	
	专业背景	
	学术背景	
	个人背景	
投资机会	搜索基金模式概况	
	搜索基金模式的五个阶段	阶段1：募集搜索基金
		阶段2：搜索&评估机会
		阶段3：融资&成交
		阶段4：运营企业
		阶段5：退出企业
	投资者回报	
	本金附带收益	
	投资风险	
投资X国	市场概况	
	政治	
	某某国的中小型企业	
	挑战	
初步行业分析	行业A	
	行业B	
附录	附录A：资本概要	
	附录B：交易经济学说明	
	附录C：机会示例A部分/公司#1（可选）	
	附录D：机会示例B部分/公司#2（可选）	
	附录E：斯坦福大学商学院最新搜索基金研究摘要	
	附录F：IESE商学院最新国际搜索基金研究摘要	

资料来源：Arven。

- ☑ 预算：提供信号
- ☑ 简历：你的"过去"是如何与收购式创业联系起来的
- ☑ 国家：你所在的国家为什么支持搜索基金模式
- ☑ 行业：显示你对该模式的理解
- ☑ 发行条款：一般是标准的

融资演示文稿

虽然 PPM 是强制性的，但融资演示文稿（Pitch Deck，通常是 PDF 格式的幻灯片）是可选的。连续投资者喜欢它，因为它更聚焦于投资人的兴趣。它还允许未来搜索人根据受众的兴趣和了解程度来定制。例如，美国的连续投资者不需要对什么是搜索基金做出笼统的解释，但会对英国的人口结构和经济发展趋势非常感兴趣。对于一位正在考虑首次投资搜索基金的英国投资者来说，所需的信息可能恰好相反。表 2-5 是 Arven Capital 发给不熟悉搜索基金的目标投资者的融资演示文稿的目录。

表 2-5　　　　　　　　　　内容目录

执行概要	搜索国家
团队介绍	我们提供的机遇
搜索基金模式	主要投资条款
搜索条件	联系方式

资料来源：Arven。

投资团（辛迪加）

搜索基金的成功不是偶然，它与搜索人、搜索过程和投资团都非常相关。从筹资到退出，多年的努力中充满了陷阱、障碍、挑战、复杂化难题，也充满了机会、可能性、路径和解决方案。你的投资团（以及后来的董事会）的构成对你看待问题的切入角度、你能接触到的机会集合，以及你采取的方向都有很大的影响。

你的投资团的专业知识必须涵盖搜索基金的每个关键阶段：募资、搜索、尽职调查、收购、经营业务和退出。以下是在不同阶段需要向投资人寻求支持的事项。

搜索目标公司

寻找合适的公司是至关重要的。对于以前从未担任过首席执行官的经营者，成功很大一部分要依赖所处行业和公司本身。应该让经验丰富的搜索基金投资者参与这个阶段，他们更理解搜索基金模式的复杂性，对各种模式的识别能力[①]也受过训练。

在搜索阶段，当地投资者往往比国际投资者更能帮上忙。他们的人际网络更成熟，更能参与面对面的会议，并可能直接接触当地目标公司。如果你在一个几乎没有搜索基金历史的国家进行搜索，最好寻找那些愿意花时间与当地的搜索基金新投资者一同投资的国际投资者。

最后，确保你和你的辛迪加从一开始就保持良好的关系。某些情况下的税收待遇可能会更吸引本地投资者，其他情况则更吸引国际投资者。

尽职调查

虽然大部分的尽职调查将由你自己开展，但机构投资者和退休的个人投资者通常有更多的时间或资金可以帮助你开展此项工作。他们拥有庞大的人际网络，甚至可能在另一个国家进行了类似投资，搜索人可以利用，并可以帮助简化尽职调查过程中的一些关键因素，不过有时也可能存在利益冲突。例如，当地投资者可以利用当地人脉，帮助搜索人会见对搜索基金模式或搜索人不够信任的卖家并实地探访公司。最后，对于有顾问委员会的搜索人来说，委员会成员往往与你有更密切的关系，可以确保你走在正轨上。如果你选择不成立顾问委员会，至少也

[①] 在投资中，模式识别（Pattern Recognition）指的是通过分析历史数据、市场行为和经济指标来识别某种特定的模式或趋势，以帮助做出投资决策。——译者注

要和其中一些投资者保持密切联系。

收购

在搜索基金链条的所有步骤中,收购可能是最容易拆分外包的一个步骤。擅长收购的律师、顾问和小型精品投行都可以提供支持。

在本书后续章节将会讨论的相关内容,包括有限的预算、CEO的培训等话题,都预示着尽职调查的重要部分必须由你亲自完成。一个由连续投资者、前(或现任)投资银行家和私募股权专业人士组成的强大辛迪加,可以为你提供支持、指导和流程上的帮助。简而言之,你希望寻找有火力支援的投资者,有你所需的资本和其他有用的资源。

管理公司

管理公司是你的本职工作。即便如此,董事会还是会在你经营一家公司并经历起起落落的过程中为你引路,提供支持和指导。良好运转的董事会是成功的必要条件,而随着搜索基金数量的快速增加,组建一个了解搜索基金模式、有高管和董事会经验、有相关行业经验的董事会,将变得越来越困难。那么在组建辛迪加时,要确保足够多的投资人有时间并有意愿担任董事。

退出

退出和收购相类似,你可以将繁重的工作外包给一家精品投行或律师事务所,或者依赖你的辛迪加中的投资银行家和私募股权专业人士提供指导和支持。

拼凑具有多面能力的辛迪加

"蓝筹"[1] 辛迪加可以在搜索基金的每个关键阶段提供帮助,它将确保辛迪加的若干成员可以覆盖所有关键元素。通常情况下,这些元素包括搜索基金的相

---

[1] 意指绩优、稳定和高质量。——译者注

关经验，充足的收购资本，尽职调查的专业知识、能力及意愿，与当地商业网络的联络，管理经验的相关性和多样性，为董事会成员提供深厚管理经验的能力和意愿，辅导、指导的经验和能力。

查看辛迪加组成的全面方法是寻找与你搜索事业的目标一致（并彼此目标一致）的投资者，看看他们如何能组成你的"辛迪加馅饼"（见图 2-1）。理想情况下，每块"馅饼"都能得到足够的覆盖，而来源则是多个投资者、你以及你的搜索基金。

有时，即使已经募集了足够的投资单位，继续筹资可能会更好，至少直到你拥有你想要的辛迪加馅饼。投资者会对你做一些尽职调查，你也应该对他们做尽职调查。现在就再次联系你之前接触过的收购式创业者，获得一些投资者的独家信息。不要过于强调个例，但如果某一个特征反复出现，你应该将其纳入选择标准。

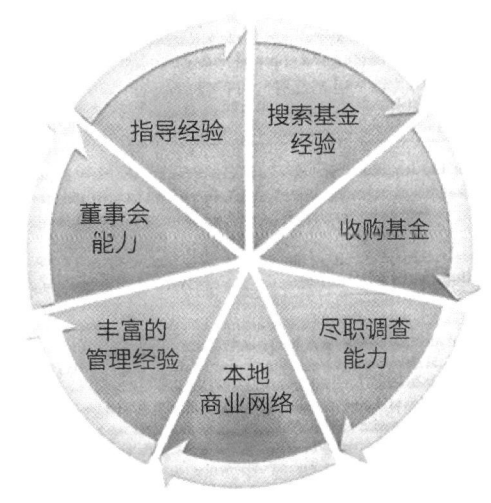

资料来源：作者整理。
图 2-1 辛迪加馅饼

引用 Bosworth Capital 的马特·埃斯普（Matt Estep）的话："搜索人对投资者进行尽职调查的机会比投资者对搜索人的机会更多。从一开始就花时间向投资者询问相关问题。在投资者给你支票之前，你应该先确认他或她是否最好的人选。许多搜索 CEO 愿意和你分享他们此前与投资者合作的经验。在你开始与投资者交谈之前，先在脑海中确定候选的投资人，如果还不知道你想要谁作为投资者，那你就没有准备好。"

募资过程

当你与潜在投资者接触，为你的搜索之旅筹集资金时，筹资便拉开了序幕。

但实际上，非正式的筹资过程开始于任何形式的第一次接触，不论是接触到收购式创业课程上的嘉宾，还是在搜索基金峰会上与他人的探讨，记得永远保持专业。

筹资本身是搜索过程中的子过程，并通常分为五个不同的步骤：非正式会议、撰写 PPM 和融资演示文稿、与当地投资者会面、与国际投资者会面和保持良好积极的势头（见图 2-2）。

非正式会议 → 撰写 PPM/PD → 会见本地投资人 → 会见国际投资人 → 保持势头

资料来源：作者整理。

图 2-2　筹资过程

以一种紧迫感和专注感来执行这个过程，将增加你及时结束筹资并构建最优"辛迪加馅饼"的概率，进而提升搜索的成功率。由于我们已经在本章的前面讨论过编写 PPM，我们将在这里跳过它，但是我们会简单地讨论筹资过程中的每一个步骤。

非正式会议

在没有适当尽职调查的情况下，做出是否追求收购式创业梦想这样一个关键的决定是不明智的。尽职调查的关键在于与其他搜索人、未成功收购的前搜索人[①]、经营者（搜索 CEO）和投资者交谈。这通常是通过非正式会议进行的。这些会议可以是事先计划好的，也可以是自发的。无论哪种情况，你都必须认识到，非正式会议是尽职调查和筹资之间的桥梁。如果你给搜索人留下了好印象，她可能会把你介绍给她的一些投资者。你所遇到的经营者可能也在招聘实习生，而正在与你一同悠闲地喝咖啡的投资人可能有一天会成为你的核心投资人和

---

① 尽管未能找到合适的公司不能说是一种失败，但是一些人仍然需要一段时间才能从中走出来。因此，寻找那些已经重整旗鼓的、正在成功地从事其他行业的前搜索人来请教经验。

导师。

总是有备而来，做积极的倾听者，会后保持跟进，准时参会并主动联络！

与本地投资人见面

经常有人提问道：我应该首先与谁接触？本地投资者还是国际连续投资者？

如果存在本地连续搜索基金投资者，无论是个人还是机构，首先与他们联系是明智之选。国际投资者会期望你已经得到了一些当地投资者的软承诺。[①] 这样做也向当地投资者发出信号，表明你对他们的重视，希望从第一天起就与他们建立密切的关系。

但如果你是所在国家的第一个搜索人呢？或者，如果当地搜索基金投资者网络还处于萌芽阶段呢？你会发现，当地的搜索基金新晋投资人通常会告诉有抱负的搜索人，当她找到国际投资者支持后再回来找他们。而鉴于国际投资者经常坚持要求明确的本地承诺，这可能会导致某种僵局。打破僵局的一个办法是说服一些国际投资者先做出软承诺，来吸引感兴趣的当地投资者。

与国际投资人会面

国际投资人一般属于连续投资人。与这些投资者的会面，往往集中在四个方面：国家、行业、公司和搜索人本人。以下是投资者会议需要准备的一些问题以及注意事项（见表2-6）。

投资者希望你对以下问题有自己的答案。

- ☑ 搜索人是否有能力找到一家有前途的公司？
- ☑ 他/她是否了解搜索基金模式？
- ☑ 他/她能完成全面的尽职调查吗？
- ☑ 他/她有能力说服业主把公司卖给他/她吗？

[①] 软承诺代表着该投资人会在你满足一定条件下坚定地支持你：（1）你成功的募集到了所有的单元。（2）你组建了一个很好的辛迪加。

- ☑ 她/他的目标和我的一致吗？
- ☑ 他/她能领导一次成功的收购吗？
- ☑ 他/她在管理和发展被收购公司方面有多成功？（一些初步的证据）
- ☑ 你可能会遇到的一些其他问题是？
- ☑ 你为什么想要进行搜索？为什么不创业呢？
- ☑ 你的搜索策略是什么？是否有可用的数据库或列表？
- ☑ 为什么你认为这在你的国家行得通？是否存在特定国家的风险？
- ☑ 你认为这种模式成功的原因是什么？
- ☑ 对于一家公司来说，最重要的属性是什么？为什么？
- ☑ 你喜欢哪些行业？为什么？
- ☑ 与其他搜索人相比，你的竞争优势是什么？
- ☑ 你如何设计业绩报酬？
- ☑ 你和其他搜索人接触过吗？哪些人？
- ☑ 你会（在其他搜索基金）实习吗？
- ☑ 你已经有资本承诺了吗？谁的承诺？
- ☑ 在非本国搜索：你以前的职业生涯对你在这个国家搜索有什么帮助？你在该国家有什么样的人际网络？

表 2-6　　　　　　　　　　投资者会议的注意事项

需要做的	不要做的
阅读投资者网页	迟到
了解他们投资了谁/哪里/什么	未准备充分
与搜索人对话	咄咄逼人
尝试面对面会谈	编造事实
穿着得体	傲慢或过度自信
准备充分（见问题）	当被拒绝时咄咄逼人或过于强硬地获取反馈
为面试做演练	

(续表)

需要做的	不要做的
坦诚相待	
准备一些真诚的问题	
确认会面	
回复感谢邮件	
跟进未解决的问题	
倾听/联系	
在正式投资者会面之前，阅读入门指引和研究报告并与25～30位搜索人会面	

资料来源：作者整理。

保持势头

说服投资者投资（即相信）一个搜索人，与说服公司所有者将公司卖给搜索人之间有一些相似之处。因此，投资人希望搜索人给人专业、鼓舞人心、有影响力、有说服力、坚持不懈[1]和真诚的印象。搜索人的任务是说服投资者投资金钱，说服企业所有者将公司出售。你最终的目标是想完成交易。因此，搜索人询问投资者需要什么才能做出最终决定，以及预期何时能做出该决定，这是重要和合理的。

不要担心，不同投资者能做出承诺的时间段定然有差别。由于你现有投资团（辛迪加）的组成是否强大也是投资标准之一，极早承诺的投资者就会承担更多的风险，当然，这些承诺往往是软性的，也就是说，当你组成了全部的"辛迪加馅饼"（或者正式一点叫做"股权结构表"）后，他们会重新评估一遍。不过投资者当然不希望被打上"反复无常"的标签，这就是为什么在早期就能收到坚定

---

[1] 这可能是最难直观展示的品质。有些人认为是代表坚持的特征在别人眼中可能有些咄咄逼人。拥有细致入微的观察力将大有裨益。

的承诺是非常有利的,而且要在此基础上发展并保持劲头。一旦你筹集到目标金额的 50%～60%,就有必要与那些早先选择不承诺的投资者们重新联系。同样,你最好也应告知"早期投资者"你的筹款进展。记得练习并提高你的沟通技巧。

你所提供的投资机会

投资搜索基金是对人的终极投资,比投资初创企业尤为甚之。在提供搜索资金时,投资者对搜索人的评估充其量也只是部分的。然而,投资者的资金也并不是随机分配的,否则为何还需要筛选搜索人的?

虽然所有投资者都有不同的选择标准,但他们都在试图评估你必须提供的东西。从本质上说,你提供了两件事:在某个国家进行一项收购的潜在机会,以及你的项目,而在这个阶段,这个项目主要是你自己。

搜索国情况

投资者的本国偏好现象已被证实。[①] 在吸引外国连续投资者时,搜索人会想要突出搜索基金在目标市场已经成功,或者可以成功的原因。这对刚开始寻找搜索基金投资项目的本地投资者来说也很重要。正如行业动态对搜索基金的成功至关重要一样,国家的特性也同样重要。

从本质上看,搜索基金是风险投资(VC)和私募股权投资(PE)的混合体,结合了风险投资中缺乏经验的经营者特点和私募股权投资中的杠杆收购特点。对于搜索所在国的情况分析可以参考 IESE 商学院的风险和私募股权投资国家吸引力指数(见表 2-7),该指数包含世界及区域基准,热力图以及大量相关数据。[②]

[①] 塞尔库,皮特 M.F.A.,范皮,罗珊恩.国际股票投资组合中的本土偏好现象:综述[M] . 2007 (8) . (可在 SSRN 获取: https://ssrn.com/abstract=10258064 或 http://dx.doi.org/10.2139/ssrn.10258064)

[②] https://blog.iese.edu/vcpeindex.

表 2-7　IESE 商学院的风险和私募股权投资国家吸引力指数

1. 经济活动	1.1　经济规模（GDP，人均 GDP）
	1.2　实际 GDP 预期增长率
	1.3　失业情况
2. 资本市场深度	2.1　股票市场的规模和流动性
	2.2　总交易量
	2.3　IPO 和公开发行活动
	2.4　并购市场
	2.5　债务和信贷市场
	2.6　银行不良贷款
	2.7　金融市场成熟度
3. 税收	3.1　税收优惠和行政负担
4. 投资者保护和公司治理	4.1　公司治理质量
	4.2　产权保护
	4.3　法律环境质量
5. 人文与社会环境	5.1　教育与人力资本
	5.2　劳动法
	5.3　贪污和腐败
6. 创业机会	6.1　创新
	6.2　科技期刊文章
	6.3　创业和经营企业负担
	6.4　关闭企业的简单性
	6.5　企业研发

资料来源：Alexander Groh, Heinrich Liechtenstein, Karsten Lieser, Markus Biesinger。

这些数据还可以在一定程度上解释为什么搜索基金模式在世界不同地区的发展不同。在美国，考虑收购科技公司（增长模式）的搜索人比例高于其他地方。在欧洲，享有发达的中小企业银行体系和较低的利率，考虑使用较低杠杆的收购

（资本成本模式）可能更有吸引力。在拉丁美洲，不断增长的中产阶级推动了经济增长，传统行业非常分散，银行倾向于避开这些公司，但卖方融资条款更加吸引人，搜索基金可能会在当地形成其独特的版本。

搜索人资质

如果你准备在目标投资者感兴趣的国家进行搜索，那么剩下的评估主要集中在你成功完成以下任务的（潜在）能力上：寻找、谈判和构建收购交易、管理人员和发展业务，以及实现成功退出。

这绝非易事，不同的成功经营者风格各异，背景多样；不同的成功投资者又支持着不同的搜索人。在与众多投资者交流后，我们发现以下七个特征通常备受青睐，我们将其形象地称为"七步成诗"①（见图2-3）。

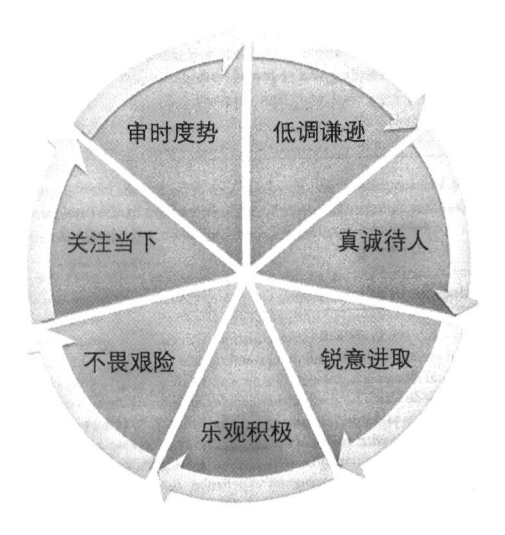

资料来源：作者整理。

图2-3 七步成诗

❖ **低调谦逊**。大多数有经验的投资者都会给谦虚的搜索候选人打高分。谦逊便能更好地倾听，倾听便能更好地学习。谦虚对于任何一个人来说都是一个很好的品质，尤其是从事商业的专业人士，其中搜索人更为甚之。它表明了搜索人对搜索基金本质的理解，即学习和协作。

❖ **真诚待人**。商业道德的重要性并不仅限于搜索基金这个投资品类。企业风险管理专家则认为，在所有风险中，经营风险可能是最具破坏性的。而在管理此类风险时，人力资源和道德规范起着复杂且重要的作用。这也是为什么企业丑闻通常有两个共同点：糟糕的公司治理和在其背景下不道德行为的产生。

---

① 因原文的七个词语都由H开头，所以原文称之为H馅饼。——译者注

❖ **锐意进取**。从斯坦福大学和 IESE 商学院关于搜索基金的研究中可以明显看出，有些搜索人为自己和他们的投资者都取得了巨大的回报，此结论在总样本上依然成立。但我们还应该注意到统计分布中重要尾巴：有一定比例的搜索人破坏了所收购公司的价值，甚至有人破坏了所有价值。在你向经历者了解更多经验时，在尽职调查过程中，许多搜索人和经营者会提到他们经历的大起大落（即情感过山车）。强大的意志和对远大抱负的渴望支撑了在这一领域取得成功所需的努力、韧性、坚持和顽强毅力。

❖ **乐观积极**。在领导和激励他人时，散发积极的能量非常有帮助。作为"首席销售员"，保持积极的态度是必要的。当你试图说服某人将他们毕生的心血和传承卖给你——一个 30 岁的缺乏经验的青年时，卖方必须在情感上与你建立联系。

❖ **不畏艰险**。搜索基金的成功是条件概率的结果。你可以通过执行一个强有力的过程并减少成功的障碍来提高成功的机会。不难发现，一些投资者会同时强调良好的流程和合理的范围。比如，你试图筹集资金在昆士兰州努萨角附近 20 英里范围内收购一家拥有海景的公司，或许自筹资金进行搜索更适合你。

❖ **关注当下**。当谈到搜索人和经营者时，投资者有时会使用创业者这个词。在更宽泛的语境下，通常使用收购创业者一词。通常情况下，如果没有遇到搜索基金模式，搜索人往往会思考如何创业，但并没有真正灵光一现的商业设想。然而，他们拥有一部分真正的企业家精神：勇气、解决力、创造力、激情、自信和社交能力，等等。比尔·伊根（Bill Egan）是一位在初创企业和搜索基金方面都有经验的投资者，他提到，成功的创业者和搜索人经常会有一种"可控的繁忙感"，这样的氛围对于创造和保持势头，以及完成交易至关重要。当然，过度的紧迫繁忙会使人敬而远之。

❖ **审时度势**。拥有一个好的"辛迪加馅饼"可以提高成功的概率。这对吸引投资者同样重要，他们都试图以此评估你成为一位成功的搜索人的概率，这就是为什么承诺往往是软性的。投资者希望能够通过了解最终的辛迪加构成来评估你成功的可能性。

值得注意的是，不同投资者对于七个方面的侧重点不同，而且对每个方面，不同投资者的衡量也各有标准。投资者将对你个人和你的项目进行整体评估，投资者和你唯一不应该妥协的品质是真诚。信任背后反映了道德品质，倘若失去了信任，商业的本质就会消失。

就如何评估投资搜索基金的机会的话题，来自 Archipelago Capital Partners 的托马斯·伯格施特兰（Thomas Bergstrand）说道——

我认为，在搜索基金中，最重要的是寻找它的创始人，即搜索人。我会研究她的背景、动机、心态，以及她的投资者团队，这一点至关重要。事实上，由于她没有担任首席执行官的经验，那么愿意接受搜索基金行家的指导、辅导和支持尤为关键。

作为一名投资者，最不可预测的部分是选择正确的搜索人。一些投资人建议搜索人自我选择，选择是否要拒绝其他看上去更加吸引人的机会，并决定为搜索和经营一个小型企业而埋头苦干。还有一些投资人会考虑 MBA 毕业院校的品牌名誉。另一些会考虑搜索人的年龄和工作年限是否达标。我则会寻找动机诱因：为什么选择搜索基金，为什么是现在？为什么这是最优选择？是最近的想法还是已经思考了一段时间了？卖家会喜欢她吗？她更擅长交易还是经营，倘若是前者，她能获取经营者的技能和思维模式吗？她拥有成长型思维且愿意被辅导和指导吗？

搜索人的商业头脑当然也很重要。很多 MBA 毕业生拥有出色的分析能力，但运营经验有限。我总是问："告诉我一个你遇到过非常喜欢的公司，以至于你想拥有并经营它；你喜欢这家公司的哪些方面？为什么适合你？"这个问题的答案不仅告诉我她是否做足功课，还告诉我她是否真的对拥有和经营一家企业感兴趣。

最后，也是最重要的一点，我信任她吗？我是否认为她有能力在收购后经营一家企业，我是否认为她具备成为首席执行官所需的诚信？

不要忘记，在任何有意义的关系中，双方都会给予对方很多（实质性的好处）。在许多情况下，你将为投资者提供一个独特的、你可能会在未来十年致力于此的投资项目。你为投资者提供了与你一起踏上这段旅程的机会，要相信自己，你完全有理由这么做。

何塞·费尔南德斯（Jose Fernandez）和马里奥·西西里亚（Mario Sicilia），墨西哥的第一批搜索人，在 2011 年为他们的基金 Vestige Capital 筹资时，把机会带到了墨西哥。当时，他们在纽约向一位投资者筹资，并对他的实践表示了衷心感谢，这位投资者回答说："伙计们，应该表示感谢的是我。你们向我提供了一个机会，而不是一个问题，所以请告诉我：我能为你们做些什么？"

一旦你开始组建你的辛迪加，签署了法律文件并收到了注资，搜索的进程便正式开始了。

第三章

精益求精：搜索（上）

我们反复做的事情成就了我们；卓越不是一种行为，而是一种习惯。

——亚里士多德

停止改变意味着终结。

——本杰明·富兰克林

募资　**搜索**　收购　管理　退出

到目前为止，本指引已经引导你来到了所有收购式创业模式的共同阶段：搜索。

前一章深入讨论了如何通过传统搜索的路径到达这一阶段，它与其他模式的主要不同在于，为期两年的搜索是由一众投资人提供资金的——他们有着丰富的经验，而且将会是你亲自说服和组建起来的。这一章为你提供了说服他们的具体步骤，并提供了关于如何组建一个可以嫁接资源的投资人团队的相关有益见解，帮助你实现收购式创业的成功。

对于渴望通过"加速器"或"入驻创业者"[①] 模式实现雄心壮志的收购创业

[①] "入驻创业者"原文为 Entrepreneur in Residence (EIR) ，和加速器和独家赞助模式有所类似，也经常与两者一并研究讨论，相同点是都由单一投资方对搜索进行资助。 EIR 的角色在风险投资、孵化器、加速器或大型企业中均有出现，职责包括帮助所在组织识别和评估潜在的投资机会或新兴市场、利用自身经验为其他创业者或创业公司提供指导、利用在组织内的资源和网络启动或领导新的创业项目等。——译者注

者来说，这个过程非常简单，但却更加两极分化。她只需要让一个加速器、一家私募股权公司或一个家族办公室相信她在搜索、收购和管理方面的价值。到目前为止，自费搜索人是最轻松的，因为暂时还不需要说服任何人。

现在，不同模式的收购创业者都站在同一起跑线上，目标是找到并收购一家优质公司。寻找理想的公司是一项困难、复杂且经常被误解的任务。它之所以困难，是因为在一个好行业中以合理的价格并不容易找到一家好公司。它之所以复杂，是因为成功离不开流程的多次试验和迭代改进。它之所以被误解，是因为找到这个不好辨认又难以捕捉的公司，只是成功的一半。在这段时间里，你的另一个"任务"是"做好担任 CEO 的准备"。

第三章讨论了如何最好地组织你的搜索，以及可以不断提高你搜索成功率的一些步骤，还解释了如何为梦寐以求的"高管职位"做准备。

在搜索之初，花点时间思考一下你给自己设定的任务：要在丛林中发现一颗高克拉的原钻，然后取回来，切割、抛光，最后卖掉。在一些国家，这条道路已有先行者，而在另一些国家则需要你拿起砍刀，自行清理道路。

有人可能从搜索基金的成功故事中得出"努力总有回报"的错误观点，而我们希望通过以上的比喻来打破这种误解。收购创业者在 PPM 中解释了婴儿潮这一代的大批退休现象在市场上开辟了难得的好机会，描述了 100 万美元至 500 万美元 EBITDA[①]、所有者已经年满 60 岁的企业数量。从这个分析来看，似乎有成千上万的优秀中小企业在等待着一个年轻、聪明、雄心勃勃的收购创业者联系，这个创业者还有一众投资者支持。这是一个严重的误解——它夸大了所谓的成功概率，限制了实际成功的机会，也没有强调该挑战的难度。

在收购式创业的过程中，搜索阶段常常被简单地描述为静态的"项目搜寻"，人们设想其就像"找到一家好公司"一样"简单干脆"。这种简化主义的观点会

---

① 息税折旧摊销前利润。

降低搜索、谈判、融资和发展业务方面成功的可能性。

做过必要研究（通过与曾经成功和不成功的搜索人交谈）的搜索人会明白，以合理的价格从一个愿意出售的人那里成功收购一家好公司是非常、非常困难的。事实上，2020 年斯坦福大学和 IESE 的研究都表明，33% 的传统搜索人最终没有收购一家公司。我们必须事先承认这一现实。

虽然搜索的成功基于概率，但好消息是，概率并不是随机分布的。事实上，执行良好的搜索将比执行不佳搜索提供更高的成功概率（虽然仍然无法达到 100%）。执行良好的搜索有三个主要特征。

1. 它为搜索人提供了一个可靠的平台来寻找适合搜索基金收购的公司，同时不断改进和优化这一过程。
2. 它采用一种学习机制（反馈过程），随着时间的推移而提高积极结果的概率。
3. 它为搜索人在收购和管理方面的成功做好准备。

一旦这个动态过程到位，搜索人只需要添加一个关键因素：坚持不懈的执行。在本章中，我们将从过程优化开始详细研究这三个特征。

过程持续优化

虽然每支搜索基金都有自己的最优过程，但在过程中应着重考虑以下几个方面。

数据和数据库

采用了分析手段的搜索过程大多数会使用数据和数据库，但中小企业数据的可访问性却因地而异。一些司法管辖区允许免费获取股东名册、销售和利润数据、小型私营公司所有者和首席执行官的姓名和年龄等信息。在另一些司法管辖区，这些信息是不予公开的，或者只能通过订阅或支付大量费用才能获得。除了

第三章

可访问程度不同之外，数据质量也存在很大差异，一些数据库包含经审计的财务数据，而另一些数据库则包含自我报告的数据。

在美国搜索，来自 Crest Point 的布兰利·约翰逊（Bramley Johnson）是这样评价数据库的——

在搜索时，你所接触的数据库是五花八门的。为了使用许多付费数据库，我们让实习生通过他们的学术机构获得访问权限。我不认为有任何数据库值得直接通过搜索基金付费使用。我建议的一些数据库是 IBIS World、Hoover 和 CapIQ。IBIS World 适用于行业的一般信息，但由于它较为笼统，只能作为一个起点。我们发现 Hoover 是评估公司收入的一个很好的资源。虽然它在大多数情况下是准确的，但有时又与真实情况相差甚远。我们最喜欢的是 CapIQ，这是一个很棒的数据库，由于提供访问权限的大学数量有限，我们只能有限地访问它。其他数据库包括：Thomson ONE Banker、Lexis/Nexis 和 Wharton Research Data Services。

每一种数据库都有其优点和缺点。虽然容易获取的高质量数据可以让你有效地缩小范围并快速发起联系，但对于私募股权基金和其他竞争对手来说也是如此。敏锐的观察者可能会发现，高质量数据的可获得性与私募股权基金对这类公司的兴趣之间存在相关性。

在同一枚硬币的另一面，缺乏良好的中小企业数据可能是一个显著的进入壁垒。[1] 这不仅使搜索人在搜索时面临更大的挑战，也使私募股权基金的流程复杂化。因此，私募股权基金往往倾向于收购规模较大的公司，或者继续使用交易中介主导的交易。

---

① 指阻碍个人或公司进入特定类型业务的因素，如法规、牌照或高昂的成本。——译者注

客户关系管理系统（CRM）

客户关系管理系统可能看起来"可有可无"，但你可能会为了省钱因小失大。如果你愿意为客户关系管理系统付费，为什么不从募资开始呢？用 CRM 来跟踪投资者、其他搜索人和搜索 CEO 的联系信息，以及每个潜在投资者的状态、会议安排、后续行动和相关承诺。

客户关系平台收集、整理和分析广泛的数据，其中最重要的是：

- ☑ 目标公司和所有者的联系信息
- ☑ ISIC 或 NAICS 代码
- ☑ 获取标的数据（3 年的销售额、营业利润率、利润）
- ☑ 与目标公司所有者及其他人的沟通（高管、中介、投资者等）
- ☑ 标的状态（初始联系、回复、投资意向书、尽职调查等）
- ☑ 整体活动分析（联系公司数量、一对一次数、发出投资意向书数量等）

布兰利是这样评价客户关系管理系统的——

关于客户关系管理，我意识到一些搜索人正在使用强大而复杂的客户关系管理，比如 SalesForce。在我看来，这些客户关系管理不仅对搜索的有限需求来说是过度的，而且它们也非常昂贵。我选择了一个非常基础的平台，Less Annoying CRM，每个用户每月花费 10 美元，在很大程度上，它满足了我对它的所有需求。它当然有其局限性，有时会让人沮丧，但它仍然是一种非常简单有效的省钱方式。

行业和/或机会主义搜索

搜索人应决定搜索范围是纵深还是平铺即是行业聚焦搜索还是泛行业机会主

义搜索。在以行业为重点的搜索中，搜索人专注于几个特定的行业。这与在机会主义搜索中对多个行业进行覆盖成鲜明对比。

一方面，垂直聚焦为搜索人提供了卓越的行业知识——当你试图说服卖家你是一个可靠的潜在收购人时，这些知识会派上用场；当你第一次以CEO的身份走进办公室时，它也会让你（看起来）更有见识。另一方面，机会主义搜索可以让你有更大的网络和更大的灵活性来接触意想不到的机会。

太平洋湖伙伴（Pacific Lake Partners）在研究时发现，在87家（全部收购或未收购）的队列样本中，采用"主题驱动、行业聚焦"方法的搜索人有90%的收购成功率，而采用"机会主义"方法的搜索人则有55%的收购成功率。作为参考，斯坦福大学和IESE的研究都报告了66%的总体成功率。

同样令人感兴趣的是，数据显示，以行业为重点的搜索人所收购的公司LTM[①]收入平均增长21%，而泛行业搜索的公司这一指标为14%。

劳拉·富兰克林（Laura Franklin），来自Buck Jack Capital，对太平洋湖伙伴所进行的调查结果颇为认同。她这样说道——

在拓展业务策略上，我们通常面临两个选择：广泛涉猎各个行业或深耕特定领域。我与我的商业伙伴威廉一开始选择了前者，结果却是一场灾难。

威廉是工程师出身，他热衷于打造一台机器，能够触及全国所有规模范围内的企业。我们曾自信满满地认为，如果覆盖所有规模范围的组织，就一定能找到理想的合作伙伴。威廉设计的机器极其复杂，每周能向1 200家公司发送电子邮件。起初，我们因高回复率和与多位CEO的交流而欣喜若狂。然而，几个月的大规模联络下来，我们逐渐察觉到一个令人沮丧的事实：这些对话并未带来实质性的转化。更为关键的是，我们与这些CEO的大部分交谈似乎缺乏真诚。在这个过程中，威廉和我似乎总在忙碌追赶，不是追赶新的标的组织，就是追赶整个

[①] 过去十二个月。

行业的步伐。我们感到总是处于一种被动状态，而非实际上的主动出击。

很简单，回顾那些谈话，我们没有太多的可信度。威廉和我花了一些时间思考，意识到了虽然我们确实做了很多事情，但我们实际上并没有取得很大进展。是的，我们可以与投资者分享一些令人兴奋的数字，但这些数字实际上没有任何意义。以下这个例子说明我们的数字有多少名不符实——我永远不会忘记在那段日子里收到的来自明尼苏达州一个小镇市长的回复。我们联系了他，要求收购他的小镇。他的回复是："我们是一个城市……不是一家公司！用心一点吧，拜托！"在自嘲了一番后（事实证明，自嘲能力在搜索过程中是极其重要的），威廉和我回到了策略画板上。我们意识到，我们的大规模联络策略是一场灾难，主要有两个原因：（1）注意力分散。（2）我们的对话让人感觉不真实或不可信。

于是我们决定转向以行业为重点的搜索。威廉和我花了很多时间讨论和思考我们如何与众不同，哪些行业我们觉得实际上可以创造价值，哪些行业我们都很有热情且热情的来源是什么。最终，我们决定把重点放在医疗保健和教育领域，更准确地说，是那些满足我们搜索基金"双重门槛"的组织。我们将"双重门槛"定义为既盈利又能够实现使命和愿景，帮助世界变得更美好。我们俩都非常激动。我们改变了联络策略，来适应新的行业重点，并开始花很多时间给企业主写定制化的电子邮件。我们开始取得进展。谈话感觉很真诚实在，充满活力。令人惊讶的是，我们恰巧向泰·尚迪和艾米·尚迪发送了一封邮件，他们正是我们最终有机会收购的那个组织的创始人。泰至今仍说，他们最初接受我们电话的唯一原因，就是因为我们把邮件同时发送给了泰和艾米。当然，我们之所以知道要同时给泰和艾米发送邮件，完全是因为我们在发送邮件之前做了大量的研究。

我们对于主动联系的万用法则是，我们是否会真正兴奋地看到那个人（或团队）的邮件回复。威廉和我在搜寻的过程中已经达到了一种程度，就是每当我们的电话响起，我们都很兴奋地想知道电话的另一头是谁，每当打开电子邮件时，我们都很希望看看是谁写的……因为我们认为这有可能就来自我们最终会收购的那个组织！总的来说，我对搜索人的建议是：花时间弄清楚是什么让你与众不同，你真正感到激动的是什么，然后真诚地向潜在卖家传达你的能量和激情……并且，尽力保持专注并对自己忠诚。

在丛林中寻找钻石是一场数量游戏。在像美国这样的经济体中，拥有超过3亿的消费者可能使得行业聚焦搜索变得更加容易。仅凭借经济规模，就有充足的可能性来收购具有传统搜索基金特征的中小企业。像西班牙这样的欧洲国家（不到5 000万居民）可能不太适合进行有行业聚焦的搜索。至少，这似乎是普遍的看法。

当然，结合多种策略是可能的，甚至比专注于单一行业的搜索更为普遍。多策略组合中，较为推荐的是以行业聚焦为中心（花费大于80%的时间），以泛行业搜索为辅。

交易中介、其他专业人士和人脉网络

关于是否以及如何使用交易中介的反馈意见各不相同。一些搜索人认为他们作用不大，而另一些搜索人则通过他们成功收购了公司。一个普遍的批评是，交易中介只在像私募股权公司这样的机构投资者拒绝后，才向搜索人展示交易。由于私募股权公司是回头客，他们通常是交易中介的首选。即便如此，在很多情况下，你可能会发现你所使用的搜索评估标准与私募股权公司所重视的大不相同。

有三个原因可以解释为什么你可以考虑与某些特定的交易中介建立良好的工作关系。首先，跟踪中介提供的交易目标可以让你很好地了解哪些行业供过于求，哪些可能被忽视。其次，中介可以帮助加深搜索人对一个行业的了解，其中就包括价格发现。第三，中介都有成功案例（而且成功概率是累加的）。

这正是兰斯·巴纳德（Lance Barnard）在与 Axial Kansas Business Brokers，一个专注于中低端市场的互联网交易中介平台签约后的想法。兰斯是一位自费搜

索人。在 searchfunder.com 上看到 Axial 后，他在参加了一次收购式创业和搜索基金的会议后填写了该公司的信息表，建立了联络。通过 Axial，兰斯收购了科罗拉多州丹佛的药房 Long Term Care Pharmacy——一家专门为发育缺陷和智力残疾患者提供服务的公司，它还有一个家庭护理部门，为贫困妇女和儿童提供医疗用品和设备。兰斯说："我从未想过这样的局面，但如果没有他们，我也无法找到这样的公司。试想一下，堪萨斯城的一家精品投资银行竟然为丹佛医疗保健公司在找买家。你想想这是多么不可思议！"

在联系交易中介时，选择在中小企业交易中有良好声誉的专业人士。如有必要，在与他们会面时，向他们解释搜索基金的模式、支持你的投资者类型以及你正在寻找的行业和公司特征。

请注意，经纪人的既得利益（佣金占交易价格的百分比）与你想以合理的价格收购一家好公司的愿望并不真正一致。在谈判收购时，要牢记这一点。

同样，与其他可能"了解"潜在卖家的专业人士保持密切的联系也会有所帮助。例如财富管理公司、并购精品投行和公司律师。你永远不知道保持密切的联系会带来什么。

例如，波兰 Nextline 的第一队搜索人安德烈·巴斯基耶维奇（Andrzej Basiukiewicz）和沃伊切赫·科尔帕尔（Wojciech Korpal）与一位在 mBank[①] 负责投资和并购（mIB 部门）的大学朋友关系密切。最终，通过这位朋友，他们收购了 MotionVFX——苹果 Final Cut Pro 软件的最大的高质量附加组件生产商。

---

① 德国商业银行拥有 mBank69.3%的股份。

交易会以许多不可预知的方式找上门来。"让全世界都知道"你想要达到的目标可以增加选择的余地；联系当地报纸的商业记者；利用社交媒体；一定要和你所有的朋友，尤其是特别熟的人，谈论这件事！① 正如 TTCER 的杰拉德·瑞斯克经常会给出的建议："在你周围建立一个社区，让你周围的人了解你作为一个有抱负的领袖，在做什么，在寻找什么，在努力实现什么。定期发电子邮件或打电话，让他们了解情况并参与进来。你会惊讶于人们帮助你的方式，比如，他们有可能成为交易的关键线索。"

河流向导

河流向导是指在行业顶层拥有庞大人脉网络的人。他们包括行业贸易协会的负责人、退休的企业家、前投资银行家和退休的公司律师。河流向导们拥有大量愿意接听电话的 CEO 和企业家的联系方式，也能洞悉哪些人已经开始考虑出售自己的公司，可能愿意与他们进行初步会面。

芝加哥大学布斯商学院的罗纳德·伯特（Ronald Burt）教授②的研究表明，像河流向导这样拥有重要社会资本③的人，在商业战略中发挥着至关重要的作用。如果运用得当，他们会扩大你的影响范围，加深你的知识，增加你的可信度，并提高你成功的概率。不需要对他们预付费用，但对于引荐并最终促成收购的人来说，0.5%～1.0%（后者为上限）的成功费是业界标准。

实习生

实习生应该既是搜索基金过程的一环，也是你预算的一部分。搜索过程中有

---

① M. 格兰诺维特 (M. Granovetter). 弱关系的力量 (The Strength of Weak Ties) [J]. 美国社会学杂志 (American Journal of Sociology), 1973 (5): 1360-1380.
② R. 伯特 (R. Burt). 中介与闭合：社会资本导论 (Brokerage and Closure: An Introduction to Social Capital) [M]. 牛津大学出版社 (Oxford University Press), 2007.
③ 指社交网络内部和之间的社交互动所创造的善意、同情和联系。它是由社会关系创造的价值，在市场上有预期的回报。——译者注

许多无关紧要的部分，你要决定是把有限的时间花在这些事情上，还是花钱并教会实习生来处理。适合实习生的任务包括：

- ☑ 安排会议
- ☑ 浏览经纪人名单
- ☑ 发送电子邮件
- ☑ 根据选定的标准筛选公司
- ☑ 为行业分析提供数据

值得注意的是，你需要管理、激励、指导和监督你的实习生。把它看作是你自己的学校。也考虑一下实习生的成功报酬。还要记住，一旦潜在的卖家对你们的主动接触做出回应，搜索人（你）应该主导所有后续的沟通，而非实习生。

让·保罗·德斯塔亚克（Jean Paul Destarac，Nexu Capital）是一位收购了 Nogales（一家总部位于亚利桑那州的定制经纪和物流公司）的美国独立搜索人，在询问让·保罗·德斯塔克关于使用实习生的问题时，他回答说："我在与其他搜索人交谈时了解到的一件事是，实习生非常有帮助，但管理他们也需要很多时间，尤其是那些富有工作热情的实习生。他们建议采用'实习生队长'的方式，由一名实习生挑选、培训和管理其他实习生，而搜索人的时间则集中在只应该由他、她或他们来完成的关键活动上。以我为例，我试图让实习生接管所有非关键任务，这样我就可以在绝大多数时间里与企业主通电话。我每周都会和实习生通一次电话，讨论行业和现有交易。实习生们必须展示行业分析和汇报交易项目，以获得反馈。"

为了保持实习生的积极性，杰西卡和乔（Steadfast Horizon）与投资者组织了交流研讨会，投资者分享了自己对搜索的看法。例如，他们会讨论哪些公司或行业特征是重要的，给出投资过的企业的例子，或者讨论搜索中的"交易技巧"。会议以问答环节结束。他们的团队也选择了"实习生队长"的方式。

詹姆斯·麦克斯韦尔（James Maxwell）当时是一名在役海豹突击队军官，曾在伯克利-哈斯商学院担任舰队学者。当被问及他的计划时，詹姆斯回答说："在开始自己的收购式创业旅程之前，我先要回到海军，完成最后三年的服役。在过去的几年里，我对搜索基金进行了相当多的研究，并对此产生了兴趣，但正是搜索基金和收购式创业课程让我意识到这是适合我的道路。我在军队中领导了15年的小团队，我认为收购式创业的职业生涯非常适合我的技能和热情。我和杰西卡及乔一起实习，让自己更多地沉浸在搜索基金生态中，并在启动自己的搜索前尽可能做好准备。"

T3 Ventures 的乔治·扬科维奇（George Jankovic）经常建议搜索人编写一份"实习生手册"，这样一来，搜索人首先能够清楚地表达公司对实习生的期望，其次，可以节省培训时间。他认为，最好的情况是有 3 到 5 名实习生，但如果搜索人有更多的实习生，最好采用"实习生队长"的方法。

始终保持势头

搜索过程最恰当的类比是坐过山车。[1] 一批批的搜索人和经营者都警告新加入者：搜索时，情绪上会有大起大落是难免的，这些起起落落是由于在搜索过程中，常常徒劳无功导致的。

这种过山车式的变化会影响搜索的持续动力，也会影响职业和个人层面上搜索人与他人的关系。这两者都可以且应该得到管理。正如拜奇·斯通（Badge Stone，WSC & Company[2]）告诉搜索人的那样："作为一个搜索人，所有的反馈都感觉很两极分化。承受这些极端结果会让人筋疲力尽。一定要尽你所能，照顾好自己的身心健康。"

一旦交易落空，搜索的持续动力肯定会有所减弱；当搜索结果无法实现或搜索进入疲劳时，也可能影响持续动力，要时刻关注上述情况。条理清晰的流程会帮助

---

[1] 好比新泽西州六旗冒险主题乐园的金达卡——世界上最高、最快的过山车之一。

[2] 为方便理解，本书采用"人名，公司"的方式表示人物身份。——译者注

你注意到什么时候失去了耐力,并给你提供恢复计划。保持动力的简单方法包括:

- ☑ 设定一个预定的邮件发送数量(每周 100 封?)
- ☑ 设定最低会议次数以帮助传达任务(每周 10 次?)
- ☑ 设定与企业主的最低会面次数(每周 2 次?)
- ☑ 让团队的一部分人持续推动搜索进程(例如,当你有一份投资意向书(LOI)时,一名团队成员可以主导这笔交易,最多花费 80% 的时间;其他成员则会专注于持续推进搜索其他标的,那笔交易上最多花 20% 的时间)
- ☑ 在每次顾问委员会会议结束时,明确要在下次会议前完成的任务。征求他们的意见并被批准。在下次董事会会议开始时,先汇报最新业绩是否与预期相反。

对自己负责是很重要的。未达到目标时,专注于解决方案而非寻找借口。

创造学习环境

搜索基金成功的秘诀之一在于,它为有志成为经营者的人提供了一条通往 CEO 准备就绪的路径——前提是创业者将学习过程融入搜索过程中。能够定期评估和改进你的搜索过程,将有助于你在成为搜索者和 CEO 的过程中取得成功。如果在第 62 周所采用的流程与第 32 周(甚至第 2 周)时没有实质性区别,你可能很难找到一家合适的公司。即使碰巧找到,也不太可能吸引到愿意投资的投资者。只有持续改进流程,才能提高成功的概率。

大多数搜索者在搜索的最后阶段收购公司,这并非偶然。连续投资者可以观察到季度业务更新、项目储备(pipeline)以及关键绩效指标(KPI)成功率的持续质量改进模式。他们还会注意到管理成功收购和领导组织所需技能的显著提升。至少,那些专注于持续改进或"改善"(Kaizen)理念[①]的搜索者是这么做

[①] 来源于日本的管理经营方法,意为"持续改进"或"不断改进"。——译者注

的。一个执行得当的搜索从第一天就着眼于流程,并在此基础上不断迭代和改进。

让我们来讨论一些可以帮助你建立这种学习环境的举措。

顾问委员会和投资者导师

1992年,西蒙·韦伯斯特(Simon Webster)创立了第一个美国以外的搜索基金,他通过建立一个顾问委员会将学习体系化。这个委员会将(也确实)支持和指导西蒙的搜索。请注意,与管理委员会(董事会)不同,顾问委员会没有权力做出有约束力的决定。顾名思义,它仅仅是提供顾问意见。

在欧洲,许多搜索人效仿西蒙的做法,成立了顾问委员会。在美国,顾问委员会并不常见。无论是否成立委员会,明智的搜索人通常会选择与3~5位投资人保持密切联系,他们会定期(有些是每周一次,有些是每月一次)与这些投资人保持联系,以获得即时的建设性反馈。

这些投资人充当非正式的导师,通常进行一对一沟通,较少通过董事会会议。在美国和欧洲以外的地区,搜索人通常会定期与一到两名当地投资人导师会面。

顾问委员会和投资者导师扮演着多种角色。首先,他们为潜在目标公司和行业出谋划策。为了节省时间,搜索人应该避免选择对投资者没有吸引力的行业或公司。在向一个行业投入大量资源或与一家公司签署意向书之前,最好经由顾问委员会或投资者导师审核并提出看法。如果他们没有兴趣,那么及时打住可能是明智的。

其次,对于投资者来说,有时满足目标卖家或潜在卖家的需求是很重要的。虽然对搜索人来说,她来把控收购的过程很重要,但有时年纪太轻可能使卖家不愿出售。引入专业和关心的投资者可以帮助卖家放下担忧。经验丰富的投资者也可能会发现新手可能还没有发现的线索,并为其提供有价值的信息。

第三,优秀的顾问委员会、投资者导师,甚至董事会都可以帮助将过山车般的搜索和经营过程变得没那么跌宕起伏。当搜索人或首席执行官飞得很高时,导师可以轻轻地把他们拉近地面，更接地气。当他们情绪低落时，导师可以让他们振作起来，再次启航。搜索基金需要一种不同于私募股权的支持方式，在私募股权中，新任CEO通常是经验丰富的经营者。而对于搜索人或搜索CEO来说，重要的是让投资者理解并接受投资年轻、缺乏经验的人才所带来的责任。

第四，经验丰富的导师对学习过程和良好搜索的自然发展都有深入的理解。他们不仅可以指导如何改进流程，还能在搜索者没有按应有的方式进展时及时给予提醒。

最初几个月发生的事情对最终结果有很大影响。搜索人在第2个月和第3个月学到的东西，以及他们在这些学习中做出的调整，将影响他们在第16个月的搜索方式，以及他们在收购会谈上的表现。需要注意的是，速度太快（以及跳过学习要点）和速度不够快一样会降低成功的几率。就像世界级运动员一样，搜索人也希望在最后一个季度达到巅峰。优秀的顾问委员会和投资者导师可以帮助指导这一过程。

值得注意的是，你的顾问委员会会影响你的想法和行动。因此，在顾问委员会中有了解模型和流程的成员是至关重要的。想想西蒙，美国以外的第一个搜索人，他成功的部分原因在于，他的董事会成员有曾是美国的连续投资者，而这些人具有很强的模式识别能力。

季度报告或业务动态分享

每个季度，搜索人都会准备一份报告，关于公司过去三个月的所有进展。这份报告反映了该季度的成就、搜索的现状、正在进行的活动和后续跟进事项。它通常以预算与实际财务结果的对比结束。这是常规的，但不是标准的。

季度报告好比财务报表，"财务报表的目的是提供有关一个实体的财务状况、财务表现和现金流量，并对一众使用者提供经济决策有用的信息。"[①] 季度报告的服务对象是那些对搜索和收购做出决策的人：投资者。

季度报告的重要性经常被低估，报告本身也经常被误读，未被充分利用。严

---

① "财务报表的展示"，标准IAS 1，国际会计准则委员会，2018年10月31日。

肃投资者和连续投资者阅读报告时，往往错过了将其作为深入讨论起点的机会。这会使人们认为花时间写一份好的、详尽的季度报告是在浪费时间。这是一个误区。季度报告主要有以下目的：

- ☑ 向投资者更新搜索状态和交易进展
- ☑ 协助搜索人清晰描述并改进流程
- ☑ 为搜索人和投资者提供讨论的平台
- ☑ 与投资者和顾问委员会成员建立关系
- ☑ 与投资者建立信任关系，增加支持收购的可能性
- ☑ 培养与指定的潜在投资者的关系，以填补收购中的股权缺口
- ☑ 增加某些投资者在收购后进入董事会的兴趣
- ☑ 了解投资者的逻辑并提高搜索人对搜索基金的了解
- ☑ 减少在几乎没有成功可能性的机会上花费的时间
- ☑ 指导新实习生
- ☑ 帮助做出预算的相关决策

如果投资者对报告的质量和格式提供反馈，并将其用作定期讨论的平台，会是非常好的。搜索人将通过提供高质量的报告，并有规划地安排与一些投资者的后续会议，来帮助自己的搜索过程。每次可以轮换不同的投资人进行这项工作。

对于自筹资金的搜索人来说，与十几个目标投资者定期分享季度报告，可以帮助其更容易地筹集收购资金。

季度业务更新内容

1. 季度回顾

亮点工作 | 战略 | 交易 | 财务近况 | 经验教训 | 下季度展望

2. 交易流程摘要

对外接触关键统计数据（专利，经纪人，总数）

已联系的 CEO 总数｜响应数｜响应率｜首次会议数｜指示性报价提出数｜指示性报价接受数｜LOI 发送数｜LOI 签署数

搜索情况概览（描述，潜在交易数量，平均收入，平均 EBITDA，备注）

全部｜接触前｜筛选后｜IOI[①] 已发｜仔细评估｜LOI 已发｜尽调（DD）｜被拒绝｜暂缓

按行业、区域和搜索月区分潜在交易

3. 其他值得注意的机会

资料来源：作者整理。

这是一个季度报告大纲的范例。找到最适合你和你的投资者的格式。虽然这类报告每个人都有不同的写法，但在写的时候请记住这些明智的话：

见素抱朴，少私寡欲。

——《道德经》第十九章

实验

"优秀公司最重要、最明显的'行动偏误'[②] 表现是他们愿意尝试新事物，愿意进行实验。实验中绝对没有什么神奇之处，只是一个小小的完成动作，一个可以帮助你学到东西的可控测试，就像高中化学一样。但我们的经验是，大多数大型机构已经忘记了如何测试和学习。他们似乎更喜欢分析和辩论，而不是尝试，他们因害怕失败而已然失去勇气。"

——汤姆·彼得斯和罗伯特·沃特曼[③]

---

① Indication of Interest，兴趣表达函。
② 是一种认知偏见，指的是在需要做出决策时，人们倾向于采取行动而不是保持静观其变，即使这种行动并不一定带来正面的结果。
③ 托马斯·彼得斯（Thomas Peters），罗伯特·沃特曼（Robert Waterman）．追求卓越（In Search of Excellence）［M］．哈珀商业出版社（Harper Business），2006．

搜寻的目的是搜寻和获取一个成熟规模的业务,而搜索的本质更接近创业精神。在有限的预算、有限的时间和有限的其他资源的情况下,搜索人必须具有想象力、创造力和勤俭节约的精神。优秀的搜索人和刚起步的创业者都有这些特点。

对搜索人来说,精益创业哲学是一个有用的模型,它是由埃里克·莱斯(Eric Ries)[1]、斯蒂夫·布兰克(Steve Blank)和鲍勃·多尔夫(Bob Dorf)[2],以及亚历山大·奥斯特瓦尔德(Alexander Osterwalder)[3] 共同创立的。这些硅谷的作家、企业家和投资者从根本上改变了初创企业的创建、融资和运营方式。

旧的模式鼓励精心设计的商业计划,复杂的电子表格模型,以及投资者愿意在没有市场需求线索的情况下,投资昂贵但完美的产品或服务。

新模式以客户挖掘为中心。首先开发基本的最小可行产品(Minimum Viable Product,MVP),作为发现潜在需求的学习工具。利用这些信息,创业者可以调整产品或服务的重心,建立一个新的MVP,以进一步发现潜在需求。这个过程不断重复,直到市场—产品/服务的契合匹配变得清晰。新的口诀是构建—测量—(快速)学习和重复。

一般来说,创新事业的核心,尤其是精益创业,是实验的概念:有意识地尝试一些东西,并从结果中学习。伟大的发明家和革新者托马斯·爱迪生曾经说过:"成功的真正衡量标准是在24小时内能进行多少次实验。"将大型会议、预算和辩论为基础的过程代替掉的,是一个激发灵感、构思(创意生成)和实施的过程(见图3-1)。

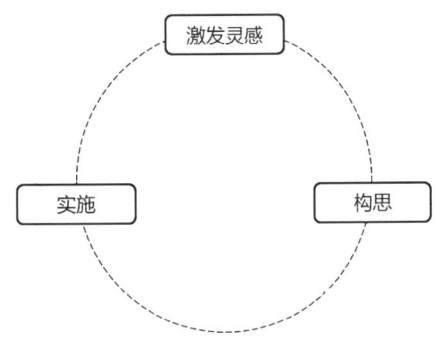

资料来源:IDEO。

图3-1 实验圈

---

[1] 埃里克·莱斯(Eric Ries).精益创业(The Lean Start-up)[M].Crown Business出版社,2011.
[2] 斯蒂夫·布兰克(Steve Blank),鲍勃·多夫(Bob Dorf).创业者手册(The Start-up Owner's Manual)[M].K&S Ranch出版社,2020.
[3] 亚历山大·奥斯特瓦尔德(Alexander Osterwalder).商业模式新生代(Business Model Generation)[M].Wiley & Sons出版社,2010.

你的搜索过程需要类似的实验和快速学习的方法。在某一国家行得通的方法，在另一个国家可能行不通。不同行业的文化和背景也不同。你的方法似乎可以成功地与 40 岁的软件服务企业家建立联系，但可能无法吸引一个 70 岁蓝领企业老板。

马克西米利安·魏德尔（Maximilian Weidl）是慕尼黑一位专注于医疗保健公司的搜索人，他开展了一项有针对性的邮件推广活动。它包括一本非常专业的小册子和一封精心制作的信件。他认为 29% 的回复率对于如此投入的努力来说太低了，于是他寻求反馈，并了解到他的方法很像私募股权。

根据这些反馈，他尝试了不同的信件风格和附件。额外的反馈、改进后的回复统计数据和进一步的实验使他走上了部分手写信件的道路，并附上了一篇关于他的搜索基金的报纸文章和一份带照片的传统简历，回复率飙升至 48%。

正如彼得斯和沃特曼所说："实验中绝对没有魔法。它只是一个小小的完成动作，一个可以帮助你学到东西的可控测试。"本着同样的精神，TTCER 的杰拉德·里斯克（Gerald Risk）鼓励搜索人将他们的搜索周期视为一个月乘以 24 次，并且每个月进行 2 到 3 次实验，特别是在搜索的最初几个月。

T3 Ventures 的乔治·扬科维奇（George Jankovic）建议："在电子邮件营销活动中始终应用 A/B 测试，并从潜在客户中学习。测试邮件的主题、信息、是否有你的照片、全家福等。此外，从一个合理但不太大的样本量开始；合理到足以推断出统计上相关的结论，但又不能太过广泛，以至于在弄清楚哪些有效、哪些无效之前就失去了许多线索……并且永远不要停止实验、学习和改进……"

学习小组

独立搜索者基本上要承担整个实验过程的重担，并从中学习。他们得到的反馈比不上初创团队，因为初创团队有机会定期进行持续反馈、头脑风暴、学习和改进。因此，独立搜索者通常需要更长的时间才能意识到自己的流程是否偏离了正轨，而且更容易给自己找借口而不被察觉。

由于这些原因，建立学习小组是很好的做法，与其他独自搜索的人组成团队，互相充当顾问委员会。定期召开会议，提供指导，并让彼此负责。这样做还有一个附加价值，那就是让你分享那些你可能不太愿意与导师兼投资者分享的想法。

正如布兰利·约翰逊（Bramley Johnson，Crest Point）所说："搜索可能是一个漫长而孤独的过程。我强烈建议搜索人找到他们所在地区的其他搜索人进行联系。有其他人为你的想法或交易出谋划策是非常有价值的。当问题出现或交易失败时，他们也可以提供支持。相信我，在交易失败后，与志同道合的人聚在一起并共情是非常宝贵的。

"我最近听说，一些搜索人彼此视为竞争对手。这毫无道理。他们不仅从同样的资金来源寻求资本支持，而且对于一个通过合作取得成功的社区来说，这也会适得其反。其他搜索人是你的同伴，而不是竞争对手。"

打破框架和反馈环节

每季度留出一些时间，仔细分析哪些方面运作良好，哪些方面有待改进，并提出一些可能促进改进的实验是非常值得的。利用头脑风暴会议来打破导致你现有流程的偏见和框架是非常有帮助的。

从你的学习小组中汲取经验，可以有效地为你自己的流程提供新的视角。

最佳实践

虽然创新和实验是必不可少的，但了解什么是有效的也同样重要。通常情况下，没有必要重新发明轮子，向别人学习即可。毕加索告诉我们："优秀的艺术家会模仿，但伟大的艺术家会偷窃。"

既然搜索基金世界是协作的，就没必要去偷窃。只需提问即可。有几种方法可以了解最佳实践，在搜索人或经营者那里实习是一种方式，参加有关收购式创业和搜索基金的课程是另一种方式。收购创业者还可以通过与搜索基金和收购式创业社区的人士进行非正式会面，或是登录斯坦福创业研究中心（Stanford Center for Entrepreneurship Studies）[①]、IESE 的国际搜索基金中心（International Search Fund Center）[②] 或芝加哥大学波尔斯基创业与创新中心（University of Chicago Polsky Center for Entrepreneurship and Innovation）[③] 并从中收集有价值的信息。此外，Searchfunder.com 在搜索人之间，有时也在投资者之间提供有趣的讨论。

社区成员们分享最佳实践的地方还有搜索基金和收购式创业研讨会。表 3-1 强调了其中比较重要的会议。

表 3-1 搜索基金会议

学校	组织	关注	频率
斯坦福大学	教师	搜索基金/CEOs/北美	半年
IESE 商学院	教师	搜索基金/国际	半年
凯洛格商学院/芝加哥大学	学生	收购式创业	每年
哈佛大学	学生	收购式创业	每年
麻省理工学院	学生	收购式创业	每年

资料来源：作者整理。

意识到熟能生巧的重要性，卢卡斯·布劳恩（Lucas Braun）和瑞安·罗宾逊（Ryan Robinson，Brown Robin Capital）在早期进行了演练。用卢卡斯的话来说："我们在搜索过程中的目标是使'最佳搜索状态'维持时间达到最长。"对我们来

[①] https://www.gsb.stanford.edu/experience/about/centers-institutes/ces.

[②] https://www.iese.edu/entrepreneurship/search-funds/.

[③] https://polsky.uchicago.edu/types/entrepreneurship-through-acquisition/.

说，这意味着在搜索的前几个月所做的事情与在 6~24 个月所做的事情看起来和感觉上都不同。最初几个月在设计上就是为了即将到来的"正式比赛"做准备。比如，我们当时想找个正在交流的卖家来练习一下。因此，我们提交了一份 IOI，和一家我们可能最终不会收购的企业开始接触。这使我们能够协商 IOI，召开管理会议等。在第一次管理会议上，我们犯了很多初学者会犯的错误。但是后来，我们在势在必得的交易中就更为老练。瑞安补充道："当你第一次试图亲吻你未来的伴侣时，你可不希望这是你第一次亲吻任何人。"

早期的 IOI 或 LOI 对学习和最终成功的重要性得到了马特·艾斯戴普（Matt Estep）的认同："搜索过程的结果是二元的——你要么最终买了，要么没买。"搜索过程如此困难的原因之一是衡量"要么全有，要么全无"结果的进展。几乎所有的搜索人都试图用与行为相关的指标来衡量过程，比如发送的电子邮件、与业主的交谈、会议、签署的保密协议等。在多次搜索并花费大量时间寻找收购企业之后，我们发现与收购企业成功相关的唯一指标是签署第一份 LOI 的速度。在搜索的前 6 个月，找到最好的公司并签署一份 LOI。你很可能不会收购这家公司，但我向你保证，花在签署 LOI 和了解收购过程上的时间，将在你的搜索过程中为你带来很多的帮助。在我投资的 65 家以上搜索基金中，我还没有看到哪家成功完成收购的搜索基金在前 18 个月里没有签署过至少一份 LOI。

为未来做准备

搜索基金模式的一个重要特征是，当执行得当时，它将为通向优秀"CEO 之路"铺平道路。搜索就好比在训练场上训练，它会让你兴奋，让你投入，让你沮丧，让你烦恼；它同样会强化你、塑造你、使你做好准备，让你成为你想成为的 CEO。天下没有免费的午餐，成为 CEO 没有捷径。

把你的努力看作是一次机会难得的学习之旅：你必须学会如何融资，如何寻找好的公司，如何说服企业主把企业出售给你，如何说服投资者支持你担任 CEO，如何管理企业、领导员工，以及与董事会合作。学习永远不会停止，因为一个停止学习的 CEO 不会长久在任。要意识到这一点，并提前一步开始每一个步骤的学习。

为未来做准备有三个主要组成部分。
1. 搜索人必须做好准备，说服老板以合理的价格出售他或她的公司。
2. 搜索人必须与投资者建立专业关系，使得一旦找到一家好公司，投资者就会产生提供收购资金的意愿。
3. 搜索人需要预料到控制权的交接，从一开始就须发挥领导作用。

个人成长和职业发展的三个引擎可以提高你的收购和管理技能。
1. 同伴的反馈。
2. 顾问委员会和投资者导师的介入参与。
3. （非投资者）导师的指引。

反馈

获得同僚的反馈是专业能力成长的重要组成部分，也是提高你的收购和管理技能的关键。我们建议专门留出时间向你的团队成员提供并获得反馈。例如，每三个月专门花一天时间来改进流程并给彼此提供建设性的反馈是一种很好的做法。

这样做有几个好处。首先，你会洞察到成为一名伟大的领导者意味着什么，以及随之而来的技能。这个讨论不仅是关于技能的，也是关于价值观的。①

其次，它为学习叙事提供了机会。正如路德维希·维特根斯坦（Ludwig Wittgenstein）所说，商业中的一切——包括管理和领导——都是不断演进的叙事过程。通过获取和给予同侪反馈，可以帮助你发展并改进自己在这一主题上的叙事。

---

① 关于此话题的著述繁多，一个比较好的抛砖引玉的文章是："解码领导力：什么素质最关键？"，麦肯锡季刊，2015 年春。

第三，它为会议之间的持续改进和自我反思提供了一个机制。维持现状并不可取。决定在接下来的 90 天内优先提升哪些技能将提高你的意识。将这个过程及其进展与顾问委员会、投资导师或导师分享是非常有价值的。

依靠你的团队成员来做这个练习：解释哪些特征和技能是重要的，你正在研究哪些技能，并报告进展（或缺乏进展）都是有用的。

这也是讨论作为一个团队如何改进的好时机。这并不总是容易或舒适的。缺乏经验的专业人士倾向于突出对方和团队的优点，而对实际问题保持沉默或回避。这样并不可取。对人友善，但在问题上要毫不留情的坦诚。如要进步，别无他法。改变并不容易。

如果你是一个独立搜索人，你将需要一种寻求反馈的方法。如果你是学习小组的一员，这是可以做到的。你的顾问委员会、导师或教练，也可以是对象。研究还表明，同伴之间的指导能让搜索不那么孤独①。

我们还建议定期给实习生提供正式的反馈。

顾问委员会会议和投资者导师

我们之前已经讨论过，在搜索阶段，参与式指导的重要性——无论是通过更正式的顾问委员会还是非正式的投资者导师。这种做法将改善搜索过程，并提高搜索人找到好公司的机会。

优秀的顾问委员会和投资者也明白，他们的角色不仅仅局限于流程改进，他们的任务还包括将搜索者转变为 CEO 的过程。这一过程早在第一次会议之前就已经开始，父母、兄弟姐妹、朋友、上司、老师、教练、团队负责人和政府领导等都在其中留下了印迹。而投资者只是接过接力棒，帮助搜索者完成下一个阶段。他们最好的做法是通过在不干涉和积极参与之间找到一个平衡点，用来支持搜索者。

然而，要意识到，对个人和职业发展负有主要责任的人是你自己。顾问委员

---

① N. 卡铂莱尔-泊克维兹（Carporale-Berkowitz, N.）和 S. 弗里德曼（Friedman, S.）. 同侪辅导如何让工作不那么孤独 [J]. 哈佛商业评论（Harvard Business Review）. 2018 (10).

会和投资者导师会在注意到学习过程已经停止，搜索人进步不够快，或者发展方向不明朗时，介入支持。根据搜索人的要求，他们也可以更积极地参与。

在为搜索者成为 CEO 做准备时，顾问委员会可以通过以下方式提供帮助：要求明确的战略和运营目标，要求及时且简洁的沟通，强调长期目标，并期待负责任的态度。换句话说，顾问委员会的运作方式与执行委员会①非常相似，只是手法更柔和，法律责任更少。有时，我们会看到搜索人与顾问委员会脱离关系，组织会议的频率减少，或者未能设定明确的期望。这样的机会成本非常高。

我们发现，在没有搜索者参与的情况下，顾问委员会进行一次 20 到 30 分钟的总结会议是很有帮助的，重点是为未来的 CEO 提供建设性的反馈。在结束总结后，顾问委员会将告知搜索者他的优点和给人留下深刻印象的地方、需要改进的方面，以及他们期望在下次会议前（针对快速修正）或在搜索者成为 CEO 之前达到的目标。如果合适的话，某位委员会成员还可以成为搜索者在特定改进领域的导师。

导师

在顾问委员会并不常见的美国，搜索人的数量呈指数级增长。然而经验丰富的投资者数量却没有太大的变化。因此，许多搜索人与经验丰富的投资者导师没有密切的联系。我们给他们的建议是，与一些经营者建立密切的联系（这样可以在搜索相关的事宜上有所帮助），② 也可以找到一位愿意担任导师的退休首席执行官。

搜索基金的前提部分建立在这样一个事实之上：随着婴儿潮一代步入退休，我们正在见证有史以来规模最大的财富转移（又名大财富转移）。这也意味着，这些帮助推动了国内经济全球化、创造了近 90 万亿美元全世界 GDP 的一代人，将有充足的时间给予我们指导，记得主动同他们接触！

---

① 执行委员会通常由组织内部的高级管理人员组成，负责组织的日常运营和执行董事会设定的战略和政策。
② 实现这一目标的一种方法是吸引那些以平易近人、乐于助人而出名的经营者，并在搜索中出售半个单位。

第四章

寻找圣杯：搜索（下）

幸福的家庭都是相似的，不幸的家庭各有各的不幸。

—— 列夫·托尔斯泰

你可以仅通过观察就发现很多。

——尤吉·贝拉

| 募资 | **搜索** | 收购 | 管理 | 退出 |

前一章讨论了搜索过程。你了解了收购创业者们搜索的不同方法。一些人把网撒得又宽又浅，另一些人把网埋得又深又准，还有许多人将机会主义和垂直聚焦相结合。

搜索的核心是一个不确定结果但有条件概率的过程。因此，我们提供了不同的工具，通过最大化的数据使用、利用人际网络、监督实习生和聘请河流向导等方式来实现概率倾斜。同时，也强调了塑造环境的重要性，以便在不断改进搜索过程的同时，为成为一名领导者做好准备。

现在为止，仅仅探讨了搜索过程的一半，另一半则是关于辨识好机会的能力。

你所选择的公司本身属性会决定你能够达成的成就上限，它所属的行业也有相应的天花板。本章将回顾一些常用的行业分析框架，并探讨收购式创业领域常常关注的行业特性，例如行业的周期性和政府的参与度。这将使你能够区分在哪些行业继续创造价值是近乎不可能的，而哪些是现实的和可持续的。

本章的其余部分集中在许多收购式创业投资者所看重的特定公司特征上，还介绍了在评估潜在收购目标时需要注意的细节，并以一个经常被忽视的问题结尾：退出策略。

行业和公司特征在搜索基金的成功中发挥着核心作用。如要充分把握它们的相关性，我们有必要从风险（控制）的角度来看待搜索基金。

让一个年轻、缺乏经验的人执掌一家拥有50多名员工、收入通常在1 000万美元左右的公司是一个冒险的提议。认知到这种风险，搜索基金模式在更传统的收购模式基础上进行了三个"调整"。

1. 它尽可能地降低行业波动率。
2. 它寻求降低公司层面的风险。
3. 它围绕着搜索人、老练的投资者和董事会成员，后两者能提供有力的指引。

我们接下来将讨论前两个问题，而后者将在董事会治理一章中讨论。

行业的视角

某些行业比其他行业更有利于创造股东价值。对于搜索者来说，利用这一事实，从有前景的行业中筛选公司至关重要。这些行业中最相关的因素包括行业竞争力、行业集中度、颠覆性变革、趋势与潮流、增长、周期性和政府影响。让我们逐一探讨这些因素。

行业竞争力

迈克尔·波特（Michael Porter）关于五种行业塑造力量[1]（波特五力）的研

---

[1] M. 波特 (Porter, M.). 塑造战略的五种竞争力量 (The Five Competitive Forces That Shape Strategy) [J]. 哈佛商业评论 (Harvard Business Review), 2008 (1).

究为我们提供了一个方便的框架。该框架被顾问、银行家、投资专业人士和经理等使用，帮助使用者分析某一行业的竞争水平。通常用于帮助定义企业战略，这一框架在分析创造股东价值的潜力时同样具有重要意义。这个框架所评估的力量如下。

进入壁垒。低进入壁垒意味着很容易能够进入该行业，也意味着取代现有公司并不难。单单是新进入者的威胁就能压低利润和利润率，影响盈利能力和价值创造。

替代品威胁。当替代产品或服务很容易获得时，它会影响供需平衡，导致价格（以及利润和利润率）下降。替代品的威胁也会抑制价值创造。

供应方（议价）能力。在供应商占主导地位的行业中，依赖其产品和服务的公司只能被动接受价格，而不能主导定价。供应商的力量可以来自许多方面，包括规模（少数大型供应商与众多小型客户）、知识产权、品牌或高昂的更换成本。

消费者（议价）能力。在这种情况下，客户发号施令，公司再次成为价格接受者。客户能够主导价格的原因包括客户集中度、低更换成本和规模。

行业竞争度。在不同的行业中，竞争的本质差异很大。在那些参与者激烈竞争价格的行业，相较于价格竞争不激烈的行业，创造价值的难度更大。

波特五力对竞争环境的影响将直接影响行业内公司的盈利能力。这种环境不仅决定了资本回报率（ROIC），还影响了息税折旧摊销前利润率（EBITDA-margin）。对于收购创业者而言，选择那些资本回报率高于全国平均水平且EBITDA利润率超过10%的行业至关重要，并应重点关注EBITDA利润率在15%以上的公司。

值得注意的是，波特并不认为"政府治理"是第六种力量，而是一个可以对五种力量产生积极或消极影响的因素。例如，专利提高了进入壁垒，从而提高了行业盈利能力。另一方面，受保护的工会提高了供应商的权利，从而降低了行业的吸引力[1]。然而，自从波特的开创性文章之后，第六种力量被提出——

---

[1] 麦金恩（David McGinn）. 迈克尔·波特的五（个半）力 [J]. 哈佛商业评论（*Harvard Business Review*）. 2020 (5).

互补产品。 有时，产品的价值取决于它的不同组件。苹果在 20 世纪 80 年代的败落部分原因是建立了一个封闭的系统，不允许 Lotus 1-2-3 或 Microsoft XL 等互补产品。相比之下，今天苹果的战略是成为一个数字枢纽，通过苹果应用商店①为 iOS 系统提供 164 万个可应用程序。

行业集中度

行业集中度高通常对搜索基金有一些不利影响。利润集中在大公司，大公司增长，小公司收缩，而小型公司的退出往往比较麻烦。传统的退出方式往往是小公司任由大型企业挑选。

规模在战略上很重要，包括规模经济②和范围经济③、超越竞争对手的创新能力、创建品牌的可能性等。这些只是导致大公司更具吸引力和拥有更具竞争力的价格的几个例子。规模较小的公司在这种环境下挣扎或消失。唯一可行的替代方案可能是在细分领域采取专注战略。这一战略虽能带来更具竞争力的利润率，但缺乏增长空间。

判断一个行业的市场集中度的务实方法是考察目标地域内（通常是相关公司的目标市场）排名前 10、前 20 或前 25 家公司的市场份额。

一种更复杂的方法包括查看（或计算）赫芬达尔-赫希曼指数（HHI）。该指标通常用于判断企业并购后是否创造了主导地位，影响市场竞争。④根据我们的案例，它也被用来发现一个市场有多分散。

该指数的计算方式如下。

---

① https://www.statista.com/statistics/276623/number-of-apps-available-in-leading-app-stores/.
② 规模经济（Economies of Scale）指随着生产规模的扩大，单位产品的平均成本下降的经济现象。——译者注
③ 范围经济（Economies of Scope）指的是当一家企业同时生产多种产品或提供多种服务时，通过共享资源、技术、市场渠道等，能够降低生产和运营的总成本的经济现象。——译者注
④ 例如，美国司法部使用行业最大的五十个公司来决定 HHI 指数。

$$HHI = S_1^2 + S_2^2 + \cdots + S_n^2$$

S_n 是第 n 个公司的市场份额，用整数表示（非小数）。

HHI 指数在 1 500 以下的被认为是竞争市场，在 1 500 到 2 500 之间的是中度集中市场，在 2 500 以上的是高度集中市场。

你也应当考虑其他地区的竞争对手进入你选择的地区市场的可能性或威胁性。

颠覆性

从马克思（Marx）[1]到熊彼特（Schumpeter）[2]，资本主义通过破坏旧事物并创造更适应的新事物这一概念已被广泛描述和讨论。正如熊彼特更为雄辩地指出的："创造性毁灭的飓风是工业变革的过程，这一过程不断地从内部革命化经济结构，不断地摧毁旧形态，不断地创造新形态。"

一方面，这对搜索人来说是个好消息。创造性破坏的力量可以被利用：通过改善服务，微调产品，优化供应链，品牌重新定位，调整战略，授权人力资源，加强资本结构，等等。

但另一方面，我们也生活在一个数字化、人工智能和机器人技术的时代——在这个时期，很多全行业都在被整体颠覆或重新配置。在新千年之初，谁能想到一家电脑制造商会成为音乐行业的最大玩家？或者西尔斯百货、德本汉姆百货、Forever 21、Barnes and Noble、玩具反斗城和托马斯·库克航空都将申请破产，怎么也不会是因为一位年轻的华尔街精英决定离开德劭集团（D. E. Shaw）去创办一家互联网"书店"吧？

当一个搜索人决定专注于一个特定的行业时，她可能希望远离那些目前正在被颠覆的，或有很大的可能被暂时颠覆的行业。"看到这一点"并不总是容易的，特别是当你着眼于未来 10 年时。采用这么长的时间框架的原因是，当搜索人决

---

[1] 马克思, K., 恩格斯, F. 共产党宣言, 1848 [M]. 企鹅出版社, 2010.
[2] 熊彼特, J. 资本主义、社会主义与民主 [M]. 劳特利奇出版社, 1994.

定出售该公司时，买家将做出类似的评估。你觉得这点不太容易？嗯，没人说高回报来得容易。

已故哈佛商学院教授克莱顿·克里斯滕森（Clayton Christensen）在他的博士论文中提出了一个实用的，帮助理解技术性颠覆的有用框架，称为"颠覆性创新"，该框架在他的《创新者的解决方案》（The Innovators Solution）和《创新者的困境》（The Innovators Dilemma）中得到了普及。

克里斯滕森在其学术著作中区分了可持续创新和颠覆性创新（见图 4-1）。可持续创新是指能够收到消费者欣赏的产品或服务创新。它的特点包括更快、更轻、更强、更友好、更时尚和更便宜。搜索基金所收购公司的经营者们通常很擅长这种创新，而当商业领袖听到"创新"时，他们往往会想到的是这类创新。

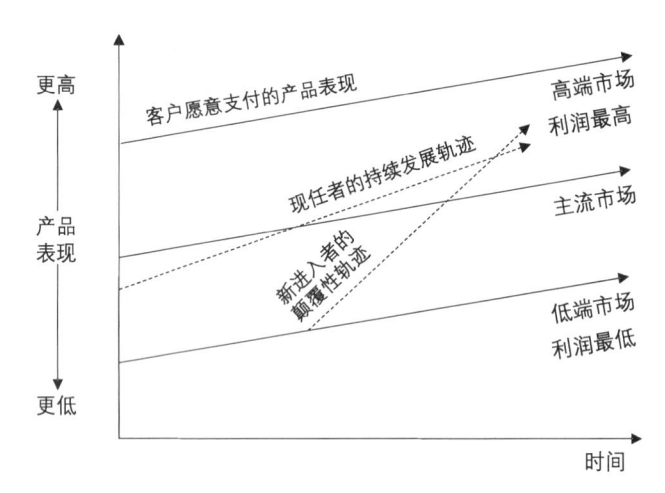

资料来源：Clayton Christensen，Michael Raynor，Rory McDonald。

图 4-1　持续性创新和颠覆性创新轨迹

颠覆性创新完全是另一回事。颠覆性创新描述的不是一种产品或服务，而是一个过程。在这个过程中，一家年轻的公司，通常是初创公司，提供与大公司不同的服务或产品。大多数客户和大公司都忽略了它，因为它在重要特性上的表现明显更差。然而，这家年轻的公司在这些关键因素上有所改善，直到其表现足以满足主流市场。这时通常会发生大规模客户的转移，而创新也就变得真正具有颠覆性。

例如，很少有人在看过戈登·盖柯（Gordon Gekko）在《华尔街》（1987）电影中的手机后就跑出电影院去购买。它看起来笨拙、沉重，声音质量可能很差，价格也很贵。当被问及时，用户会说他们对固定电话很满意，对拥有一块"砖头"不感兴趣。但当电池变得更小、更轻、更便宜、音质更好时，我们中的许多人改变了想法。那些听取客户意见的固定电话制造商现在怎么样了？

虽然我们建议经验不足的管理者避开目前因风险强度而受到干扰的行业，但与此同时，我们的确生活在一个充满颠覆的时代。因此，经营者需要了解颠覆的起源，能够探测到，并加以利用。他们将通过创建一个灵活的组织来实现这一点，我们将在"管理中小企业并创造价值"一章里予以解释。

趋势、潮流和增长性

投资者偏爱某些国家的原因之一是其增长性。但增长在不同行业也有所差异。对于搜索人来说，通过收购一个行业增速高于其所在国家国内生产总值（GDP）的企业来创造价值确实更容易。正如冲浪的格言所说，"在苏普图布斯[①]比在死海更容易找到好浪头。"

这就是为什么某些投资者和搜索人采用"行业增长大于 GDP 增长"的经验法则。其他人甚至可能专注于"有吸引力的"的行业，通常被定义为行业增长率≥GDP 增长率的 1.5 倍。

我们鼓励搜索人也发现增长的变化量，即哪些行业的增长正在加速？为什么？

行业高增长率通常有三个主要原因：周期性、趋势和潮流。我们将在下一节中讨论周期性的重要性，这里我们关注的是趋势和潮流。

趋势是指形势变化或发展的总体方向。[②] 趋势可以是技术的、人口的、社会的、经济的和环境的等。无论涉及哪个领域，趋势通常都会导致持续的价值创

[①] 苏普图布斯位于南非的杰弗里湾，专业冲浪者在这里进行超过 300 米长的冲浪。

[②] 牛津高阶词典释义。

造。如互联网、婴儿潮和不断增长的中产阶级、工会和摩尔定律。趋势具有长期的动量，并在很长一段时间内（10 年以上）增长。正是这种广泛的影响将趋势与短期的潮流区分开来。虽然不是绝对可靠，但区分趋势和潮流的有效方法是分清这种发展态势是否解决了某个结构性问题？它是在满足某种需求还是欲望？你应该接受趋势，因为它们是结构性的，并解决真正的需求。潮流是短暂的，因为欲望是不断变化的，最好避免追逐潮流。

趋势通常分为两个发展阶段。首先，人们识别出一个潜在的结构性问题，如全球变暖、巨额预算赤字或肥胖问题。然后，他们对此做出反应，并调整解决方案。从反应到识别，需要找到可用的解决方案、努力实施这些解决方案，并认知了解所带来的后果。

从商业角度来看，与此相关的是整个社会以及相关消费者在多大程度上能改变他们的行为，也就是他们实际上到底有多需要这个新的解决方案。虽然趋势的确强大，但理解市场对新方案的采用动态是很重要的。

埃弗里特·罗杰斯教授提出了一个称为"创新扩散"的理论，书籍同名。[①] 在其中，他为读者提供了一个市场接受的框架。这个模型至今仍在使用，它区分了创新者（2.5%）、早期采用者（13.5%）、早期大众（34%）、后期大众（34%）和落后者（16%）。注意，这个模型既适用于可持续创新（搜索基金倾向于运作的领域），也适用于颠覆性创新（年轻公司和初创企业的视角），如图 4-2 所示。

除了了解普及情况和发展机会以外，通过了解本土或全球新兴领域的风险有时也可以预测趋势。从气候变化及其复杂性，到网络犯罪的增长，在许多情况下，商业其实是以解决方案来应对日益增加的风险。投资并致力于解决这些问题的企业可能是一个不错的选择。

搜索人杰夫·奥尔登堡（Jeff Oldenburg）就是这样的，他在 2020 年收购了加拿大维多利亚的 Echosec Systems。Echosec 将社交媒体和暗网数据可视化，用

---

① 罗杰斯，E.创新扩散理论［M］.5 版. 西蒙和舒斯特尔出版社，2002.

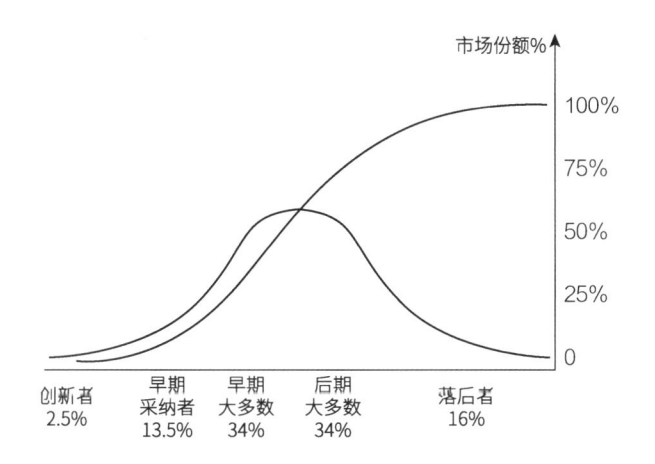

资料来源：埃弗雷特·罗杰斯（Everett Rogers）。

图 4-2 创新扩散

于收集安全威胁情报和探察关键事件。随着数字媒体世界的蓬勃发展，政府和企业越来越需要理解这些信息瀑布①中发生的事情。

这包括帮助客户对抗虚假信息、极端主义、网络犯罪，甚至只是帮助企业客户监控可能对其组织构成风险的突发事件（火灾、活跃枪击事件等）。

周期性

评估周期性也很重要。周期性行业的销售与GDP增长高度相关。换句话说，销售（息税折旧摊销前利润、净收入、现金流等）很大程度上取决于整体经济的表现。

投资人对经验不足的搜索人加注筹码后，更倾向于避免额外添加一层经济周期相关的风险。对于有经验的管理者来说，管理明显的商业周期已然不易，新手最好还是予以避免经济周期的影响。低周期性或非周期行业对于没有经验的CEO来说更为温和友好。

---

① 通常指的是一种信息传递的模式，尤其是在金融市场、社会传播或经济学中的集体行为现象中。它描述了一种情境，即当个人或群体在面对某些决策时，倾向依赖于他人已做出的决定或公开的信息，而不是独立进行判断或分析，像瀑布一样从上向下迅速传播和影响其他人。

要判断一个行业是否具有周期性，可以查看该行业的 β 值（贝塔值）。① 如汤森·路透和彭博这样的专业数据提供商会提供这些数据。高 β 值（β＞1）指向周期性行业，而低 β 值行业受周期性影响较小。我们称后者为"防御性"行业。我们也可以通过常识或者通过分析财务报表（如可能）和公司在不同宏观经济条件下的表现来判断。

对于敢于冒险的人来说，记住最后一道风险防护是资产负债表——如摩根大通公司的首席执行官兼董事长杰米·戴蒙（Jamie Dimon）所说的堡垒式资产负债表。因此，年轻收购创业者对周期性企业的收购应在杠杆水平低的情况下进行。这种策略削弱了税盾的效果，并且因为比例上更多的股本导致了更高的加权平均资本成本（WACC）。所有这些都指向一个问题：为什么一开始就要收购一个高风险的企业呢？

如果你确实收购了一家周期性公司，你可能需要判断"我们当前处于经济周期的哪个阶段"。理想情况下，你会希望在衰退期末尾收购，在扩张期末尾退出。如果你擅长这一点，你或许适合在宏观对冲基金工作。

政府治理

根据与投资者交谈，我们会发现他们要么不希望政府发挥过大的作用，要么不希望政府发挥重要作用，要么根本不希望政府发挥任何作用。但政府始终发挥着作用，即使只是在法律的执行方面（例如少数人的权利保护或税收）。

在搜索基金领域，政府的参与主要体现在监管、支持、税收以及作为客户等方面。正如迈克尔·波特所指出的，这是影响五力的一个因素。搜索人需要评估它是积极的还是消极的，更为重要的是，还需要判断这种影响是否可能发生变化。

❖ **受监管的行业。**一些行业向来受到政府的关注。其原因包括健康（如烟

---

① β 由 $R_s = R_f + β × (R_m - R_f)$ 回归计算，其中 R_s = 所回归行业，R_f = 无风险回报，R_m = 市场回报（例如标普500）。

草和大麻工业）、国家利益（如国防）、保护主义（如木浆厂）或结构性风险（如银行业）。投资于受监管的行业时，了解政府参与的理由、影响和潜在变化都很重要。

例如，在医疗健康领域，大多数政府都进行监管和质量控制（FDA 批准），也会参与市场调控（价格制定）。在合理的范围内，这些都为了更好地服务医疗保健行业和整个社会的福利。的确，一个不被病人和医生信任的医疗体系，既不能照顾好自己的公民，也不能创造财务价值。所有相关方都能从支持性的监管框架中受益——这个框架应保障患者安全、促进良好的研发，实现股东价值的创造。

在受监管的行业内，收购方及其股东可能需要监管部门的批准。最好的做法是让了解该行业收购过程的律师参与进来。即使这样，被批准也不是板上钉钉的事，也可能需要比预期更长的时间。

政府的变化可能导致从自由放任主义转向强烈的干预主义。购者自慎。①

❖ **被扶持的行业。**在某些情况下，政府会在民营企业缺乏主动性或失败时介入。其中一个例子是美国的政府资助企业（GSEs）。这些准政府单位的建立是为了加强信贷流向美国经济的特定领域。这类被扶持单位包括联邦住房贷款抵押公司（Freddie Mac）和联邦国家抵押贷款协会（Fannie Mae），这些组织鼓励中产阶级和工人阶级拥有住房。在 2008 年的次贷危机中，这两家同样遭受危机的政府资助企业，都在 2008 年 9 月 6 日获得了救助。

这个例子有助于突出投资者经常回避这些行业的原因：即市场信号的失灵。由政府支持的行业或实体无法按照供需关系这样的市场规律来采取行动。因此，正常的市场信号被搁置一边，转而支持政策和政治议题。这些标的遵循着更随机的路径，传统投资者往往不太了解。

其中一种极端的形式，是政府支持那些尚未对私有资本具有吸引力的行业。

---

① "Caveat emptor" 是一条拉丁语成语，直译为"买方当心"。这个原则用于商业交易中，意味着买方负有主要责任去检查、评估并确认购买的商品或服务的质量和适用性。——译者注

以太阳能为例，自 2008 年以来，世界各国政府都通过上网电价补贴的方式支持太阳能安装，奖励用户与电网共享能源。2019 年 4 月，当英国政府宣布停止补贴时，住宅太阳能电池板的安装量下降了 94%。① 政府引导的需求，其问题在于，所扶持行业可能会持续依赖政府，以至于当扶持政策被取消时，就会发生强烈的市场修正。

❖ **税收**。在人类和企业活动的成果上，国家对股东有优先求偿权。国家通过征收个人所得税、公司税、资本利得税、股息税、社会福利税和增值税等来实现这一点。还应该注意的是，有的国家还得加上州、市、省税。

简言之，所谓的市场蛋糕中有一部分被政府拥有，无法分配给供给方。关于税收，有三点相关的内容，一是 EBITDA，二是税盾，三是法律主体。

搜索基金交易中最常用的倍数是 × EBITDA（企业价值 = EBITDA × 倍数）。由此可见，企业价值主要在于税前利润。因此，如果两家公司在所有方面都相同，除了税率不同（进而利润和现金流也不同），它们的价值应该相同吗？正如我们将要讨论的，估值比简单确定 EBITDA 倍数要复杂微妙得多。

税费并非都是坏事。除了为更广泛的社区服务（希望以一种公平有效的方式），税收还可以提供一种保护。例如，在公司税中，公司成本是在纳税前扣除的。

利息支出作为可扣除成本之一，降低了税费。这使得债务成本明显低于股权成本。违反直觉的是，税率越高，利用杠杆的动机就越强。

还有一点值得指出的是，不同类型的法律实体需要缴纳不同类型的税。此外，不同的国家有不同的税收制度（阿联酋和法国就有所不同），不同的州也不同（纽约州和特拉华州）。只要涉及现金流，你就应该寻求税务相关的建议，避免让你上法庭或坐牢。

❖ **客户**。当客户是政府、政府资助企业、国际组织、城市或州时，你如何

---

① https://www.smart-energy.com/industry-sectors/policy-regulation/uk-government-under-fireas-rooftop-solar-installations-collapse/.

触达机会？

假设该行业没有受到差异化监管，拥有这些类型的客户也会产生客户集中度高和客户权力大的问题。如果单个政府机构或政府机构集群变得太大，就会承担相当大的风险。除非目标公司在自然资源方面具有垄断地位，或受到知识产权保护，否则这种风险可能无法和机会本身相对应。

虽然中期协议（1 至 3 年）可以减轻一些风险，但合同续签将通过招标（RFP）和竞标，而这种情况应会导致利润率缩减。

如非上述情况，要确保对我方有利的交易没有包含腐败、私人关系或卡特尔协议[①]。

一般来说，只要政府有需求，需求通常是大规模的。这通常会导致大公司——那些能够利用其范围或规模经济的公司——在竞标合同上更有优势。

另一个复杂因素可能是大型官僚机构的自身（缓慢）的运转速度。这可能意味着政府需要很长时间来支付，进而增加营运资金需求。好消息是，至少在一些国家，银行愿意为政府类应收账款提供资金，尽管会有折扣。

公司动态特征

搜索基金模式的重点之一是收购一家真正好的公司。正如沃伦·巴菲特（Warren buffett）敏锐地指出："当一个以卓越著称的管理者接手一家以经济状况糟糕闻名的企业时，只会是企业的名声仍然前后一致。"

对于经验丰富的管理层来尚且如此，那么当缺乏经验的经营者接管一家企业时，企业本身的特质就显得至关重要了。这就是我们赛马例子中的马。比利时马可能确实是重型马中最强壮的一种，但如果参加皇家斯科特比赛你还是会想要一头纯血马。

沃伦·巴菲特（Warren Buffett）、查理·芒格（Charlie Munger）、塞思·卡

[①] 又称横向垄断协议，是指具有竞争关系的经营者之间通过协商达成的、旨在排除或限制竞争的协议。

拉曼（Seth Klarman）、莫尼什·帕布拉伊（Mohnish Pabrai）和乔尔·格林布拉特（Joel Greenblatt）等成功的价值投资者所观察到的一些特征，也可以在成功的搜索基金收购中观察到。连续投资者最常参考的指标，包含了收入、EBITDA 和 EBITDA 比率、历史增长、护城河、复杂性和其他企业风险、集中度、资本支出和退出机会。让我们简要描述他们。

收入

我们主要讨论收入的两个主要因素：规模和类型。

∴ **规模**。搜索基金投资的最佳区间是那些收入既不太小也不太大的公司。在实践中，通常在 1 000 万至 3 000 万美元之间。规模较小的公司会遇到韧性不足、结构不稳和扩张缓慢等问题。规模较大的公司往往具有大量的复杂性，并遭受更激烈的收购竞争。

颠覆对小公司的影响更大。一个重要的供应商或客户的损失，突然的流动性问题，客户行为的转变，甚至罚款都可能导致一个小公司的解散。此外，在小公司，CEO 往往会参与每一个问题、每一次讨论、每一个解决方案中。如果一个公司太小，就没有可以规模化的结构，创造价值的能力是有限的。新老板往往会把宝贵的时间浪费在建立可扩展的结构上，而不是发展业务。最后，小公司资源有限，很难吸引经验丰富的专业人士。总之，收购一家太小的公司增加了失败的风险和业务增长的难度。

虽然搜索基金收购过规模较大的企业，但很少有超过 3 000 万美元收入的。最重要的原因是复杂性和收购竞争。

规模较大的公司往往拥有更多的员工、更复杂的运营模式、更精细的财务结构、更成熟老练的客户以及更分散的股东名册。这类公司更适合经验丰富的 CEO。此外，这种规模的公司面临的竞争往往更加激烈，因为它们更有可能被机构中介广泛营销，而且规模往往大到足以进入私募股权基金、家族办公室和战略收购方的雷达。与搜索基金相比，这些买家通常拥有更强大的银行关系和更低的资金成本。与搜索基金不同的是，它们还能够在多种投资项目中分散风险。基于这些原因，它们通常能够在竞争激烈的竞拍过程中出价高于搜索基金买家。

不过，要知道凡事都有例外。有时，出于充分的理由，较大的公司也可以被收购。

例如，Goldmatch Capital 的布兰登·帕克（Brandon Parker）和卡梅伦·帕克（Cameron Parker）兄弟成功收购了财产保险公司的软件提供商 OneShield，这笔交易的规模远远大于一般的搜索基金交易。识别、承销和执行如此大的交易，需要与几家领先的搜索基金投资者进行特别深度的合作，还需要以前从未参与搜索基金交易的大型投资者（贝恩资本）的参与。

OneShield 是一家复杂的企业，业务遍布三大洲，客户高度成熟，因此承销过程的关键部分是验证现有管理团队的实力和稳定性。收购并运营一家如此规模和复杂的企业，通常需要两个搜索人合伙，而非单独一人。

❖ **类型**。收入有不同的规模，也有不同的类型。经纪人、投资者和银行家将一次性收入、重复性收入和经常性收入（Recurring Revenue）区分开来。虽然投资者的确喜欢重复性销售，但他们更钟爱经常性销售。人们并不总是能很好地理解其中的区别。经常性收入是销售额的一部分，很有可能在未来按预定的时间间隔持续出现。重复性收入是通过回头客完成的交易，在规模和时间方面不具有同样的可预测性。比如，我们中的很多人都是亚马逊或自己喜欢的航空公司的回头客，却也是 Netflix 的经常性客户。

我们认为，马克·阿格纽（Mark Agnew）、布莱恩·奥康纳（Brian O'Connor）和 A. J. 沃瑟斯坦（A. J. Wasserstein）合著的《论收入的本质——并非所有收入都是平等创造的》（*On the Nature of Revenue — Not All Revenue is Created Equal*）一书提出了一个更好的分类方法。按照强度和价值递减的原则，作者将收入分为以下几类。

合同经常性收入。这是指一种持续多个时间周期的、在合同保障下的可执行义务（理想情况以年计算）。① 客户可以决定不使用该产品或服务，但仍然承诺付款。

非合同经常性收入。在这种情况下，客户提前以可预测的频率来订阅接下来在一段时间内使用某种产品或服务。只有在客户采取行动后，服务或产品交付才会结束。

重复性收入。这种收入类型描述了在没有预先存在的合同义务的条件下，客户反复消费产品或服务的情况。

精算性收入。在这种情况下，一批批的客户群体在可预测的基础上使用产品或服务，相同的产品或服务在可预测的基础上被不同的客户使用，并且没有预先存在的合同。

交易性收入。当消费不存在模式、合同和可预测性时，收入仅仅是交易性的（见图 4-3）。

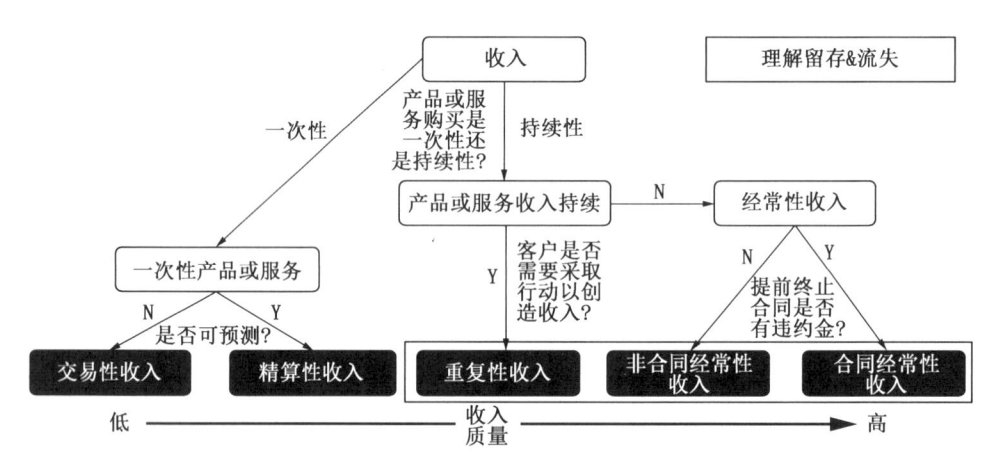

资料来源：搜索项目。②

图 4-3　收入类型

---

① 可执行义务是指法律或合同中明确规定的、可以通过法律手段强制执行的责任或义务。
② 搜索项目（THE SEARCH PROJECT），由卢卡斯·布劳恩（Lucas Braun）、瑞安·罗宾逊（Ryan Robinson）、杰伊·戴维斯（Jay Davis）、贾森·帕纳诺斯（Jason Pananos）、威尔·布雷斯曼（Will Bressman）和 G. J. 金（G. J. King）共同合作完成。

思考如何将收入类型进行升级，是一个很好的管理练习。例如，如何将交易性收入转变为重复采购，如何将重复采购转变为合同经常性采购。

RIA in a Box（美国）是一个很好的转型例子。2011 年，威尔·布雷斯曼（Will Bressman）和 G. J. 金（G. J. King）收购了为投资顾问提供合规解决方案的 RIA in a Box。威尔和 GJ 彻底革新了公司，用订阅模式取代了一次性收费的永久服务。

这种收入模式的创新增加了收入模式的吸引力（黏性），增加了公司 EBITDA 和现金产生能力，从而使公司在退出时实现倍数扩张。收入类型的变化产生了重要影响，使得公司获得了收入增长（38% CAGR）和 EBITDA 增长（36% CAGR），带来惊人的 44% 内部收益率和 10x 以上的投入资本倍数（MOIC）。

其他将客户与公司联系得更紧密的案例还有使用积分卡、促销码和打折优惠。

大城市有大量的咖啡店：Artigiano、Blenz、蓝瓶咖啡（Blue Bottle Coffee）、咖啡共和国（Coffee Republic）、Caffe Ritazza、咖世家（Costa Coffee）、Nero、皮爷咖啡（Peet's Coffee）、量子咖啡（Quantum Coffee）、星巴克（Starbucks）等，不胜枚举。[①] 在这种饱和市场中，建立顾客忠诚度的方法之一是提供积分卡，激励顾客再次光顾同一品牌。在那些顾客往往会在一段时间后转向其他服务的领域，促销码已经被证明是重新吸引顾客的好方法。对于大额的（与业务无关的）消费，如航空旅行或跟团旅游，特价优惠已经成功地吸引了许多客户再次光顾。

要使收入真正成为经常性收入，必须具有黏性——客户更换供应商的动机必

---

① 截至 2024 年 10 月，未广泛入驻中国市场的咖啡品牌这里不做翻译。——译者注

须很小，要么是因为更换成本较高，要么是因为产品或服务具有强大的竞争优势，要么是因为商业模式具有优越的价值主张。

许多供应链都是围绕某些受知识产权保护的产品规格建立起来的。例如芯片制造商。如果英特尔或英飞凌决定更换供应商，他们必须对供应链进行昂贵的调整。在电动汽车中，（小）电池尺寸和（长）续航能力都可以成为竞争优势的来源。而软件即服务（SaaS）模式往往会将大额一次性支付改为小额经常性支付，将一次性或重复性收入转化为合同经常性收入。

最后一种类型是**多元化收入**。相比来自单一产品或服务的收入，多元化收入更有价值。如果公司只会"一招鲜"，那么遭受系统性冲击的风险就会大幅增加。董事会可以通过支持开发新的产品和服务，或者（对于经验更丰富的经营者来说）寻找并购机会来解决这一问题。

EBITDA 和 EBITDA 比率

EBITDA 和 EBITDA 比率特别引人关注，因为在私募股权和企业收购中，估值通常以 EBITDA 的倍数计算。因此，从估值和股东价值创造的角度来看，这一指标都具有重要意义。在考虑 EBITDA 时，我们之前所说的规模不能太大或太小也是适用的。

EBITDA 低于 150 万美元的公司往往缺乏组织结构和中层管理，因此比 EBITDA 在 150 万至 500 万美元之间的公司面临更高的风险。这些小公司在吸引人才上面临挑战，这就形成了一个规模陷阱——公司规模太小，无法建立可以规模化的结构，无法吸引顶级人才，从而阻碍了价值的创造。另一方面，EBITDA 超过 5 000 万美元的公司更为复杂，更容易引起私募股权投资者的兴趣。

结合收入和 EBITDA，可以计算 EBITDA 比率（EBITDA/销售额），并寻找比率高且 EBITDA 不断增长的公司。

规模和利润率的作用反映在斯坦福大学早期的一项研究中，[1] 该研究展示了

---

[1] 斯坦福大学商学院，"2007 年搜索基金研究：精选观察"。

将投资倾向于规模更大、EBITDA 增长更强、杠杆能力更高的收购的重要性。正如所解释的那样，规模较小的公司的容错空间往往太小；有限的利润使得在增长和经验丰富的管理团队上进行投资变得困难。区分业绩变量如表 4-1 所示。

表 4-1　　　　　　　　　　　区分业绩变量

	后 3/4	前 1/4
搜索时长	21 个月	18 个月
收购价格	$570 万	$1 280 万
收购时投入的股本	$120 万	$200 万
投资者债务	$50 万	$140 万
收购时公司销售额	$700 万	$1 490 万
收购时公司 EBITDA	$110 万	$270 万
收购时 LTM EBITDA 增长率	9.9%	35.0%
收购时公司员工数	63	105
EBITDA 利润率	17%	22%

资料来源：斯坦福大学商学院创业研究中心。

历史增长

创业被比作向太空发射火箭。成功发射的火箭 85% 的燃料用于脱离大气层，[①] 然而大多数初创企业甚至无法创造生存所需的商业动能。

这是一个强有力且重要的类比——如果提供可观的回报是重要的目标，那么收入和 EBITDA 的历史增长则能表明业务势头是否存在。在第一阶段，经营者及其董事会将珍惜这一势头，并采取必要的措施来保护。这为经验不足的经营者及其董事会提供了一个良好的启动环境，而进一步创造价值的战略可以在未来 12

[①] 例如，SpaceX 的猎鹰 9 号在通过第一阶段时使用了 3.9 万加仑的液氧和 2.5 万加仑的煤油，而剩余的航行则使用了 7 300 加仑的液氧和 4 600 加仑的煤油。

到 18 个月展开。

当收购公司没有（或只有很小的）收入和 EBITDA 增长时，情况就会彻底改变。在这种情况下，董事会和经营者无力做出令人信服的价值创造战略。相反，他们被丢进了深水区，被迫想办法扭转局面。裁员的概率增加，导致公司内部产生负面情绪。

如前所述，除了收入和 EBITDA 的增长外，EBITDA 利润率达到 15% 或更高也是成功的一个良好指标。这表明公司不仅有强劲的发展势头，还可以创造足够的利润空间。这为运营者提供了额外的安全保障，也为进一步的稳健发展奠定了坚实的平台。

可持续的竞争优势或护城河

……所以我们认为，护城河以及保持其宽度和不被跨越的能力是一家伟大企业的首要标准。我们告诉所有的经理，我们希望每年都能拓宽护城河（见图 4-4）。这并不一定意味着今年的利润会比去年多，因为有时不会。但是，如果每年都加宽护城河，生意就会做得很好。当我们看到一条无论怎么看都很脆弱的护城河——那就太冒险了。我们不知道该如何评估。因此，我们选择避开。

——伯克希尔哈撒韦公司，2000 年年度股东大会

图 4-4　加宽护城河

价值投资者沃伦·巴菲特（Warren Buffet）和查理·芒格（Charlie Munger）

一直强调公司竞争优势的重要性，他们称之为护城河。"护城河"的概念至关重要。除非所收购公司具有差异化的服务、产品、商业模式——客户认为是优越和相关的。否则公司的价值将处于风险之中，在沃伦和查理的故事中，这样的城堡很容易被攻克。

了解小企业的商业环境很重要。有时，被收购的公司会与其客户一起成长。因此，从而在 CEO 与客户之间形成了深厚的关系，这种关系成为交易的主要原因。当 CEO 离开时，这种关系被重新评估，并处于风险之中，这可能导致收入（客户）损失或利润（调整后的价格）损失。如果建立商业关系的原因是其商品或服务的质量和商业模式的优势，通常就不会出现这种情况。

一般来说，损益表的"魔力"经常让搜索人着迷，特别是那些有财务背景的。当然，EBITDA、盈利能力和以往的利润率都有其重要性，但搜索人最终还是要评估一家公司的未来表现。诱人的业绩数字可能有很多很好的理由。问题是，考虑到瞬息万变的商业环境，在新的管理层下，能否实现类似（或更好）的增长、利润率和现金流？

正如 Aspect Investors 的安迪·洛夫（Andy Love）所言："在寻找的过程中，目标很简单：找到并收购一家现金流的稳定性比增长性更难打破的存续公司。"这看起来似乎很简单，而且从某种意义上说，确实如此。所以要从最重要的标准入手：经常性收入、行业增长、健康的 EBITDA 比率和适度的资本支出。当然，你会想要评估其他特征，例如客户集中度、强大的护城河、供应商的议价能力，但这些大多是衍生的、次要的过滤特征。所以，避免前期工作过于复杂，这样你就能更快地了解情况。**简单就是力量。**

竞争优势所形成的"护城河"至关重要。同样重要的是可持续竞争优势的理念。

需求、愿景和欲望以及试图解决和满足这些需求的产品和服务，都是转瞬即逝的。无论是最复杂的服务，比如脑外科手术，还是最简单的服务，都是如此。以咖啡为例。就在不久前，人们只能选择黑咖啡或加奶的咖啡（当然还有糖）。

如今，要想厘清星巴克决策树①中的各种选择，几乎需要具备管理决策领域的博士学位。

在考察一家公司时，有一个重要问题：如果我拥有这家公司，看到所在行业正在发生的事情，我是宁愿再经营十年，还是认为现在可能是出售的好时机？如果还不清楚是前者，那就赶紧跑吧！

伯克希尔·哈撒韦（Berkshire Hathaway）的这一理念具有另一个重要的启示：它强调长期价值的创造。私营公司相比上市公司拥有的一个优势在于，它不必受到季度报告、短期焦点以及通常伴随的集体思维的束缚。通过将目标放在护城河的扩大而非短期利润上，伯克希尔·哈撒韦将注意力集中在价值创造的引擎上，而非短期的表现。同时，前者对于管理层也更加可控。

在组建投资人团队时，要特别注意投资人要像格斯·莱维（Gus Levy）所说的那样：长期贪婪。② 短视者不适合搜索模式。

复杂性和其他企业风险

传统上，搜索基金领域对于收购复杂运营的公司避而远之。由于经营者经验不足，这一判断被证明是站得住的。然而，这只说明了问题的一部分。

复杂性只是构成企业风险管理（ERM）研究对象的风险之一。ERM调查风险，并提供流程和结构来进行风险的识别、评估、衡量、减轻、监测和报告。仅仅关注复杂性是有局限的。

在《董事会监督企业风险的框架》③中，约翰·考德威尔（John Caldwell）区分了以下几种ERM风险。

---

① 形容星巴克顾客在点单时面对的众多选择。星巴克提供各种咖啡类型、牛奶选择、口味添加剂和杯型等，这些组合带来了大量的可能性，让顾客在点单时需要进行多个决策。这种情况就像在复杂的决策树中做出选择一样，每个分支都有不同的选项，最终组合成大量的可能结果。——译者注
② 1969~1976年间高盛高级合伙人。
③ 考德威尔（Caldwell）.企业风险董事会监督框架 [M].加拿大注册会计师协会（CPA Canada），2012.

- ☑ **战略风险：** 包括选择在当前情况下战略不合适的风险，公司无法执行战略的风险，和不能及时实施的风险。

- ☑ **并购风险：** 与公司整体战略不一致的风险。尽职调查不足、领导力和文化差异、估值过高、融资不慎或并购后整合低效等。

- ☑ **财务风险：** 在流动性、资本可用性①和资本结构等方面的决策不当的风险。

- ☑ **组织风险：** 这种风险涵盖领导力素质和深度、管理和劳动表现、留存度和可用性、组织成本和文化一致性。

- ☑ **经营风险：** 这一类别是最广泛的，囊括了不适合其他类别的各种风险。它包括客户满意度差、产品和服务质量不够、技术和成本竞争力低、产能限制、关键设施或计算机系统的潜在中断、供应商和分销依赖、投入质量②和成本问题，以及复杂性风险。

- ☑ **外部风险：** 由环境带来的风险，如宏观经济波动、行业结构变化或行业周期性。

- ☑ **黑天鹅：** 代表由不可预测的事件带来的风险，借用心理学家约瑟夫·卢夫特（Joseph Luft）和哈林顿·英格汉姆斯（Harrington Ingham）③，唐纳德·拉姆斯菲尔德（Donald Rumsfeld）④可能会将其比为：未知的未知。

诚然，许多业务问题与运营复杂性有关，因此复杂运营的公司不适合经验不足的经营者，但除了复杂性，其他来源的风险亦是如此。这就是为什么投资者通常会避免那些主要论点建立在并购（M&A）上的交易，避免那些投资表现与紧

---

① 指的是企业、个人或其他实体能够获取资金或资本的能力。——译者注
② 指的是生产或服务过程中使用的原材料、零部件或其他输入资源的质量。——译者注
③ 卢夫特（Luft），英厄姆（Ingham）.乔哈里窗：一种人际意识的图示模型 [J]. 加州大学洛杉矶分校（University of California, Los Angeles），1955（1）.
④ https://www.youtube.com/watch?v=GiPe10iKQuk.

迫的战略决策密切相关的交易，或避免那些回报依赖于高杠杆（如私募股权交易）带来的交易——所有这些都涉及复杂性，最好由经验丰富的专业人士处理。

不过话说回来，复杂性是因人而异的。对 A 搜索人来说可能复杂的东西，对 B 搜索人来说可能不会。对于一般的搜索人来说，收购一家支付系统公司在技术上可能太过复杂，但并非对每个人都是如此。例如，利兹·斯泰特勒（Ritz Steytler，Abacus Partners）拥有计算机科学学位，并拥有超过 17 年的咨询和系统集成经验（IBM 和埃森哲）。2011 年，他收购了 PXP。[1]

因此，搜索人之前的经验其实很重要。当搜索时，问问自己："我的竞争优势是什么？"这不仅能帮助你与潜在的卖家建立联系，还能让你买到别人没法买的生意。

团队的知识、技能和能力也很重要。在技术驱动型公司，一个优秀的 CTO 可以提供巨大的帮助，在物流公司，一个高效的 COO 往往是关键员工。但不要搞错了：如果（在董事会的监督下）提供战略领导和愿景的 CEO 对公司的核心能力没有很好的工作知识，她将是一个无效的领导者。

集中度

诺贝尔奖得主哈里·马科维茨（Harry Markowitz）向我们阐明了如何理解风险（结果的标准偏差或方差）和多样化（构建低相关资产的投资组合）。[2] 同样，他的学生，以及 1990 年诺贝尔经济学奖（瑞典银行奖）[3] 的共同获得者威廉·夏普（William Sharpes）[4]，为我们提供了系统性风险和非系统性风险的概念。这两种风险在评估潜在的收购候选者时都很重要。[5] 它们也帮助我们评估集

---

[1] https://www.pxpfinancial.com.
[2] 马科维茨.投资组合选择[J].金融杂志 1952（3）：77-91.
[3] 其被广泛地称为"诺贝尔经济学奖"或"诺贝尔经济学奖纪念奖"，但这种说法并不正确。
[4] 他们与莫顿·米勒（Merton Miller）分享了这一奖项。
[5] 夏普（William Sharpe）.资本资产价格均衡：风险条件下的市场均衡理论[J].金融学期刊（The Journal of Finance）：1964（9）：425-442. 关于 β 的见解也是由威廉·夏普贡献的。

中风险。

在公司层面，集中度风险可能发生在几个方面。其中最重要的是客户集中度、供应商集中度、产品或服务集中度以及关键员工集中度。衡量集中度的一种方法是计算第一、前10或前20的客户、供应商、产品等在总额中所占的份额。

客户集中度中一个常用的经验法则是，最大客户的销售额不应超过10%，前5名客户的销售额应低于25%。虽然这是一种快速有效的评估集中度的方法，但它过于简单，往往隐藏了部分重要内容。为了充分评估客户集中度，理解马科维茨对金融经济学的贡献至关重要。在他精心设计的投资组合选择公式的核心是ρ（Rho）[1]，代表着相关系数。ρ是一种统计度量，代表变量之间的关系有多强（数学上它的最大值是 +1，最小值是 -1）。

从本质上讲，客户就像投资组合中的股票。如果一个客户代表30%的销售额，就相当于一只股票占投资组合的30%。失去这个客户就好比占投资组合30%的股票变得一文不值。

在搜索基金的背景下，根据我们之前提到的经验法则，目标公司的客户集中度可能很低。但如果其25%的销售额来自创业公司呢？或者35%的边际贡献来自可能受到飓风季节或地震影响的地区？又或者它的四名关键员工是两对共同创办公司的已婚夫妇？或者45%的收入来自石油和天然气公司？每一个例子的相关系数都会增加，也就是减少了分散效应，从而增加了风险。

一些措施可以减少这些集中效应，如长期合同、保险、高转换成本、资本充足的客户和强大的护城河等措施。

这一原理也同样适用于供应商集中度。依赖单一供应商的公司承担着相当大的风险。如果这家供应商提供了关键的产品或服务，并且可以不费多大力气就转向为竞争对手供货，那么这种风险就尤其明显。这种情况不符合搜索人的利益，

---

[1] $P_{uo} = \sum (u_i - \bar{u})(o_i - \bar{o}) / \sqrt{\sum (u_i - \bar{u})^2 \sum (o_i - \bar{o})^2}$，$\rho$为$u$与$o$的相关系数，$u_i$是样本中$u$变量的值，$\bar{u}$是样本中$u$变量的值的均值，$o_i$是样本中$o$变量的值，$\bar{o}$是样本中$o$变量的值的均值。

因为大部分的利润空间留在供应商处。

保护公司免受供应商集中的方法包括：与供应商签订长期合同，在交付产品时为客户增加价值（例如专门维护）、排他性、强大的护城河等。更有经验的搜索人可以考虑纵向和/或横向整合。

集中度风险的第三种形式是"一招鲜"，即基本上围绕一种产品或一种服务建立的公司。就像椅子一样，公司不同的收入来源（腿）越多，公司（椅子）就越稳固，特别是当这些收入来源相关性较低时。

关键人物风险是另一种集中度风险。当大多数关键的信息技术知识集中在1到2个人身上、一个顶级销售人员覆盖了大部分的重要客户，或者一个小而紧密的团队研发产品使得公司蓬勃发展时，就应该解决集中度风险。

在确定了关键人是谁之后，可以通过交叉培训和提高公司忠诚度来扩散知识（例如，让关键人参与重要决策或拥有股票期权池），从而降低集中度风险。[①] 这时，通常在收购时留出的额外5%的期权就派上了用场。

最后我们来看看前面提到的另外两个概念：风险（结果的标准差或方差）和系统性风险与非系统性风险的区别。在马科维茨的理论出现前，风险通常被简化为潜在结果的范围分布或下行风险（这种观点在我们的思维中仍然存在）。风险是不确定性，从定义上讲，结果分布更广的情况风险更大。以图 4-5 为例，虽然三家公司的平均预期 EBITDA 相同，但最高曲线所代表的公司是最安全的，最平的曲线则是风险最大的。

因此，其他条件不变，与任何一种风险一样，集中度风险也增加了可能结果分布如图 4-5 的分散度。在集中度风险存在的情况下，投资者会评估新任 CEO 应对集中度风险的可能性和难度。在可能的情况下，他们将支持搜索人以降低风险的方式构建收购。

---

① 有关该问题的有趣研究，可参考：拉扎纳里冯吉 (Malalatiana Razanarivonjy). 关键人物的流失：企业风险及其管理方法［J］. 商业与管理期刊 (Journal of Business and Management)：2015（3）：38-44.

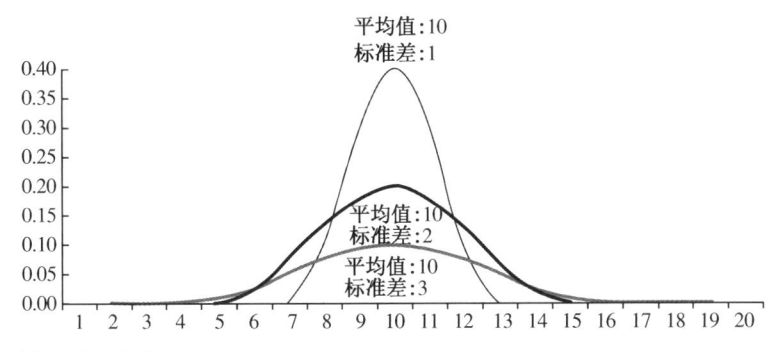

资料来源：作者整理。

图 4-5　风险衡量

系统性风险是指整个市场或细分市场可能崩溃，并在很大程度上影响该市场内所有公司的风险。非系统性风险是一家公司特有的风险。如前所述，在选择行业时，搜索人最好关注系统性风险较低的行业。在选择公司时，应该优先选择非系统性风险较低的公司，其中集中度风险是一个重要因素。

资本支出

资本支出是指公司用于维持或改善其长期资产（维持性资本支出）或购买通常是有形、固定和非消耗性资产（扩张性资本支出）的资金。有形资本支出的例子包括不动产、厂房和设备（PPE）、机器、土地和商务车辆。无形资产的例子有专利和许可证。

由于资本预算决策复杂、结果的不可预测性、运营杠杆、决策的不可逆性以及现金流的减少，因此资本支出较为密集的公司增加了风险。此外，这些公司通常涉及周期性行业（当然，搜索基金投资者避开资本支出密集的公司也有一个现实的解释。由于搜索基金的投资者群体主要由富有的个人投资者和少数规模较小的基金组成，他们对这种资本密集型投资没有兴趣。在规模经济与资本支出相结合的领域，私募股权总是更有优势。）。

商学院通常会开设几节会计或公司财务课程，以及一节资本预算（即决策者评估一个大型项目价值的过程）的课程。这些课程充满着很多决策，与终端增长率（terminal growth）、资本成本、充分假设、战略、再投资率、股息政策、资产寿命和折旧政策等投入因素有关。虽然不完全相同，但精心设计的资本预算案例与对整个公司的估值工作非常相似。资本预算过程中可能遇到的陷阱已广为人知。即便对于有经验的专业人士来说，这也是一项艰难的任务，而对于新任CEO 来说，资本支出决策更可能成为潜伏的雷区。

预测一项大规模资本支出决策对一家公司未来十年发展的不同影响是困难的。为什么？因为很多会影响输入数据的决策都不在公司的控制范围内：竞争对手会如何反应？这一决策将如何影响品牌和客户忠诚度？它会影响我们可以雇佣的员工类型吗？我们现有的员工呢？它会在多大程度上蚕食我们现有的商品和服务？等等。

公司的"beta"[1] 是由销售敏感度、财务杠杆和运营杠杆驱动的。运营杠杆表示公司所承担的固定成本与可变成本的比例。固定比例（运营杠杆）越高，风险（因此 beta）就越高。原因是，顾名思义，固定成本是固定的。固定成本高（即高资本支出）的公司在销售额下降或无法实现时仍然会承担这些成本。反之亦然，这增加了公司盈利能力和现金流的差异。

资本支出的决定通常是重大的，而且要逆转则成本很高。如果错误后果就严重，代价也高昂。有形资产通常是专门定制的，潜在买家很少。这使得它们缺乏流动性，最多只能以很大的折扣进行转让。

资本支出的问题在于，它就像一个巨大的现金吸尘器：扩张性资本支出吸走了百元、五十元、二十元的钞票，一直吸到一元钞票，而维持性资本支出则吸走了剩下的五分和一角的钞票。

虽然资本支出有上述缺陷，但必须承认，金融创新有时能够将固定资产变现，或将无形资产转化为可变资产。例如租赁和 SaaS（软件即服务）。

沃顿商学院毕业生卡洛斯·费尔南德斯（Carlos Fernandez）于 2021 年收购了 Anek，西班牙领先的外部心脏保护服务提供商。作为交易的一部分，Anek 拥

---

[1] $R_e = R_f + \beta \cdot (R_m - R_f)$。

有的公司办公室被分割出来，成为卖方的财产。阿内克与卖方签订了一份长期办公室租赁合同。

退出

当连续投资者强调退出点时，他们明白要实现其回报，所收购的公司需要被出售。有许多财务状况良好且具备其他积极特质的公司，在经营5年以上的时间后退出将会是困难的。因此，搜索人在展示目标公司时常会被问到的一个问题是：你将把这家公司卖给谁？职业提示：私募股权绝不能是唯一的答案！

出售可以有两种形式：财务出售或战略出售。在金融交易中，公司被出售给金融投资者，通常是私募股权公司或通过首次公开募股（IPO）出售给公众。交易出售则指的是客户、供应商或竞争对手公司收购目标。许多教科书都传授一种观点，即交易买家总是能够比金融投资者支付更多的钱，因为贸易买家可以获得金融买家无法获得的协同效应。现实可能要微妙一些。有时候，私募股权可以创造更高的价值：它可以更有效地合理化运营，更高效地优化资本结构，或者实施更强大的战略。IPO（前提是公司规模足够大）会产生流动性溢价，因此对于任何想要更换所有权的公司来说，IPO通常是最有价值和最理想的退出方式。

当时机成熟时，人们必须确定最佳退出方式。然而，当考虑收购一家公司时，讨论潜在的退出选择是很重要的。虽然最后一章将更深入地讨论退出，但在发现公司阶段，设想感兴趣的公司有什么现实的退出机会是很重要的。因此，我们继续简要讨论主要的退出途径。

❖ IPO

关于退出的问题也是关于潜在需求的问题。未来潜在的收购方越多，竞争越激烈，倍数增长的可能性就越高，因此回报也就越高。这就是首次公开募股如此诱人的原因。有成千上万的潜在投资者有兴趣购买一家流动性强的公司的股份，这将是一个很好的结果。但现实情况是，很少有收购创业案例通过IPO退出。这有以下几个原因。

（1）这些公司往往规模太小。大多数证券交易所的最低股权估值要求为1亿美元（美元、英镑、欧元、瑞士法郎等），这比许多收购创业者所收购的公司，能达到的财务标准更高。

（2）大多数搜索基金收购的公司并不为许多公开市场投资者所知。它们往往是 B2B 的，很少或根本没有品牌，也没有零售吸引力。

（3）专业人士谈到的"IPO 窗口"，有时会关闭，① 从而终结了某一特定构成或某一特定行业的公司通过 IPO 退出的所有机会。

（4）尽管现在的经营者经验丰富得多，但往往还没有准备好应对公众监督、季度报告职责、公开年度股东大会、潜在的卖空者或激进投资者，这些都是经营一家上市公司所要面对的。

（5）首次公开募股的成本很高。投资银行收取约 7% 的费用，而交易所要求披露财务、会计、税务和其他商业信息的成本也很高。

（6）信息披露使曾经私密的信息公开，让竞争对手或潜在竞争对手更好地了解公司是如何实现其业绩的。有时，这可能会危及其竞争优势，导致护城河变窄变浅。

❖ **私募股权**

一种经常成功的策略是收购一家规模尚不足以吸引私募股权公司的小型企业，将其扩大到对私募股权公司有吸引力的规模，然后组织出售，让几家私募股权公司竞相收购该资产。

搜索基金倾向于为继承问题提供解决方案：一个企业所有者想要退休，但没有合适的接班人，也找不到很多买家。对于如此规模的公司，私募股权公司无法吸引到经验丰富的首席执行官，因为激励结构并不具有吸引力。搜索基金模式既解决了企业的出售问题，也解决了管理问题。

如果由搜索人转型的经营者能够很好地管理和发展公司，那么扩大的规模（以及被降低的管理风险）可以吸引私募股权公司给出更高的收购倍数。

---

① 谷歌于 2004 年 8 月 19 日首次公开募股（发行价为每股 85 美元），这是自 2000 年年初互联网泡沫破裂以来第一次有意义的 IPO。

❖ **战略买家**

被战略买家收购通常是一个理想的结果,特别当其意图是创造收入协同效应。当合并后的实体能够实现两家公司单独无法实现的销售时,收入协同效应就产生了。换句话说,收入协同效应代表了销售额的增高导致了合并后公司的EBITDA比两家公司的总和还要大。再者,还可能存在成本协同效应。在这种情况下,合并后的公司可以减少一些成本(这可能意味着裁员)。这将提高合并后公司的EBITDA和EBITDA比率。

战略买家出于种种不同的原因进行收购,但事实证明以下五种策略可以成功。①。

1. **减少行业产能。** 几乎所有成功的行业都遵循S形曲线(见图4-6)的商业周期。起初,由于产品或服务仅被早期采纳者接受(起始期),销售面临挑战。过一段时间,当产品或服务进入主流市场时(扩张期),拐点就会出现。当大部分目标市场已经购买了产品或订阅了服务时(成熟期),行业的快速增长便开始放缓。

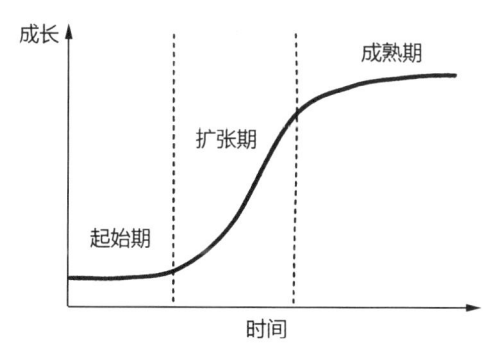

资料来源:作者整理。

图4-6 企业生命周期

---

① 鲍尔,J.(Bower, J.). 并购并非一概而论——这一点很重要 [J]. 哈佛商业评论 (Harvard Business Review), 2010(3):93-101.

"减少行业产能策略"发生在商业周期的成熟阶段。行业的顺风形势已经消失,不同细分领域的高管承受压力寻找其他创造股东价值的方式。可供选择的战略包括:①通过增加杠杆(回购股份或特别分红)降低资本成本。②收购或被收购(增强市场影响力,从而增加 EBITDA 利润率)。③创新或转型业务(见图 4-7)。

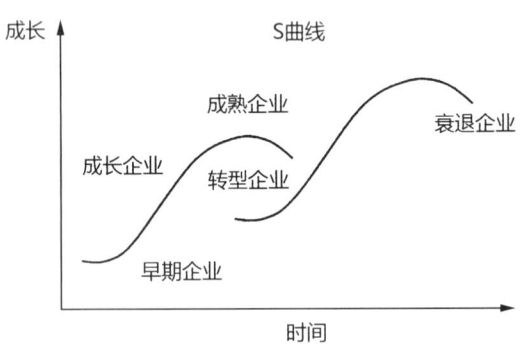

资料来源:作者整理。

图 4-7 降低行业产能战略

在这种收购战略中,价值是通过增加市场力量、关闭竞争力较低的设施、裁减低于平均水平的管理人员以及选择最高效的流程(从运营到人力资源)来创造的。如果做得好,由此带来的市场份额的增加以及效率、利润率、品牌和议价能力的提高都归股东所有。

这类合并的一个例子是 2016 年万豪和喜达屋的合并。面对成熟的市场和来自 Airbnb 等数字平台的激烈竞争,喜达屋于 2016 年 3 月 31 日接受了万豪 136 亿美元的报价。

对于搜索基金来说,如果这个行业正在经历这种类型的并购,它可能不是进行收购的最佳领域。在这种环境下,不仅很难发展目标,而且往往会导致迈克尔·波特所谓的五力减弱。此外,当出售该公司的时机成熟时,并购狂潮可能已经过去了。

2. 整合分散的行业。 当行业的商业生命周期处于早期扩张阶段时,就会出现整合分散行业的机会。在行业非常碎片化的情况下,一些公司会抓住时机,通过收购打造行业龙头。

收购公司提供营销、资本、集成系统和品牌，而被收购公司则提供当地客户和知识，以及规模。请注意，有时这种策略是由私募股权公司通过所谓的"滚动整合策略"发起的。

喜来登酒店（Sheraton Hotels）就是一个在碎片化行业进行收购的例子，那是在20世纪30年代。1933年，哈佛同学欧内斯特·亨德森（Earnest Henderson）和罗伯特·摩尔（Robert Moore）买下了他们的第一家酒店——大陆酒店（The Continental Hotel）。1937年，他们收购了标准投资公司（Standard Investment Company），并利用该公司进行进一步收购，以巩固分散的行业。波士顿喜来登酒店是他们收购的第三家酒店的名字。

由于搜索基金倾向于收购分散行业的公司，这是一种发挥该模式优势的并购策略。那些客户需求逐渐超越区域限制（例如行业需要"国家冠军"时）[1] 的分散化行业，或者那些通过整合可以提高效率的分散化行业，都是良好的目标。

3. 产品或市场拓展。 公司可以自然增长。自然增长的一些优势包括对产品或服务的质量控制更好，以及更具凝聚力的企业文化和价值观。其主要的缺点是自然增长速度慢。当速度至关重要时，公司可以决定通过收购来增长。这种情况下，缓慢增长的风险被执行风险所取代。

这种策略的价值在于新公司能提供更多的产品或服务，或者扩大了公司的规模和覆盖范围。它通常是由不断变化的客户需求引起或由不断变化的战略（例如收购方瞄准更大的客户）激发的。

这种策略可以解释为什么收购者会把目标对准搜索基金被投公司。拥有聚焦战略、优秀的产品或服务、宽的护城河的搜索基金被投公司往往很适合这种退出方式。此外，经验丰富的搜索基金经营者可以将这一策略应用于嵌入型或补强型收购（在嵌入型收购中，大公司吸收较小公司，并将其整合到自己的业务中。在补强型收购中，被收购的公司并没有被吸收，而是基本保持原样）。

---

[1] 即客户的需求已经不再局限于某个特定区域，而是希望找到一个在全国都具有影响力的公司。——译者注

4. **收购研发。** 关于研发收购，思科（Cisco）前首席执行官约翰·钱伯斯（John Chambers）曾说过："如果你没有足够的资源在6个月内开发出一个组件或产品，你就必须购买你需要的东西，否则就会错失良机。"[1]

处于快速发展行业的公司（如思科、谷歌和微软），或处于被颠覆行业的公司（如宝马、高盛、摩根大通和梅赛德斯），都可遵循"通过创新收购实现增长"的并购核心战略。

快速增长的公司（通常在公开市场上有较高估值）往往将增长和势头作为其帮助股东创造价值的核心方式。为了保持迅猛发展，研发至关重要。虽然大部分都是内部开发的，但这类公司通过收购从外部购买创新零部件或产品的能力同样重要。

正如已故的克莱顿·克里斯滕森（Clayton Christensen）所证明的，老牌公司及其客户并不擅长理解或开发破坏性技术。他提出的解决方案很简单：让其他在这方面做得更好的公司（初创企业）去试验和开发这些技术。现有企业的策略是，让这样的初创企业出现在他们的雷达屏幕上，并在适当的时候收购它们，但不整合它们。他在哈佛的同事迈克尔·塔什曼（Michael Tushman）有不同的看法：当你的公司准备充足就应当整合。

在任何情况下，目标公司都能很好地在追求者之间（谷歌和微软或高盛和摩根大通之间）创造竞争氛围。保持不被收购并不可取，因为行业巨头有能力开发类似的产品或服务，或收购竞争对手。这种退出策略可以在融资的早期阶段就计划好。

虽然一些搜索基金退出案例部分采用这一退出策略，但这更多是初创企业和风险投资公司的特权。

5. **打造新产业。** 并购的"终极境界"可能就是通过收购和整合由来自不同领域的公司创造一个全新的行业。通过捕捉新行业所创造的大部分附加价值来实现价值创造，至少在没有竞争的情况下，这种策略能够带来显著的收益。

---

[1] 鲍尔，J.（Bower, J.）.并购并非一概而论 — 这一点很重要[J].哈佛商业评论（*Harvard Business Review*）.2001（3）：93-101.

履行这种策略的一个很好的案例是诺斯罗普公司（Northrop Corporation）在 CEO 肯特·克雷萨（Kent Kresa）的领导下进行的收购。① 在 1991 年苏联解体时，诺斯罗普超过一半的销售额来自组装 B-2 轰炸机。研制这种隐形轰炸机的理由，完全是基于北约和华约成员国之间发生战争的可能性。柏林墙倒塌后，对 B-2 轰炸机的需求不复存在。一般来讲，那些收入损失超过 50%的公司，以及那些处于萎缩行业的公司，往往很快就会消失。然而，克雷萨的愿景是，未来将是关于恐怖主义、地方冲突和人道主义援助的。通过并购，克雷萨建立了诺斯罗普·格鲁曼公司，世界上领先的国防公司之一，整合了海陆空、太空和网络空间战区。

即便经验最丰富的 CEO 也难以复刻这样的成功。因此，无论是从收购方还是被收购方的角度来看，搜索基金领域都没有采用这种策略的例子，至少目前还没有。

当考虑一个潜在的收购时，你需要对未来几年可能的退出有初步的看法。有太多的公司拥有"好看"的数据，但即使规模做到现在的两倍，退出也不那么容易。人们很容易产生遐想，觉得未来私募股权投资者会主动来敲门，但愿如此。更明智的方法则是设想如何才能使其他公司想要对其进行收购。要做到这一点，你需要了解行业的发展方向，并购在其中扮演的角色，以及这将如何影响目标公司的退出机会。

请注意，我们在这里讨论并购策略是为了你可以更好地评估潜在的退出机会，而不是将其作为连续收购公司的论据。事实上，由于并购后的整合风险逐渐升高，搜索人在对运营三家公司（收购方、被收购方和正在整合过程中的那一部

---

① Bourgeois, L. Jay 和 David Freccia,《诺斯罗普·格鲁曼信息技术公司的并购后整合》, Darden 案例编号: UVA-BP-0472. 可在 SSRN 查阅: https: //ssrn. com/abstract = 2973922 或 http: //dx. doi. org/10. 2139/ssrn. 2973922. (UVA-BP-0472 Rev. Feb. 1, 2011)

分）感到得心应手之前，应该避免继续收购。董事会在实施并购战略之前，最好评估 CEO 的准备情况。

在本章中，我们探讨了在寻找可行的搜索基金目标时需要考虑的一系列行业和公司因素。在下一章中，我们将更仔细地探讨找到目标后的下一步工作：收购过程。

第五章

探云撩雾：收购（上）

天才可以独立得出并理解那些通常需要别人教授的概念。

——伊曼努尔·康德

花在侦察上的时间是不会白费的。

——孙子

募资　　搜索　　**收购**　　管理　　退出

接下来的步骤，是收购一家适合你的、能带领其走向伟大的公司。关于这个阶段，本指南为你提供了关于如何最好地准备、构建和着手收购的旅程全貌。它为你提供了先驱们尝试并采用的最佳实践。

前两章已经剖析了搜索的过程。你已了解到，寻找公司本质是一个流程优化的练习。通过不断改进你的搜索过程，你能够提高邂逅理想公司的概率，即为股东创造价值的平台。这是第三章的主题。

第四章解释了完善的流程和对其改进是必要的，但并不充分。搜索本质上也是一种投资练习。在收购式创业乃至其他领域的投资者，都须对所在领域的价值创造有深入理解，包括理解某些特定的行业和公司特征、它们的相互作用，会对回报潜力产生差异化的影响。该章回顾了一些最被广泛接受的因素，但也提醒了过度简化的危险。

当搜索到一个理想标的时，你将启动收购过程。此过程涵盖了从与潜在卖家的非正式会面开始，到签署文件转移所有权给你和你的投资者等一系列活动。本书区分了在交易之前你所进行的必要工作（将在本章中讨论）以及构成所有权转移关键部分的主要活动（将在下一章中讨论）。

交易的初始部分（即本章内容）着重于如何与愿意出售的卖家建立牢固的关系，同时评估目标的价值及质量。它涵盖了已被证明有效的非正式程序以及必须遵守的正式法律实践。

收购在法律意义上将业务从卖方转移到买方（搜索者和辛迪加）。同时，它将搜索者转变为CEO——经营者。

在许多方面，这个过程早在正式交易、签署意向书（LOI）甚至第一次会议之前就开始了。甚至可以说，当你开始认真搜索时，这个过程就开始了。为了清晰起见，整个收购式创业过程可以分为五个部分：募集搜索资金、搜索、收购、管理被收购公司以及退出。

核心收购部分由以下六个步骤组成：接触卖方（包括"LOI"）、公司估值、尽职调查（包括股份购买协议"SPA"）、资本结构、投资者协议以及公司所有权转让。

出于教学原因，本书将收购过程分为两个部分：调查部分和交易部分（完成交易）。前者包含决定是否收购目标的所有工作：卖方接触、估值和尽职调查。后者包括完成交易所需的活动：资本结构、投资者协议和所有权的合法转让（见图 5-1）。

资料来源：作者整理。

图 5-1 收购流程

本章讨论基础工作，下一章讨论交易。

不过，在继续讨论之前，有两点需要注意。

首先，不同的阶段不是完全分开的，也不是线性发展的。例如，在对 SPA 展开工作之前，应该对投资者的兴趣有一个合理的认识；再如，深入的尽职调查可能会改变估值（这属于"LOI"的一部分）。

其次，每项收购和收购过程都是不同的。这在搜索环境中尤为明显，典型的卖家是在出售他人生中的第一家（也是最后一家）公司，而搜索者是在购买他人生中的第一家（通常也是最后一家）公司。整个交易再个人化不过了。

接触卖家

第一次接触潜在卖家时，有两个主要目标：促使卖家①做出售卖决定，并说服潜在卖家相信搜索者（及其投资者）是接管公司的理想人选。让我们逐一讨论。

当交易中介或投资银行家与搜索者分享一笔潜在交易时，出售的决定通常已经做出（或至少正在认真考虑中）。但大多数搜索基金的交易都是与企业主直接对接的独家交易（proprietary），也就是说没有经过撮合的。通常情况下，在搜索者初次接触前，企业的所有者甚至没考虑过出售企业。可以理解的是，出售自己毕生心血不是轻易（或快速）的决定。搜索者应意识到自己的时间有限，并帮助卖家加快做出决定。

一旦所有者决定出售公司，接下来的问题是：卖给谁？② 卖家知道，搜索者不可能是唯一的潜在买家（记住：我们购买的是优质企业）。这一点之所以重要，有两个原因。

---

① 有时使用标的这个词。虽然人们可以用这个词来形容自己想要收购的公司，但我们认为，它不应该用来形容卖方，也不应该用来形容其他人（译者注：在中文中鲜有此用法）。

② 虽然价格将一直发挥作用，但它只是许多因素之一。卖家往往会发现，谁来运营公司并决定公司未来的道路和价格同样重要。

首先，从第一封邮件的措辞到签约日的态度，所有的互动都会影响卖家对搜索者的看法。搜索者应该确保所有的行为都传达出这样的信息：她是接管企业的合适人选。

其次，搜索者应该停下来思考这个问题：为什么卖家会卖给我？自他相换有助于加强理解和论证，通过更好地了解卖家，搜索者可以更好地定制主动接触的信息，并先发制人地解决可能阻碍交易的潜在问题。

搜索漏斗

在收购过程中，从与企业所有者联系，到收到回应、举行会议、讨论价格、发出意向书，以及最终的收购，每一个步骤都会出现"流失"，从而使得潜在目标逐渐减少。这种对目标范围的逐步筛选被称为"搜索漏斗"（见图5-2）。

搜索漏斗有很多种类，这取决于搜索者是更倾向于行业深耕还是机会主义。比如，参阅 Álvaro De Rivera（Tilden Capital）在西班牙进行机会主义搜索时的搜索漏斗，他们在第六个季度之后强烈倾向于选择与企业主直接对接。

在Q6之后，合并后的搜索漏斗如图5-3（A）所示。

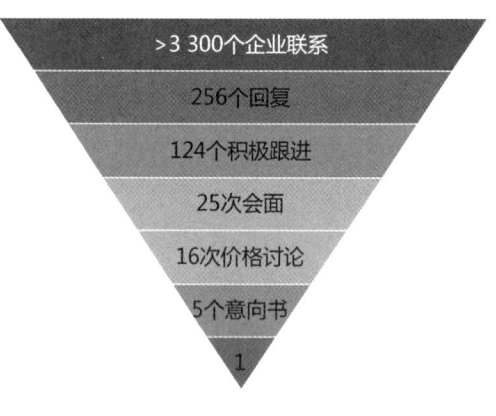

```
>3 300个企业联系
256个回复
124个积极跟进
25次会面
16次价格讨论
5个意向书
1
```

资料来源：安永。

图5-2　搜索漏斗

总计（A+B）	上一个季度季度（Q6）	累计（18个月）
分析的公司	1 390	5 609
确定的目标	138	680
第一次积极互动	34	216
第一次全体会议/实地考察	6	75
意向书	0	5

图5-3（A）　搜索漏斗的作用

A）独家交易：是通过自己的流程直接接触，在 Tilden 内部确定的交易。在搜索的第 6 个季度，独家交易的搜索漏斗如图 5-3（B）所示。

A）独家交易	上一个季度（Q6）	累计（18个月）
分析的公司	1 390	5 502
确定的目标	113	57
第一次与卖家谈话	27	168
第一次全体会议/实地考察	4	56
意向书	0	3

资料来源：Tilden Capital。

图 5-3（B） 独家交易的搜索漏斗的作用

联系潜在卖家的方式有很多：行业展会、个性化信件、河流向导、电话、电子邮件，以及通过熟人联系。其中一些是标准化的（如电子邮件），可以"群体"发送，而另一些则需要更多时间（如带有特定公司信息的定制化信件）。① 一般来说，与定制化的沟通相比，标准商品化的沟通成功率更低。在效率上，前者比后者更简单、更快捷。

由于不同的文化偏好不同的方法，你的商务拓展策略可能需要一些试验。还要注意，你试图建立关系（即将退休）的人可能不像你那样精通现代科技。有一个流程是很重要的，你可以记录你的行动及其发起的回应（CRM 系统），以及随后事先规定的步骤，例如，如果电子邮件在 3 周内得到答复→A，如果电子邮件在 3 周内没有得到答复→B，其中 B 不是什么都不做；流程允许改进，其中非核心②的部分也可以由实习生来完成。

搜索过程中，企业主同意第一次见面是一个重要的里程碑。这似乎表明他喜欢目前所了解到的，或者至少有足够的好奇心了解更多。命运似乎正朝你走来，

---

① 请注意，有些公司会为有偿于你这样做。招募实习生也可以是一个选择。
② 非核心的可以定义为既不对搜索者创造相关学习机会，或所有的，不是个人层面对卖方、投资者、银行或其他利益相关者进行的沟通。

但真的如此吗？

第一次会面

如果你通过独家渠道邀约卖家见面，这很有可能是该卖家与任何买家的第一次会面。如果这也是你第一次与任何卖家的会面，那么结果可能会很糟糕（甚至会不了了之）。

首先，第一次会面通常都有碰运气的成分。虽然很少有搜索者会从他们第一次坐下来谈的卖家那里收购公司，但你一定希望从与你第一次见面的人那里收购公司。因此，减少错误、改进每次会面以及始终保持专业的态度是很重要的。

在安排和准备第一次会议时，以下两个方面是至关重要的：背景场合和目标。

会面的地点场合既决定了你能收集到多少信息，也决定了老板对你的第一印象。理想的场合是让卖家感觉能放松的地方（你也一样），可以进行秘密谈话，并能传达你想要给人留下的印象。

当地的酒吧可能会让卖家感到轻松，但却很难进行真诚而私密的讨论。而五星级酒店的私人会议室虽然能保密，又能传递出钱不是问题的信号（提示可能不会过分压低估值），但是这也很可能惹恼你的投资者，可能使卖家感到不安。一般来说，一家非正式但不喧闹的餐厅可以满足要求。这样可以让卖家保持本色，而不用担心消息会外泄。

就目标而言，第一次会面有三个目标。

1. 弄清楚卖家是否准备出售。
2. 衡量对于估值的预期。
3. 让卖家更想要出售。

最好的办法如下。

1. 为每个所有者制定一个更具体的目标清单。
2. 向你的顾问委员会、投资者导师或在这类会面上有经验的人汇报这些目标。

一般来说，一个好企业的所有者在没有充分理由的情况下是不会想要出售企业的。典型的"好理由"包括退休（没有继承）、生病和离婚。一个 42 岁、身体健康、没有"大问题"的老板兼 CEO，很可能不想以合理的价格出售一家蒸蒸日上的企业。但斯坦福大学的最新研究显示，有些人确实希望卖出（见图 5-4）。所以，去找到他们吧。

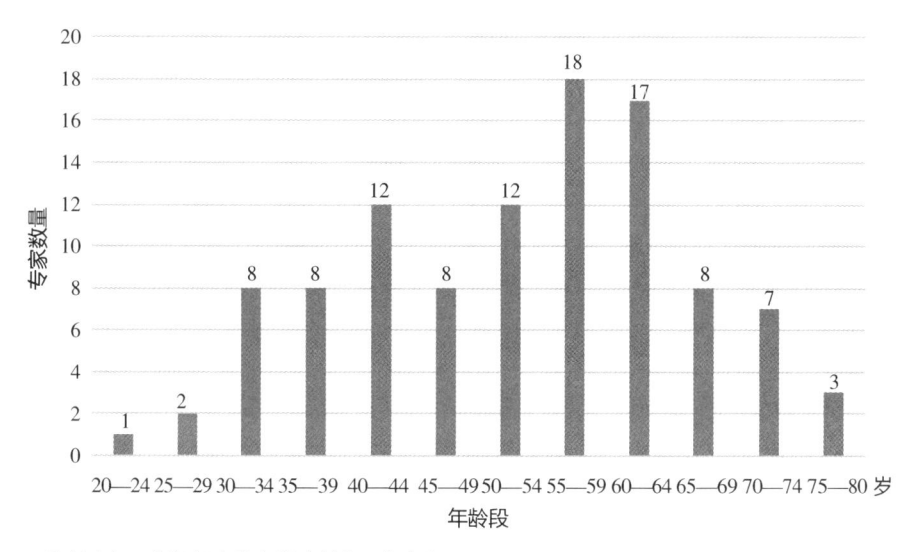

资料来源：斯坦福大学商学院创业研究中心。

图 5-4　按年龄段划分的卖家

了解老板对公司价值的看法是非常有用的。如果预期相差太远，可能会破坏交易（且浪费时间）。当然，老板可能还不想亮出底牌，或者甚至想让你先开口。如果在第一次会面上没有提出大致的数字，可以试着在见面后不久进行讨论。你可能不想浪费太多时间，去追求一个由于估值分歧而根本不可能达成的交易。

假设你正在与一个真正的卖家打交道，而且估值合理，那么在第一次会面结束时，你希望老板将你视为他的接班人。如此，第二次会面则是板上钉钉了。

陷阱

许多陷阱（指那些可能降低搜索成功概率的事件或情况）会在搜索者接近和收购过程中逐渐显现。虽然我们无法一一列举，但根据我们的经验，有一些障碍会反复出现。

- **没准备好出售**。不愿意是我们认知能力的一种功能，而没准备好则是由我们的情绪和情感驱动的。许多搜索者都有交易背景，可能来自投资银行、管理咨询或私募股权投资。在这些背景下，收购和交易是在一个公平、专业和理性的环境中执行或讨论的，这些背景下的卖方，持有一家早在他加入之前就成立的公司的一小部分股份，而公司卖掉后，CEO 可能会继续留在公司。SPACs 就属于这种情况。

经典的搜索基金和大多数收购式创业与上述所说有着天壤之别。通常情况是，卖家创立了这家企业，几乎招募了所有员工，把很多客户都视为朋友，对重要供应商的配偶都叫得出名字。因此，他会对他们感到一种责任，因此，做出任何出售的决定都是非常私人的、情绪化的、艰难的。此外，卖家在管理公司及其员工时，会充分发挥自己的自尊和使命中好的一面。出售公司可能会让人觉得放弃了"自我"的很大一部分，同时也抛弃了其他的利益相关者。

所有这些因素都意味着，卖家可能经常在与搜索者进行讨论时，并没有真正做好放手的准备。虽然他们可能想等上 1 年、2 年、3 年再出售，但你不能。因此，必须尽快弄清楚卖家是否准备出售。卖家不一定能清楚地说明这一点。一个很好的经验是，找出他为什么要出售公司。如果理由不充分，那么很可能无法在可接受的时间范围内完成出售。在这种情况下，继续前进，并保持联系。还要注意，精明的卖家可能会利用这种情况，缩小你的时间窗口，并与你谈判价格。

正如乔治·扬科维奇（T3 Ventures）所说："时间是你最好的朋友，也是你最大的敌人。对于搜索者而言，要想取得成功，快速地拒绝是很重要的。要尽快弄清楚卖家是否愿意及时向你提供财务信息，还是只是想要了解自己的市场价格。"

布拉姆利·约翰森（Bramley Johnson，Crest Point）赞同乔治的观点："搜索者要尽早学会迅速评估卖家是否真的想卖。许多所有者/经营者都很乐于招待搜索者，并听取收购他们公司的提议，但很多都没有真正的出售意图。在其他情况下，所有者希望从搜索者那里免费得到估值，或者以其报价为基础，吸引其他人提出更高的报价。中介主导的交易往往会出现这样的情况。"

值得注意的是，一开始不准备出售的卖家可能之后会转变想法，做好了出售的准备。因此，应当与他们保持联系。当你到了搜索后期，回过头来重新看看这些机会。

有一些收购就是这样发生的。例如，2011 年，马里奥·西西里亚（Mario Sicilia[①]）在搜索接近尾声时，与 2010 年 5 月因估值分歧而放弃的一家公司再次建立了联系。公司的情况发生了变化，马里奥得以收购 Bomi Mexico SA de CV，一家医疗保健供应链中的第三方供应商。

❖ **"你不明白：我有 MBA 学位。"** 2006 年，联邦快递发布了一则有趣的广告——持有 MBA 学位的搜索者不妨留心一下。在视频中，一位匆忙的经理对一名 28 岁的 MBA[②] 学生说："我知道这是你第一天上班，但我们真的需要你的帮助。"他同意了——直到他意识到她是要他来帮忙运送包裹。她安慰他说，这很容易。这位 MBA 学生认为运输工作配不上自己，于是告诉她，他是 MBA。她接下来的反驳让人在广告结束后久久不能释怀。"哦，你是 MBA？"她说。"既然如此，我就得教你怎么做了。"这让人想起了围绕 MBA 学位的一些潜在问题，例如他们适合做什么、不适合做什么，以及搜索基金的收购过程中的潜在问题。

1. 卖家往往是一个建立了一家伟大公司的人，但没有接受过正规的商业教育。试图用教科书式的晦涩术语来打动卖家，很可能会适得其反：卖家非但不会因搜索者的技术敏锐度留下深刻印象，反而可能会产生反感，导致收购过程的终止。

2. 在商业教育中学到的经验对经营企业非常有用。但如果使用不当，就会产生局限性，甚至可能适得其反。以估值为例，当卖方谈论绝对数字时（"我认为我的公司价值 1 000 万美元"），了解卖方是如何得出这一结论，

---

① 马里奥的合伙人何塞·费尔南德斯（Jose Fernandez）已经离开了搜索工作，去处理家族事务。尽管如此，何塞仍然非常支持马里奥的搜索，并给予了财务投资。

② 工商管理硕士（MBA）代表了"商业专业人士"。

可能比发起一场关于估值倍数的对话更有用。以比较基准的形式所建立的价值框架，可能并不总是符合卖方或买方的最佳利益。

3. 要认识到你购买的公司不是宝洁公司（P&G）[①]。你买的是一家中小型企业，需要你和你的董事会进行大量的学习。MBA学位的意义不大；你是谁、你做什么，才是最重要的。在收购过程中，以及收购后与员工沟通时，要谦虚、善于倾听、并给予认可。这并不关乎你，而是关乎他们和公司。

从某种意义上说，商业语言和其他任何语言都有共同的特点。它可以让用共同语言的人相互交流，找到各种问题的解决方案。如果与不会使用这种语言的人，还继续使用商业语言来交流时，就会增加隔阂。

❖ **法律文件的送达。** 由于出售对所有者来说是一个深度情绪化的时刻，搜索者必须与他们建立稳固融洽的个人关系。任何人都不太可能把自己毕生心血卖给自己不信任和不看好的人。双方必须产生化学反应。经常会有卖家说："如果我有一个像你这样的儿子或女儿就好了"，或者"你让我想起了年轻时的自己"。这些评论反映了卖家与搜索者之间的联系，以及他愿意将公司卖给她的意愿。

所以，设身处地为卖家着想。你愉快地经营着自己的公司。有一天，你收到一封来自"搜索者"（不管那是什么意思）的电子邮件，他有兴趣购买公司。你并不是真的想卖，但你却很好奇地回复了。一来二去，四个月后，你完全接受了把公司卖给她的想法，然后退休，向着夕阳的方向扬帆起航。在法律文件送达之前，你们已经建立了融洽且相互信任的关系。

就像商人有商业用语一样，律师也有。[②] 法律语言可能是复杂、枯燥、缺乏信任的。法律文件的撰写是为了明确说明责任归属和问题的处理流程。它通常还

[①] 宝洁公司（Procter & Gamble, P&G）是一家跨国消费品公司，主要业务涉及个人护理、家庭护理、健康护理、美容和消费品等多个领域。——译者注

[②] J. 布鲁克曼（J. Broekman）. 我们法律的人与人的形象（Mens en Mensbeeld van ons Recht）[M]. 3版. Acco出版社，鲁汶大学，1986.

决定了不履行某些义务的赔偿（或处罚）。这些文件没有假定各方之间相互信任，也不假定一切都会有好结果。

如果没有恰当地介绍这些法律文件，卖方可能将语言风格的突然转变解释为信任的破坏。搜索者（拥有 MBA 学位）有时会被视为操纵者——利用卖方的善良和天真，以低价收购一家公司。如此的话，不再是卖家向着夕阳远航，而是变成了你的交易石沉大海。

让卖方为即将收到的文件做好准备是至关重要的。你需要向他们解释律师的沟通方式是冷静而清晰的。他们的语言可能复杂、枯燥、缺乏感情。但这对于确保交易的严密性是必要的。同样重要的是，建议卖方为自己请一个律师，一个在这种规模和类型的交易中有丰富经验的律师。

请注意，在没有律师在场的情况下与卖方会面通常是一种不错的做法。喝杯咖啡，聊聊天。让他亲眼看到，你还是那个在法律术语出现之前的你。这能让他安心，也能让你发现应该解决的问题。倾听并换位思考。

❖ **值得信赖的顾问。**以下的情况经常发生。一个年轻、雄心勃勃的搜索者与一个准备退休的企业主兼 CEO 的关系良好。她与卖家建立了值得信赖的关系，卖家对她的行业知识和商业头脑印象深刻。第一次会面进行得很顺利，卖家表示愿意以合理的价格出售。搜索者变得越来越兴奋，卖家也更有动力出售，直到……卖家的态度、热情、合作意愿以及对初始条款和价格的认同都发生了巨大的变化，搜索工作遭遇瓶颈。

搜索者惊得目瞪口呆。是什么引起了这样的变化？

答案其实很简单：老板找了一位信得过的顾问。这种情况和未来的顶尖运动员所遇到的情况相类似。当职业俱乐部第一次与他们接触时，他们（或他们的父母）会向自己信任的人求助：叔叔、家庭律师或私人会计师。虽然这些人的本意是好的，但他们并不总是眼前这件事最合格的顾问。

这个顾问没有搜索者的一手资料，对搜索基金的模式不完全了解，也很可能不是小企业估值方面的专家（更不用说收购流程了）。即便如此，这位顾问也是真心希望卖家及其公司能得到最好的结果。这些善意的朋友的典型反应可以分为三类。

1. "你的公司价值远不止这些。"

2. "别卖给那个孩子,她会毁了你的公司。"

3. "我知道还有其他人想买你的公司,交给我吧。"

在以上的每种情况下,交易过程都会被推迟,企业所有者会感到沮丧,对这笔交易的整体热情也会减弱。如果处理不当,这个过程可能会崩溃。

最好的建议是防患于未然。从流程一开始,就建议卖家从有类似交易丰富经验的顾问那里寻求良好的专业建议。虽然这听起来有违直觉,但各方都能从这种专业精神中获益。

2001年,乔治·阿克洛夫(George Akerlof)[①]、迈克尔·斯宾塞(Michael Spence)[②] 和约瑟夫·斯蒂格利茨(Joseph Stiglitz)共同获得瑞典银行纪念阿尔弗雷德·诺贝尔所设的经济学奖。这三位共同获奖者因其在不对称信息方面的研究而获奖。该理论认为,买卖双方之间的信息不平衡会导致效率低下的结果。他们特别引入了这样一个概念:当信息不对称时,让步的一方是拥有更多信息的一方,因为当信息不足的一方意识到自己信息的不足时,会在谈判中进行过度补偿。

在这种情况下,经验不足的卖方在经验不足的"朋友"建议下,往往会把谈判推向歧途(有时甚至是悬崖)。专业人士的支持大大降低了这种情况发生的可能性。

❖ **公司的光明未来。** 对于搜索者来说,让企业主相信她会像他们一样照顾好公司及其利益相关者是一项艰巨的任务。卖家不仅希望看到性格合适的人领导公司,也希望看到合适的人推动公司向前发展。后者则包含了一个陷阱:

[①] 乔治·阿克洛夫(George Akerlof). 柠檬市场:质量不确定性与市场机制(The Market for "Lemons": Quality Uncertainty and the Market Mechanism)[J]. 经济学季刊(*The Quarterly Journal of Economics*),1970. 84卷,488-500.

[②] 迈克尔·斯宾塞(Michael Spence). 就业市场信号(Job Market Signaling[J]. 经济学季刊(*The Quarterly Journal of Economics*),1973. 87卷,355-374.

对于一个30多岁的年轻人,想要打动一个潜在的卖家绝非易事,尤其是一个拥有数十年深厚行业知识的卖家。良好的准备和相关方的协助是关键,把握好整个行业及公司在其价值链中的位置,只是一个开始。卖家希望知道对公司即将实施的计划,为什么买家认为有机会,且将如何创造价值。

搜索者必须用其对公司未来的光明愿景使卖家放心。如果没有足够的说服力,卖家可能不会出售。但另一方面,曾经出现过这样的情况,搜索者采取了一些举动,意图让卖家相信搜索者的"价值"[1],最终却反而导致了企业主决定保留公司。搜索者给了卖家很好的想法,使得卖家相信通过做一些小改变、选择一些容易实现的目标,可以在几年后以明显更高的估值出售公司。

综上所述,既要向卖家保证公司的光明前景,又不能引起卖家对出售的抵触,这确实像是在走钢丝一样困难。

意向书(LOI)[2]

在初步非正式的讨论之后,双方希望进入更正式的程序并更审慎的磋商,这是习惯和自然的做法。为此,双方进行签署并遵守意向书(LOI)。

在LOI中,双方同意某些条件、义务和限制。双方的总体目标是转让企业(收购)或其资产(资产购买)。LOI使谈判过程更加清晰和正式。它也代表着初步尽职调查的结束和正式尽职调查的开始。

顾名思义,LOI不是一份具有约束力的文件。相反,它是一份澄清记录,也是一系列的期待。要使这份文件不具约束力,措辞至关重要。例如,"买方将……"在法庭上可以被视为有约束力的义务。而另一方面,"买方意图……"不构成可强制执行的条件。尽管如此,LOI通常包括一些有约束力的条款,如排他性期限和保密条款。如果卖方在没有充分理由的情况下决定退出,还可以在重

---

[1] 指其能帮助公司实现的光明愿景。——译者注
[2] 也会使用"理解备忘录(MOU)"一词。虽然在法律意义上这两个词有所不同,在收购式创业领域通常作同一用途。要注意MOUs在法庭上往往更有分量。

大不利变更条款①中规定分手费。有了这样的条款，可以保护你免受那些仅在试探性询价的卖家的影响。

要认识到，LOI 会产生期望并框定某些问题。当你试图对 LOI 未提及的事项进行协商时，可能会危及对方的信任。但这并不意味着 LOI 已经一锤定音了。

例如，以购买价格为例。假设 LOI 规定，根据尽职调查，公司估值为 1 500 万美元。这个数字将决定卖方的预期。这 1 500 万美元中的大部分将在他的脑海中分配：500 万美元用来买一所在阿斯彭的房子，600 万美元存入银行（以备未来之需），剩下每个孩子分 200 万美元。1 个月后，如果你转身解释道你和你的投资者认为企业仅价值 1 200 万美元，可能会破坏交易（卖家无法在心理上缩小阿斯彭的房子大小）。不过，如果你能证明尽职调查显示有 300 万美元的未偿还税款（在签署 LOI 时不知道或未披露），那么降价往往是可能的，而且不会引起不快。

LOI 设定了期望，并作为一个信号，表明双方都认真并致力于进一步的真诚谈判（LOI 降低了提前终止的风险）。此外，意向书还使你能够获得可能需要的监管批准，并开始与债务提供方进行融资谈判。对于此前相对被动的投资者来说，这也是一个提醒，促使他们开始关注交易进展。

LOI 通常包含许多标准项目。我们现在逐一来看。

❖ **购买价格**。这一部分基于买方对公司价值的判断。如果买方不打算购买该公司 100% 的股份，必须明确价格是基于 100% 的股份，还是只基于她有兴趣购买的部分。有时会直接指定一个绝对价格，或者使用倍数法（通常是 EBITDA 倍数，软件交易中则常用 ARR 倍数），或者两者结合使用来确定价格。

由于透明度至关重要，LOI 中最好说明用于确定购买价格的假设条件。在签署 LOI 和股份购买协议（SPA）之间，需要花费大量的时间和工作。尽职调查可以发现改变最初假设的因素，公司的业绩也可能会发生重大变化（无论是好转还是恶化）。在意向书中明确说明定价所用的假设和方法，以便在必要时更容易地

---

① "MAC-clauses（重大不利变更条款）定义了任何变化、情况或事件，这些变化、情况或事件不论是单独发生还是总体上，均会对业务产生实质性的影响。"

调整价格。

为了降低买方在后期降低价格的可能性,卖方最好在签署LOI之前提供额外的初步尽职调查信息。

❖ **交易结构**。这一部分概述了交易结构,以及公司的资本结构和交易支付形式。同样,措辞并不是最终的,但表明了买方的意图。

最普遍的两种交易结构是出售/购买股票和出售/购买资产。交易结构会对负债、税收和融资方案产生影响。花在专业建议上的资源通常是值得的(而且可以抵税)。通常情况下,LOI会提出一种结构,但也留有余地,以便于基于尽职调查的调整。

这一部分也可以涉及最终的资本结构(但有时也会单独包括一个债务融资的段落)。它描述了预期的杠杆率(如最高占总资产的50%)以及某些契约条款,如利息保障倍数[1](如最高2.0)或偿债保障比率[2](如1.5)。

交易结构还涉及了收益结构、卖方融资、股权再投资、三方托管、期权结构等,并阐明了如何解决卖方在交易后未能履行义务的问题。此外,还应包括一份资金来源和用途表。

❖ **营运资金**。营运资金是公司的流动资产和流动负债之间的差额,反映了公司经营业务的能力。即使是优秀的企业,如果没有足够的营运资本,也会发生现金短缺的情况。

买家希望确保其收购的公司有足够的营运资金。然而,由于并不总是清楚多少营运资金才算足够,而且卖家不喜欢把筹码都摆在牌桌上,这可能是一个棘手的问题——最好提前解决。事实上,由于营运资金的要素(如应收账款、存货、应付账款、应交税费)是基于销售和经营比率(如收款期、付款期、存货期)的函数,因此很难预测收购时确切的营运资金需求。

一个很好的做法是商定一个粗略的估算。例如,你可以根据之前6个月的运

---

[1] 利息保障倍数= 息税前利润/利息支出。
[2] 偿债保障比率= 净收入/(本金偿还+利息支出)。

营情况或销售额的百分比进行估计。LOI 应包括在出售后根据确定的需求进行上下调整的能力。

❖ **管理协议**。现在的管理层怎么办？这是一个重要的段落。卖方想知道一旦买方拥有了这家公司，他的员工会发生什么。他可能还想知道自己是否还会在公司任职，以及任职多久。

通常情况下，这一节规定买方打算保留管理团队（卖方本人除外），并将提供期权池。它还规定了卖方在过渡期间的一些有偿参与。

❖ **尽职调查、文件和时间安排**。有时，这部分内容可能会成为另一个争论点。双方的愿望可能截然相反。"买方阵营"包括搜索者、投资者和尽职调查顾问，"卖方阵营"包括公司所有者及其顾问。

为了向投资者提供一份充实详尽的机密信息备忘录（CIM），搜索者希望获得所有相关的信息来源。这些信息包但括不限于：合同、账簿和记录、相关人员、供应商和客户，以及所有其他相关文件和数据。同样的道理也适用于那些向搜索者及其投资者提供财务、法律、技术和税务尽职调查报告的审计公司。

有时在顾问的提醒下，卖方可能会担心提供的信息落入坏人之手，损害公司的利益。此外，他通常不会向员工或客户透露出售公司的意图，也不希望竞争对手趁虚而入。

然而，搜索者及其顾问需要足够的数据和人员访问权限，才能写出一份信息充分的 CIM，其顾问才能提供信息充分的尽职调查报告。一种常用的解决方案是将搜索者作为公司的"审计师"。[①] 这样搜索者就可以接触到公司的关键人员，在不引起怀疑的情况下提出问题。

这部分的 LOI 还包括排他期——在此期间，卖方不得与第三方开始或继续出售过程。通常排他期为 90 天，并且买方可以选择延长 30 天。该部分还明确了尽职调查程序的时长和预期成交日期。

---

① 如果可能的话，我们建议避免这样做，因为员工的第一次遭遇将是基于一个谎言，一个你参与的谎言。

❖ **竞业禁止条款**。在大多数情况下，卖方不难开办一个竞争性的企业，或者协助可以与潜在买家竞争的人。因此，LOI 规定了一个惯例的竞业禁止期，防止卖方为竞争企业工作或参与竞争生意。竞业禁止期通常为五年。

❖ **赔偿**。这部分预先警告卖方，最终的买卖协议（SPA）将包含赔偿条款。该部分还规定了哪些要素将包含在这一条款中。

赔偿条款区分了**非基本陈述**和更严重的**基本陈述**。对前者的违约仅限于购买价格的某个百分比（赔偿率），而对后者（欺诈、故意不当行为、违反基本陈述）的赔偿上限往往是卖方收到的总收益。

❖ **禁止招揽和保密**。禁止招揽条款将防止卖方出于任何商业目的直接或间接招揽被收购公司的员工或客户。这是对竞业禁止条款的补充。

通过签署 LOI，卖方承认该文件中内容包含专有机密信息。

意向书通常在结尾处强调，意向书仅用作继续讨论的基础，而不是完成交易的承诺或合同。

报 价

人们常说，公司估值既是一门科学，又是一门艺术。我们要补充的是，它也是一种叙事方式。比如，请看这两件艺术品。

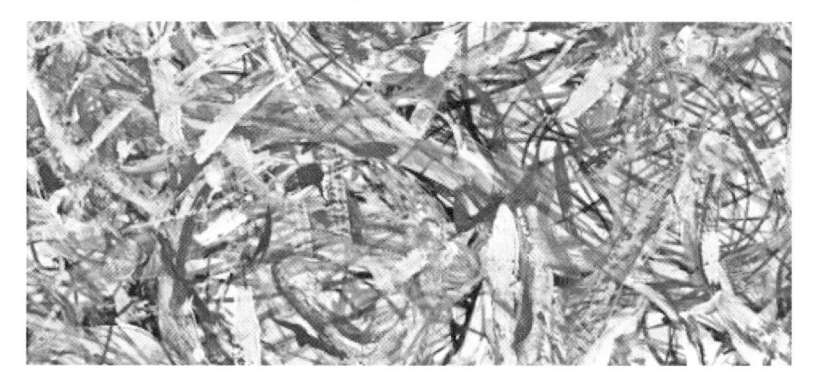

艺术品 #1

艺术品 #2

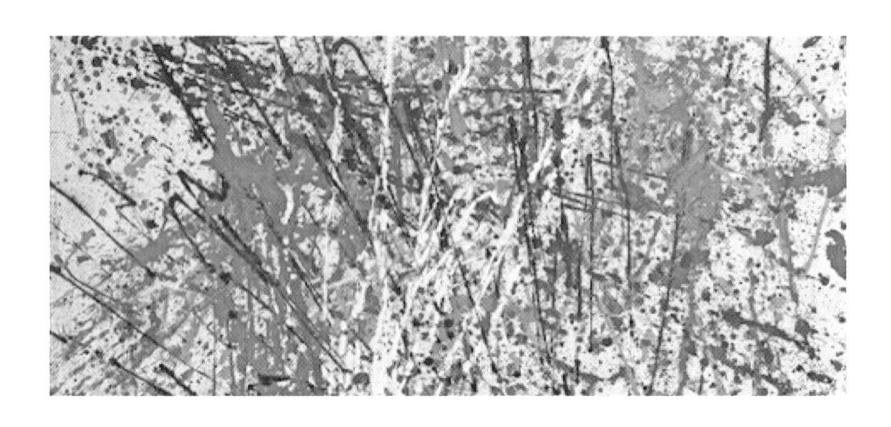

第一件是 112 cm×86.5 cm（44.1 英寸×34.1 英寸），第二件是 180 cm×90.5 cm（70.9 英寸×35.6 英寸）。第一个问题是，你认为它们价值多少？第二个问题是，你会如何进行估价？

专家们会根据艺术家、流派和运动、出处、艺术品状况、媒介、题材、尺寸、质量和出品年代、稀有程度和时期来评估价值。其中一些可以被视为科学定量（如艺术品状况、质量和出品年代），而另一些则是定性的（如艺术家及其所属运动的重要性）。这是艺术与科学的结合。

估值也是一种叙事。虽然艺术品专家会证明第一件作品既创新又激进，但第二件却不是（至少他们是这么说的）。结果是，1 号艺术品①［由杰克逊·波洛克（Jackson Pollock）于 1948 年创作的《17A》］在 2015 年以 2 亿美元的价格卖给了肯尼斯·格里芬（Kenneth Griffin）②，而 2 号艺术品，还没有名称，是在 2013 年我的女儿哈利亚（Halia）和阿莱卡（Aleka）分别在 2 岁和 4 岁时与朋友

---

① 由于版权保护，原作被一幅仿制品所替代。请参考 https://www.jackson-pollock.org/number-17a.jsp 查看原作的图片。
② 肯尼斯·格里芬 (Kenneth Griffin) 是著名芝加哥对冲基金——城堡基金 (Citadel, LLC.) 的创始人兼首席执行官。他还是惠特尼博物馆 (Whitney Museum) 和芝加哥艺术学院 (Art Institute of Chicago) 的董事会成员。

们一起"画"的，挂在我的办公室里。我相信它是无价之宝。真理（和价值）在观者眼中。①

搜索基金模式的一个重要信条即为以公平的价格收购一家好的公司。搜索者的收益以及投资者的回报将是收购价格、出售价格以及两者之间间隔时间的函数。价格至关重要。但什么是公平的价格呢？

"价格可以是公平的"这一观念中，蕴含着一个概念——判断力。判断需要框架和方法（有时是基于经验法则）——这些工具可以让你区分什么便宜，什么合理，什么昂贵。评估企业的专业人士可以使用多种评估工具。与搜索基金最相关的工具是倍数分析和现金流贴现（DCF）。

公司估值方法其一：倍数法

从概念上讲，收购是卖方将公司（如股权②）转让给买方，以换取金钱（价格）。卖方应期待得到其所创造的价值等量的补偿，而不包含搜索者及其董事会将创造的价值部分。换句话说，买方应乐于为卖方创造的价值提供补偿，而卖方不应期望获得因买方创造的价值部分的回报。这就是为什么对未来现金流量进行现值评估的前瞻性现金流贴现法在现阶段和这个环境中不适用。

相反，我们从卖方已经实现（或即将实现）的业绩指标开始。在大多数情况下，这是现金流（或替代指标）的倍数，在某些情况下，是（经常性）收入的倍数。

❖ **现金流倍数。** 评估艺术品的困难之一是，艺术品本身并不涉及经济活动，因此不创造任何价值。肯尼斯·格里芬（在购买艺术品时）有一次大规模的现金流出，随后可能是一系列较小的现金流出（保险费）。投资收益（或损失）只有在出售时才能实现，没有人知道需求是否会增加，或者在多大程度上增加（由于

---

① 另一个关于价值和叙述关系的示例是 4C 在钻石估值中的作用：颜色（Color）、清晰度（Clarity）、切工（Cut）和克拉重量（Carat Weight）。

② 请注意，有时出于税务或责任原因，转让会被构建为购买资产而不是公司股权的形式。

波洛克于 1956 年 8 月去世，已知供给不会增加）。①

　　幸运的是，搜索基金收购的是能够提供经济活动并产生现金流的实体。正是这种经济活动载体的建立，才需要对其所有者进行补偿。这种补偿，即支付的价格是公司业绩和投资者预期或要求回报的函数，公司的业绩将反映在使用的现金流指标中，而其倍数将反映投资者的要求回报。下面让我们谈谈这两个方面。

■ 现金流量指标

　　在对公司进行估值时，有几种现金流的替代指标。最重要的是以下几个。

　　经营现金流（CFO）。它又称营业现金流量或经营活动现金净额，它反映企业正常经营活动产生的现金。其计算方法是取公司的净收入，并根据非现金项目（+）和营运资金变动（+/-）进行调整。②

　　自由现金流（FCF）。它是从 CFO 扣除资本支出（-）得出的。换言之，它是管理层和/或投资者的可支配现金流（因为已经考虑了必要的资本支出）。

　　股权自由现金流或杠杆现金流（FCFE）③。它是可用于支付股息、组织股票回购或留存公司的现金流。计算方法是取公司的净收入，根据非现金项目（+）、营运资金变动（+/-）、新发行债务（+）、偿还债务（-）和资本支出（-）进行调整。

　　公司自由现金流或无杠杆现金流（FCFF）。它代表为所有资金提供者可用的现金流量，即债务人、股东、优先股股东和债券持有人。计算方法是从 EBIT 开始，扣除税收，调整非现金项目（+）、营运资金变化（+/-）和资本支出（-）。

　　税息折旧及摊销前利润（EBITDA）。它反映了企业核心业务的盈利能力，

---

① 请注意，投资艺术品的原因并非仅仅是为了财务回报。其他原因包括：支持艺术家〔像马赛纳斯（Maecenas）那样〕、艺术品可以带来的灵感价值，艺术品的装饰价值，以及它给其所有者带来的声望等。
② 当营运资本增加时，符号为负，因为 Δ 代表了可以分配的较少金额。
③ 不负债自由现金流排除了利息费用和净债务发行的影响，而负债自由现金流则包括它们。

但不包括资本结构（利息支出）、政府监管（税收）或会计政策/非现金项目（折旧和摊销）的影响。其计算方法是取净收入，加上税金（+）、利息费用（+）和折旧（+）。

息税前利润（EBIT）。[①] 它是不考虑折旧和摊销的 EBITDA。换句话说，将税金（+）和利息支出（+）加回到净收入即可得到 EBIT。在折旧和摊销可以忽略不计的情况下，EBITDA 和 EBIT 是相似的，如表 5-1 所示。

表 5-1　　　　　　　　　　现金流指标对照表

	CFO	FCF	FCFE	FCFF	EBITDA	EBIT
来源	流量表现金	流量表现金	流量表现金	独立分析	损益表	损益表
计算	股权价值	企业价值	股权价值	企业价值	企业价值	企业价值
估值方法	多元分析	DCF	DCF	DCF	多元分析	多元分析
包含营运资金	是	是	是	是	否	否
包含税费支出	是	是	是	是	否	否
包含资本支出	否	是	是	是	否	是

资料来源：作者整理。

在决定使用哪种现金流指标时，有两个因素很重要。首先，我们需要一个倍数，使我们能够得出企业价值（EV）[②]，而不是股权价值。因此，它应该在损益表的利息支出之前。其次，我们倾向于关于现金流的倍数，它能很好地代表经营活动产生的现金流（扣减项见表 5-1）。

由于搜索基金所收购的公司资本支出较少，因此 EBIT 和 EBITDA 都可使用。使用 EBITDA（在低资本支出的情况下）的好处是，有关折旧和摊销的会计规则不会影响参考数字（或由此得出的最终估值）。EBITDA 和 EBIT 之所以受

[①] 在一些教科书和案例中，EBIT 表示调整后的营业收入或正常化的营业收入。如果相关方仍然期望将 EBIT 或 EBITDA 还原，则必须在 LOI 中澄清。

[②] 企业价值= 股权+ 债务 - 额外现金。

欢迎，部分原因是它们易于计算（不像其他一些必须评估营运资金变化的方法）。不过，也要注意经验法则随之而来的利弊。①

除了指标，投资者愿意支付的 EBITDA（或在某些情况下的 EBIT）倍数还取决于他们所要求的回报。让我们来看看这是如何运作的。

第一步。 在粗略计算下，这种支付的现金倍数将公司的业绩与投资者的内部回报率（IRR）联系起来，因为倍数是 IRR 的倒数。例如，如果支付的现金倍数是 5 倍，那么投资者的回报率等于 20%，而 8 倍的回报率是 12.5%。

金融经济学家比尔·夏普（Bill Sharpe）、亨利·马科维茨（Henry Markowitz）和爱德华多·施瓦茨（Eduardo Schwartz）在进行除"无风险投资"外的所有投资时，都提到了"预期回报"。从概念上讲，我们认为"要求回报"能更好地解释这些回报的设定。投资者需要一定的回报作为花钱的补偿。这种补偿，一方面是对其资金不能再从总体经济的发展中受益的补偿，② 一方面是承担风险的回报。这风险包括与行业和公司有关的所有风险（"国家风险"将归属于该国收益率曲线的无风险利率）。行业风险（不确定性）的例子有：进入壁垒、周期性、被颠覆性。公司风险的例子有：护城河较窄、客户集中、强势的供应商和关键员工，以及缺乏经验的新经营者。

从历史上看，搜索基金资产类别的投资者回报率在 30%～35% 之间。因此，为了让搜索者获得全额收益，股东协议中净回报率必须达到 35%。除了极少数情况以外，CIMs 中的基本情形预测都出人意料（实际上不出所料）地达到或超过了这一水平。

结合我们的简单公式（回报率与倍数的倒数），可以得出结论：要使我们的投资产生 30% 的回报率，应该以 3.3 倍 EBITDA 的价格购买该公司。虽然这是

---

① 特沃斯基（Amos Tversky）和卡尼曼（Daniel Kahneman）在 1974 年发表于《科学》杂志的论文《不确定性下的判断》。

② 这被理解为预期的名义经济增长。费舍尔方程式：$(1+i) = (1+r)(1+\pi)$，其中 i 为名义利率，r 为实际利率，π 为通货膨胀率。一个近似公式是 $i = r + \pi$。

一个快速简便的好方式（用铅笔在信封上即可得出），但并没有考虑到影响价值的一些重要因素。

第二步。在第一步中所使用的基本公式是永续公式[1]的应用，其假设了无增长的情况。因此，我们用它计算的 IRR 也假设没有增长。当收购一家销售额和 EBITDA 都在增长的公司时，卖方会认为公司业务已经实现了增长，他应该因此得到回报，这是可以理解的。从数学上讲，他所要求的是永续增长公式[2]的应用。

搜索基金投资者限制风险的方法之一，是引导搜索者投资于顺风行业。对一些人来说，这意味着这些行业的增长超过 GDP 增长的 50% 或更多。在发达经济体中，长期 GDP 增长约为 3.5%。因此，为了论证起见，假设我们为卖家"支付"未来的 GDP 增长，但不支付该行业的额外增长（当然也不支付搜索者和董事会在此基础上实现的增长），这使得倍数达到 3.91。[3]

第三步。EBIT 和 EBITDA 都包含 BIT（息税前）。然而，股权投资者的回报是股权现金流的函数，股权现金流是在支付利息和税款之后的现金流。

由于新的资本结构将建立，倍数是对企业价值的评估。收购公司（及其资产）的资金通常来自股权和不同形式的债务。换句话说，投资者并没有为收购提供全部资金。然而，一旦所有应付款项得到支付，他们将"获得"剩余的现金流。

税收、利息支付和杠杆是如何影响我们愿意支付的倍数的？为了便于讨论，我们可以假设一个合理有效的资本结构，不需要随着时间的推移而调整。[4]

---

[1] $V_t = \dfrac{CF_{t+1}}{r}$，其中 V 表示价值，CF 表示现金流，r 表示所需回报率。

[2] $V_t = \dfrac{CF_{t+1}}{r-g}$，其中 V 代表价值，CF 代表现金流，r 代表所需回报率，g 代表增长率。

[3] 计算过程为：1.035÷(.30−.035)。这里我们采用 1.035 而不是 1，因为公式明确指出输入因子是一年之后的。

[4] 这是一个合理的假设，因为你不知道你将能在多大程度上随着时间的推移改善它，并且你不想为此支付卖方。

假设公司税率为35%，利息支出为EBIT（DA）的10%[1]，公司杠杆率为1倍（净债务＝股本）。由于税盾存在，对EBIT（DA）的净影响为41.5%［35% + 10% × （1 - 35%）］。对于投资者来说，要实现30%的回报，这个百分比的倍数会降低到2.29。[2] 事实上，如果现金流减少了41.5%，那么估值也应该减少。

我们仍然需要考虑到这样一个事实，即投资者为了收购该公司及其预期/计算的现金流，只投入了一半的资金。债务人提供了剩余的资金。因此，这个倍数翻了一番，来到了4.58。[3]

虽然投资往往要经常应用经验法则，而且是一门"艺术"，但是一定要对数字进行彻底的反思，并理解它们的含义和代表的意义。否则可能会"奔着羊头买到狗肉"。[4] 买者须自行承担风险！

❖ **营收倍数**。毫无疑问，公开市场上最常用的估值指标是市盈率（P/E）。直观地讲，这是有道理的，因为产生的利润往往足以代表现金流。如果高于盈利线的情况令人怀疑，研究分析师还会考虑其他倍数，比如EV/EBITDA。EBITDA引人关注，因为它只关注公司的经营成果，而不关注资本结构、某些会计政策或税收制度。它更容易进行价值判断，特别是在比较公司时（将倍数改为可比公司）。

选择EBITDA而不是收入的另一个原因是，欺诈经常发生在EBITDA之下的项目，因此被称为"坏事发生前的收益"。

当连EBITDA都存疑时，用于估值的指标可以一直上升到收入数字；这是最难操纵的数字。例如，体育团队的估值通常是销售额的倍数。[5]

---

[1] 请注意，随着公司的增长，随着EBIT（DA）的增加，利息支出占EBIT（DA）的百分比往往会随时间而降低。
[2] 计算过程为：3.91× （1- 0.415）。
[3] 请注意，之前提到的斯坦福大学和IESE商学院在其2022年的研究中报告了国际收购的历史中位数EBITDA倍数为4.9倍，北美收购的倍数为6.0倍。
[4] 2014年，北海道岛的一对夕张哈密瓜被拍卖了26 000美元。
[5] 达维拉（A. Davila)和赛门（J. Simon). 体育估值（Sports Valuation）[M]. Lulu出版社，2013.

在搜索基金领域，EBITDA 和 EBIT 的倍数是标准用法，但软件公司是例外。主要原因是，对于加速增长的公司来说，EV/EBITDA 的意义不大。搜索者感兴趣的软件公司的规模增长往往在 30%～100% 左右。这让永续增长公式的应用变得无效。首先，目前的增长率是不可持续的，其次，对公式中的"g"（增长）的微小变化会对价值产生很大影响。

另一种观点认为，对于增长非常强劲的公司，目前的现金流或 EBITDA 并不能很好地代表卖方创造的价值，也不是未来现金流的领先指标。但是，那么我们应该用什么呢？

当涉及高增长公司时，市场总是很难寻找有意义的矩阵。2000 年 3 月互联网泡沫破灭时，千禧年之际的"流量"和"点击量"显示出它们是多么虚幻。我们已经发现，"流量"和"点击量"并不能带来永久的现金流！

公开市场已将 EV/Revenue 作为高增长软件公司的主要估值指标。在非公开交易中，公司规模往往较小，而收购方不想为其将要创造的价值付费，应用的估值指标是 EV/ARR（年度经常性收入）。[1]

这个想法很简单，但有理有据：收购方乐于偿付经常性收入的那部分，但不愿偿付非经常性收入的那部分，更不偿付她自身将带来的新收入。[2]

谈判：谈论价值和价值观

对买卖双方来说，谈判都会涉及个人层面的事情。交易的人际关系性质使价格有时成为叙述的次要部分。同时要谨记这是一场双方之间的交易——行为洞察力和谈判技巧可能会发挥作用。根据交易、参与人员和交易历史，你们的讨论将介于共同谱写的故事和精打细算的交易的中间地带。让我们来讨论一下这个范围的边界。

---

[1] 虽然 IESE 和斯坦福大学的研究没有基于 EV/ARR 来报告，但通常这些倍数在 3 倍至 5 倍之间，上市公司的企业价值与收入之比则在 8 倍至 12 倍之间。

[2] 在某些情况下，估值是经常性收入的较高倍数与非经常性收入的较低倍数之和。

❖ **价值观的故事。**是什么让杰克逊·波洛克的作品如此珍贵？不是科学的应用，而是艺术与叙事的交织。如果你认为艺术主要是技术活，就像职业体育运动一样，那么技术最熟练的人应该得到最高的奖励，那么你可能不会为波洛克的作品支付数百万美元。

如果你相信波洛克是奠基了美国表现主义的创新者这一说法，你可能会认为他的艺术是一次力作，它将艺术的中心转移到了纽约。因此，评价波洛克的作品需要理解一个更大的故事背景。

当涉及搜索基金收购公司的谈判时，最好能与卖家产生共鸣。要意识到，公司的售卖是在一个个人化、叙述性的环境中进行的。这不是那种处于KKR[①]投资组合中的一家公司，让摩根士丹利（Morgan Stanley）担任顾问，由高盛（Goldman Sachs）牵头与通用电气进行的交易。相反，这是卖家一生的成就，占了他事业和个人价值体系的很大比重，是他自己的遗产，也是他和他的家人们人生故事的重要组成部分。

在谈判过程中，一个明智和有同情心的搜索人会想要理解、积极倾听，并对公司和卖家的故事提出问题。这将帮助她更好地理解机遇和挑战，并提示她如何过渡和领导。

参与卖家的故事还可以将重点从"搜索者应为公司支付什么"转移到"她可以提供什么"。了解卖家的故事可以让搜索者把自己的故事作为卖方故事的延续。

还记得Jean Paul Destarac（Nexu Capital）吗？他们收购了位于亚利桑那州的Nogales。用他的话说——

你必须找到与公司创始人的真正契合点，以至于他们除了你不想卖给任何人，你也不想买任何其他的公司。在我们的案例中，第一个主要的契合点是文化。我的西班牙裔背景使我与两位老板中的一位相同，他是西班牙裔/美国人。

---

① KKR（Kohlberg Kravis Roberts & Co.）是一家全球知名的私募股权投资公司。——译者注

同样重要的是，两位老板都有宗教信仰。他们甚至在门口放了一个巨大的牌子，上面写着"我们信仰上帝"。我的天主教信仰让我们立刻达成了一致。但不仅仅是老板，所有的员工都以英语为第二语言，而且大多数人对信仰都非常虔诚。这种强烈的文化和宗教联接点燃了我们之间强烈的纽带，并开启了信任和关心的过程。这为顺利收购和轻松过渡奠定了基础。

事实上，当老板声称"如果我有一个像你这样的女儿（或儿子）就好了"时，他并不是希望有一个能购买其公司的孩子，他在为没有人愿意也没有能力续写故事而表示遗憾。

❖ **行为洞察力的价值。** 在每一笔交易中，价格都会扮演重要的角色。掌握基本的谈判技巧和行为洞察不会对你造成伤害，除非你滥用了这些技巧，从而降低了卖家的信任。在许多收购式创业案例中，卖家希望你先亮出底牌。这就是开始。你会给出什么数字？给出一个过低的数字，卖家可能会放弃。给出一个过高的数字，你要么会支付过高的价格，要么会使得卖家去主动接触交易中介。这里有一些你可能需要记住的要点。

1. **锚定效应。** 你或卖家说出的第一个数字将对谈话进行锚定。好比在沙地里插上一根标杆，应该插在哪里值得与你的投资者或顾问委员会讨论。估值被许多因素影响，而在进行估值的过程中影响的因素会更多。与其在头脑中对公司的价值自圆其说，不如和那些经常这么做并且给你开支票的人进行探讨。

2. **数字取整。** 我们喜欢整数：10 倍，1 000 亿，道琼斯 30 000 点！卖家也不例外：对于不习惯估值的人来说，1 000 000 美元通常听起来是正确的。其结果是，当"专家"给出一个没有取整的数字时，比如 9 270 000 美元，看起来更正确了。这也使得调整的金额更有可能是几十万，而不是几百万。

3. **只谈数目，不谈倍数。** 当银行家们想要展示他们的专业水平时，复杂的估值讨论很有趣，但当与不懂估值语言的卖家讨论时，就没什么用了。不过，要准备好在必要时证明你的估值是合理的。有时，出乎意料的是，卖家可能会开始说倍数。你应该随时能够证明你的价格是合理的。

4. **最佳替代方案。** 如果你学过谈判课程，你会熟悉谈判协议的最佳替代方案（BATNA）。这是除了收购该公司之外的最佳选择。谈判的力量来自备选方案（这就是为什么在谈论交易时，你不想停止追踪潜在机会）。这似乎是你可能收购的最好的公司（或你能买到的最好的公寓），但上过收购式创业课程的人会记得这样的案例：搜索人没有在此前的某个过程中成功收购一家公司，结果却意外地在6个月后收购了一家真正出色的公司。

5. **保留价格。** 这是你愿意支付的最高价格（对于卖家来讲，他们的保留价格是愿意接受的最低价格）。就像公开市场上，优秀投资者在交易开始前就知道在什么价位上可以获利或止损一样，一个优秀的交易者在开始谈判之前就知道底线。根据我们的经验，在价格谈判之前决定保留价格的搜索者并不多（也很少有投资者促使他们这样做）。（我们建议）在价格谈判前，要确定保留价格。

6. **向对方学习。** 对卖家了解得越多越好。理想情况下，你会想知道他的保留价格，但这不大可能发生。当情况合适时（例如在携带配偶的非正式晚餐上），不妨询问他们的售后计划，答案可能会给你提供一些线索。他们对于售后的想法越多，他们改变主意的可能性就越小。这也会让你了解你、公司和交易在其中可能扮演的角色。

7. **注意交易性质。** 你希望离纯粹的交易属性越远越好，这样你越能将谈判转向非交易性论调。有时，人们的思维要么处于"价值故事"的"软个人"模式，要么处于价格谈判的"硬交易"模式。记住你在非正式会议和午餐中讨论过的内容是很重要的。

8. **纵观全局。** 要达成最终协议，重要的远不止价格。在充分了解卖家的情况下，你应该能够就整个交易而不是逐个条款进行谈判。例如，如果你们对风险的估计不同，导致估值存在差异，那么盈利能力支付协议（Earn-Out）可以提供解决方案，再比如，你们对一件重要设备耐用年限的评估不同；SPA 和三方托管可以解决这个问题……

尽职调查和买卖协议

"战场上的成功始于勘测（R）和侦察（S），而 R&S 始于情报官员，这点应该毋庸置疑。作为 S2（情报官员），你对部队的成败扮演着重要的角色"，美国陆军的第 34-2-1 号野战手册中如是说。① 武装部队，尤其是特种部队，投入大量资源用于情报捕获和分析。良好执行的勘测与侦察过程与战场成功概率之间的因果关系早已确立（见图 5-5）。

侦察	状况	作战结果（%）		
		成功	失败	平局
好	13	69%	8%	23%
差	50	8%	76%	16%

资料来源：兰德公司。

图 5-5　侦察的价值

搜索者是情报获取工作的 S2。他收集、分析和综合的信息（在 CIM 中）将由其投资者（总部）考虑、审查和讨论，并将形成他们审议的基础。他的"侦察"工作有助于 3 个关键决策：（1）这是否搜索者一直想要追求的机会。（2）投资者是否希望为本次收购分配收购资金。（3）SPA 应该且如何覆盖哪些风险。

就像军方高层②经常让 S2 带着具体的问题重返战场一样，投资者也是如此。

---

① https://fas.org/irp/doddir/army/fm34-2-1.pdf.
② 原文为 Brass，其原意为黄铜，这个术语来源于美国和英国的军队，其军官的军衔徽章是佩戴在衣领上的别针，颜色为金色或银色，但材质是黄铜。

尽职调查过程是搜索者、投资者以及"雇佣兵"（如税务审计师、律师或技术顾问）之间的反复过程。

尽职调查过程

良好的尽职调查过程通过减少不确定性和风险来减少Ⅰ类和Ⅱ类错误的概率。① 在关键决策领域的风险。它还限制了决策、数据分析和展示中偏见的影响（见表5-2）。

表5-2　　　　　　　　　　尽职调查过程和决策中的常见偏见

偏见	描述
行动偏误	面对模糊情况时采取行动的倾向
模糊厌恶偏误	倾向于选择可知性高的方案，而非可知性低的
锚定偏误	做决策时过度依赖已有或第一手信息
归因偏误	评价自己和他人行为时出现的系统性错误
权威偏误	倾向于支持权威的意见和想法，而损害自己的判断
可得性偏见	基于现有数据的易得性做出的决策错误
跟风偏误	倾向于接受别人已接受的想法
确认偏见	寻找和呈现支持已有观点和想法的信息
一致性偏见	倾向于与他人想法一致，违背自身的批判性判断
虚假因果偏见	错误地认为由于两个事件同时发生，其中一个导致了另一个
框架偏见	影响决策的是信息的框架，而非信息的价值
损失厌恶偏见	倾向于避免损失，而非等价收益
过度自信偏见	倾向于相信自己的品质和技能，而非事实
积极影响偏见	倾向于关注积极利益，而非显著的消极属性
投射偏见	倾向于把现在投射于未来

---

① 在统计学中，Ⅰ类错误是伪阳性（拒绝正确的原假设），Ⅱ类错误是伪阴性（未拒绝错误的原假设）。因此，Ⅰ类错误相当于收购了一家不好的公司，而Ⅱ类错误则是没有收购一家很好的公司。

(续表)

偏见	描述
近因偏见	倾向于过度依赖最近的信息来做出决策
选择偏见	基于非代表性样本做出的决策错误
自利偏见	习惯把积极事件归因于自己，而把消极事件归因于外部因素
战略误导	高估利益/机会，低估成本/挑战

资料来源：作者整理。

一个执行良好的尽职调查过程，将有助于搜索者更好地理解、做出收购决策所需的关键要素。这也将帮助他及其投资者识别和降低关键风险。

记住：最大的风险不是找不到企业，而是收购一家企业，然后毁掉它（或部分）。因此，从语义上讲，当表达没有收购一家公司时，最好说"搜索未成功"，而不是"搜索失败"。"搜索失败"指的是一家公司被收购了，但价值被毁了。

搜索者和投资者的尽职调查过程越完善，发生"搜索失败"的概率就越低。尽职调查保证公司是以正确的价格和理由被收购的，并确定谈判的理由或终止交易的理由。在此过程中，不要犹豫寻求投资者的帮助，这也是为什么在开始这段旅程时，你对他们进行了尽职调查，明确了谁能够对你有帮助。

正如拜奇·斯通（Badge Stone，WSC & Company）所言："要保持客观。最糟糕的情况是收购一家糟糕的企业。你之所以要策动一个经验丰富、参与度高的投资者群体，是为了从他们的经验中汲取经验，帮助你买到最合适的企业。"

图沙尔·沙（Tushar Shah，Kinderhook）同意这一点："在寻找任何机会时，保持开放和乐观的心态是很重要的。首先要回答'这家公司如何才能成为一家伟大的公司，如何才能对我和我的投资者来说是一笔伟大的投资？'一旦你清除了这一障碍，就应迅速转向批判性思维，特别是在投资者的帮助下，找出你论点的漏洞。记得要让投资人参与你的尽职调查。"

乔治·杨克威克（George Jankovic，T3 Ventures）补充道："我们对交易都容易头脑发热，做到客观很难，特别是当你在一笔交易上花了很多时间，而且与卖家建立了密切的关系时。利用你的投资者，他们会更冷静地为你提供交易意见。

在得到投资者的反馈之前,不要把钱花在顾问身上!"

在进行尽职调查时,必须注意以下几点。

- ☑ 只要能避免给卖方带来意外,就尽量避免。
- ☑ 尽可能提前告诉卖家他可能会遇到什么情况。
- ☑ 鼓励卖方聘请在这类交易中具有专业知识和经验的专业顾问。
- ☑ 达成一致的时间线安排,并坚持执行。对卖家也抱有同样的期望。
- ☑ 获取所有将影响或可能影响最终决定的信息。
- ☑ 你所获得的信息将是高度机密的,务必谨慎对待。
- ☑ 尊重卖家的时间。

尽职调查的类型

所有尽职调查都应该让搜索者及其投资者更接近收购决策——无论是否应该进行,还是应该如何进行。搜索者本人也应该参与尽职调查。这是她作为渴望成为 CEO 的人应做的准备,也有助于降低成本。如果搜索者没有足够的信心或知识,或者行业领域的专业知识过度专业化,那么最好还是交给在这方面有深厚专业知识的顾问和审计人员去做。

我们简单讨论一下最常见的尽职调查形式。

❖ **财务尽职调查。** 财务尽职调查通常由搜索者和聘请的会计师共同参与。搜索者能做的工作越多,就越能了解企业,能够指导会计师,并有效管理预算。如果时间允许,搜索者在聘用会计师之前,自己先分析财务报表是很有用的:它将帮助搜索者更好地界定会计师的工作范围,并提出有针对性的问题。

财务尽职调查旨在了解公司过去和未来表现的原因,并确定这些趋势是否可持续。具体做法是:评估所提供的信息是否可靠,了解公司未来的盈利,解决所需的营运资金数额,并考虑哪些(或有)负债应该包括在内或哪些资产是需要的(资本支出)。

虽然财务尽职调查的范围取决于交易自身,但在搜索基金主导的收购中,现金证明和盈利质量（Quality of Earnings）是最常见的财务尽职调查工作。

在现金审查的尽职调查中，审查员会将资产负债表中的期初现金余额与期末现金余额进行核对。具体方法是将现金收入加到期初现金余额中，并扣除现金支出。这应该得到期末现金余额。如果有差异，会在现金审查报告中进行核对，并可能需要对公司的会计记录进行调整。例如，未记录的利息收入或费用、未计入的银行费用以及错误记录的现金支出。

虽然大多数对账都是小而无害的，但一些对账可能会发现欺诈行为。由于现金证明分析比银行对账提供了更多的细节，它可以发现后者无法发现的错误和欺诈行为。

如果美国公认会计准则（US GAAP）或国际财务报告准则（IFRS）等会计原则得到统一应用，不留任何判断空间，也不允许不同的惯例，那么就不需要盈利质量报告了。但它们确实存在。这意味着，相同的企业可能会编制出截然不同的财务报表。如果一家企业的财务报表几乎不需要调整就能反映真实的财务状况，我们就说它的盈利质量很高。

不过，为了更好地反映公司业绩，往往需要进行调整。例如：剔除一次性成本或收入，调整每股收益（如果股票数量已经调整），或在高通胀环境下使用先进先出（FIFO）记录处理库存。

分析盈利质量的另一个很好的理由是，并不是每个企业主、会计师或审计师都是勤勉或值得信赖的。在一个例子中，企业主可能不拿任何工资，而在另一个例子中，企业主孩子的新车可能被登记为公司资产。就像 Wirecard、瑞幸咖啡（Luckin Coffee）或伦敦资本金融公司（London Capital and Finance Plc.），也不能排除欺诈行为。①

高质量的盈利分析从损益表的顶部（revenue）开始，一直到底部（earnings）。在每一步，分析师都会检查准确性和深度。她希望了解数据的起源，并让这些数字准确地反映正在进行的业务。来自 2 个客户 1 000 万美元的销售额与来自 100

---

① 截至 2024 年 10 月，未广泛进驻中国市场的咖啡品牌不做翻译。——译者注

个客户 1 000 万美元的收入是不同的。同样重要的是，要了解这些是来自经常性业务，还是来自年度合同并且有 50% 的流失率。我们的指导思路是要提供一份能让接收者做出明智投资决策的报告。

财务尽职调查所需的文件

完成财务尽职调查所需的文件如下。

- ☑ 经审计的三年财务报表及审计报告①
- ☑ 中期财务信息和最新贸易报告
- ☑ 预估和预测
- ☑ 预算和战略计划
- ☑ 具体会计应用说明，如折旧方法或存货会计
- ☑ 公司总账副本
- ☑ 债务融资文件和契约副本
- ☑ 股权融资文件和副本
- ☑ 内部控制流程列表

❖ **税务尽职调查**。本杰明·富兰克林（Benjamin Franklin）曾说，在这个世界上，除了死亡和税收，没有什么是确定的。人类这两件事情都不够重视，会努力忽略、避免或逃避它们。不幸的是，税务问题可能会极大地改变收购的吸引力。理解并解决税务问题，可以帮助买家达到预期。因此，无论收购规模大小，税务尽职调查都是必要的。

任何公司都在税收监管制度内运作，必须遵守税法。它必须履行其经营辖区的所有税务义务②。除非搜索者以前专门做过税务尽职调查相关的职业，否则最好请外部独立顾问来做。

经常出现的税务问题包括：虚构成本（如虚构配偶的工资）、夸大损失、未

---

① 要注意，一些中小企业是没有审计报告的，这种情况下你只能查阅未审计的数据资料。
② 义务可能在国家、联邦、州、省和地方各级都有。

备案和工资错误等。

税务尽职调查所需的文件

作为税务尽职调查的一部分，需要提供以下文件。

- ☑ 过去三年的所有所得税申报表（联邦、州、省或地方税）
- ☑ 过去三年的销售税申报
- ☑ 过去三年的纳税申报
- ☑ 过去三年的就业税和社会保障税申报
- ☑ 税务结构文件
- ☑ 与税务机关沟通或结算有关的文件
- ☑ 税务留置权的文件

任何重大的税务风险都应该在谈判期间解决，要么在收购之前解决，要么作为收购的一部分。解决方案通常分为以下几种。

- ☑ **托管。** 托管是一个法律术语，描述的是一种合同安排，合同双方同意将资金或资产由中立的第三方保管。只有当协议的条件满足时，资产或资金才会被释放。在税收不确定的情况下，一定的资金将被托管一段时间。如果在这段时间内发生纳税义务，则将相等的金额转给买方。
- ☑ **结算。** 卖方同意在购买前向税务机关结清已发现的税款，这通常需要额外的备案。
- ☑ **收购价格调整。** 双方可以同意不解决潜在的税务问题，以换取较低的估值。
- ☑ **盈利能力支付计划**（Earn-Out）。 卖方将在未来获得额外支付的条款通常以未来业绩为基础。这些额外收益也可以是某种情况没有发生的结果。在这种情况下指的是税务机关要求对收购前发生的业务征税（和罚款）。
- ☑ **资产购买。** 当公司所有权转移时，它过去、现在和未来的税收义务也随之转移（如果不是的话就没有税务尽职调查的必要了）。如果交易结构是资产转让，通常就不是这样的情况。在资产转让的情况下，过去的纳税义务和责任仍由卖方承担。
- ☑ **陈述和保证。** 交易将包括陈述和保证。在陈述中，卖方声称某一事实在该日期属实，保证是卖方在陈述虚假的情况下所同意的赔偿。这些陈述和保证用于税务问题和其他项目。
- ☑ **保险。** 在发达市场，买家可以通过购买陈述和保证保险来保护自己。

重申一下：此类尽职调查最好由对相关税法有透彻了解，并精通税务尽职调查的人员进行。

❖ **行政尽职调查。** 收购方需要确定财务报表是否反映了所有的运营成本。具体做法是核实设施、厂房、设备、占用率等，来确定财务报表是否真实反映了实际情况。

这种行政尽职调查将使买方了解在扩大业务规模时将产生的运营成本，也提高了对业务的理解。搜索者应该亲自进行这项尽职调查。这不需要特别或技术性的技能，并能让她在过渡时更了解情况。

❖ **法律尽职调查。** 一家企业几乎可以被简化为追求或执行合同。然而，合同就相当于潜在的诉讼案件，具有一定法律风险。法律尽职调查的目的是在购买之前发现这种诉讼风险，并提前或作为收购协议的一部分加以解决。可能的解决方案与我们在税务尽职调查中讨论的相同或相似。如果处理不当，买方将对被收购实体的义务和或有事项负责。这些可能会严重影响收益。

法律尽职调查所需的文件

法律尽职调查的一部分，要求的文件如下。
- ☑ 公司组织大纲和章程副本
- ☑ 过去三年的董事会会议纪要[①]

---

① 如果公司没有组织董事会会议，或者即使组织了也没有记录，不要感到惊讶。

- ☑ 最近三年所有股东大会和股东行动的纪要①
- ☑ 股东名册副本
- ☑ 所有重大合同，包括合伙协议和经营协议
- ☑ 债务融资文件和契约副本
- ☑ 股权融资文件副本
- ☑ 正在进行的诉讼文件副本
- ☑ 针对公司或由公司发起的已结案诉讼文件副本
- ☑ 针对公司或由公司发起的未决诉讼副本
- ☑ 过去和/或现在针对公司的调查副本

❖ **人力资源尽职调查。**② 人力资源尽职调查从人员的角度审视目标公司。其任务是识别关键员工并找到确保他们留任的方法，并制定其离职时的应急预案。此调查还应评估这些员工可能对业务（以及收购论点）造成的潜在损害，并制定减轻这种风险的策略。

人力资源尽职调查期间需要审查的文件和程序

人力资源尽职调查将分析以下内容。

- ☑ 组织结构
- ☑ 员工总数、现有职位和空缺职位
- ☑ 人员流动（退休和招聘）
- ☑ 当前的薪酬（工资和奖金）和服务年限
- ☑ 人力资源政策和员工手册
- ☑ 员工问题（如骚扰、歧视、法律问题）
- ☑ 员工福利计划

---

① 同样，公司也可能没有召开过股东大会。
② D. 哈丁(D. Harding)，T. 罗斯 (T. Rouse). 人力尽职调查[J]. 哈佛商业评论，2007.

- ☑ 员工协议（保密、竞业禁止等）
- ☑ 绩效考核流程
- ☑ 工资表文件

∴ **环境尽职调查**。当一家公司属于环境限制行业、环境敏感地区或环境保护文化时，就需要进行环境尽职调查。虽然对于大多数搜索基金收购的公司来说，这不是一个问题，但在少数情况下可能是。处罚往往会很严重，可能导致企业被暂停或关闭。

环境尽职调查期间需要审查的文件和程序

环境尽职调查通常审查如下内容。
- ☑ 所有环境许可证和执照（已获得和需要的）
- ☑ 所有与环境监管机构的通信
- ☑ 任何环境违规行为和投诉
- ☑ 公司影响环境的实践、过程和方法
- ☑ 任何或有的环境方面的负债和未决诉讼
- ☑ 环境清理记录
- ☑ 有害物质清单
- ☑ 工作场所安全和健康计划

∴ **技术尽职调查**。当交易的关键部分是收购技术或技术平台时，就需要进行技术尽职调查。一个良好的技术尽职调查将评估技术、流程及其人员，以及这三个因素的相互作用和可持续性。即使是最有前景的技术，如果没有支持性的流程、能干的人才和积极的工作文化，其价值也会大打折扣。技术尽职调查通常集中在产品、人员和流程上。做好这一调查还应包括与技术相关的法律和知识产权尽职调查，以及相应的行动计划。

技术尽职调查的要素

技术尽职调查包括的内容如下。

- ☑ 人员：审查人员（特别是关键员工）、招聘流程和职能职责
- ☑ 产品：与产品（技术）相关的组成部分，包括规模化能力、可支持性和安全性
- ☑ 流程：审查与构建、交付和支持相关的流程
- ☑ 法律：相关员工协议和知识产权转让状况概述
- ☑ 180 天行动计划：顾问对 CTO 及其团队应采取的关键行动的评估

审查的文件将如下。

- ☑ 所有财产和相关细节的清单（房地产契约、评估、抵押贷款、租赁）
- ☑ 所有设备租赁协议的清单
- ☑ 所有自有及租赁固定资产的转让状况（说明、购置日期、状态、到期日、地点）
- ☑ 库存清单（说明、数量、成本等）
- ☑ 关于存货估值的适用会计原则说明

❖ **商业尽职调查**。尽职调查的一个重要部分是充分了解企业。任何收购者都需要知道公司在其生态系统中扮演的角色，以及该生态系统与其他相关部门的连接。特别是，要了解整体趋势、市场情况、消费者、竞争对手、可持续竞争优势、商业模式和进入壁垒。在商业尽职调查中，迈克尔·波特的五力分析和阿尔伯特·汉弗莱（Albert Humphrey）的 SWOT 分析是非常有用的框架。

由于客户是任何营利性企业的核心，因此要有意了解目标公司的客群（消费者尽调）。特别关注公司的头部客户、客户集中度、经常性收入、流失率和客户的平均忠诚时期。

商业尽职调查所需的文件

在商业尽职调查中，需要查阅的文件如下。

- ☑ 提供和开发的产品和服务清单
- ☑ 市场研究（趋势、SWOT、前景……）

- ☑ 竞争对手分析
- ☑ 供应商名单
- ☑ 客户名单（姓名，每个客户的收入，联系人姓名……）
- ☑ 与分销商、代理商和经销商的销售协议和所有其他合同
- ☑ 当前的信贷政策
- ☑ 客户满意度评分
- ☑ 过去五年的投诉和客户流失清单（附说明）

买卖协议（SPA）

将公司从卖方转让给买方的最终协议称为买卖协议（The Sale and Purchase Agreement，SPA）。该协议应涵盖交易的所有内容，使其签署成为转让的最终法律行为。它记录了买卖双方的合法权利，详细说明了双方对出售（或收购）的企业和财产的意图，并分配了一系列风险问题的具体化。让我们更详细地了解 SPA 的标准元素。

❖ **交易描述**。交易有时会以资产出售的形式代替股份出售。一般来说，卖方倾向于出售股份，而收购方倾向于购买资产。这是因为在购买资产时，税收和其他负债仍然由卖方承担。

然而应该指出的是，资产出售往往成本更高更冗长，过程更加繁琐和耗时，且必须支付大宗销售税和转让税（股票出售则不然）。因为协议需要第三方同意，而且可能需要重新获得许可证和执照，所以过程也会更复杂。

❖ **购买价格**。SPA 所包含的收购价格之所以复杂，部分原因在于 SPA 的协商谈判、签署、收购公司以及收购过程中与收到公司业绩报告之间的时间流逝。我们可以将其比作在 7 月购买一辆汽车，在 10 月交付，并在次年 1 月报告准确的里程和状况。

由于审计数据的基础很容易是 3～9 个月前的，可以给出公司的大致情况，但并不准确。因此，卖方和收购方通常都会坚持收购价格不是一个绝对数字，而

是一个与业绩指标（例如 3.8 × EBITDA）相关的相对数字。如果 SPA 于 7 月 1 日签署，并于 8 月 1 日移交，则双方只能在过渡后的 60~90 天获得结算审计的业绩数据。

为了避免在收购价格上的分歧（在我们的例子中是 8 月 1 日的 EBITDA），SPA 将规定一个收购价格和一些预先确定的调整阈值。例如：收购价格等于上一年度 EBITDA 的 3.8 倍，并根据期末审计进行调整，等于 LTM[①] EBITDA。这意味着在 8 月 1 日，卖方将收到最近一次审计数字的 3.8 倍 EBITDA 的对价。然后，一旦结束审计，最终的收购价格就会进行调整（＋/－）。

精心编写的 SPA 将明确提供一种机制，根据这些预先确定的阈值和结算审计结果来调整收购价格。它还将涵盖交易结束时的营运资金金额。

在搜索基金收购中，部分收购价格与公司交割后业绩挂钩的情况并不少见。这就是所谓的盈利能力支付计划（Earn-Out）。盈利能力支付计划是（对收购方而言）降低风险或降低价格误差的一种方式。在谈判中，它通常允许创造性的解决方案。

❖ **陈述与保证。** 陈述是在陈述之日对事实的声明。保证是对当前事实属实或未来事实属实的承诺。

陈述和保证经常受到激烈的争议、谈判、审查和评论。这是因为"陈述和保证"规定了哪一方承担特定的风险。陈述和保证为买方收购公司奠定了基础。如果陈述和保证被证明是没有根据的，那么它们就为买方提供了法律依据，使买方可以不继续进行收购，或者在收购已经发生的情况下，起诉卖方虚假陈述。

陈述和保证的根本原因是信息不对称。虽然负责任的买家会动用很多资源来完成尽职调查，而卖家被认为对公司的了解要多得多。因此，对于卖方所做的用于确定价格的关键陈述，买方将在 SPA 的这一节中加以体现。

然而请注意，收购方也会提供陈述，尽管形式有限。这些是指搜索者签订 SPA 并完成交易的权力。

---

① 过去十二个月。

连续专业卖家和买家之间的陈述和保证几乎总是一场艰难的谈判。买家希望通过拥有强有力的陈述和保证来降低风险，而卖家则"讨厌"在收购后继续承担责任。在搜索基金中，迄今为止的整个过程就是建立信任和情感联系的过程。卖家可以将陈述和保证解读为搜索方的信任。这可能会让卖家认为自己从一开始就被操纵了。

一般来说，SPA 的制定，特别是陈述和保证，是整个过程中最关键的阶段之一。因此，最重要的是让卖方了解 SPA 是什么，以及他可以期望什么。正如前面提到的，对于卖家而言，聘请经验丰富的律师参与是至关重要的。

❖ **契约。**SPA 包含一些协议，规定各方需要做某些事情或避免做其他事情。其中一些契约与卖方有关，旨在维护公司的价值。其他契约与买方有关，确保采取了完成交易的必要步骤。此外，还有一些是共同契约。

契约中对卖方活动的限制是由买方想要在特定条件下接管公司的愿望所引导的。例如，在谈判收购时，买方不希望卖方做出重大的资本支出决定，包括参与收购另一家公司，或发行股份。与此同时，买方会通过契约，坚持让卖方作为 Bonus Pater Familias 继续经营这家公司。①

这些契约保证卖方的决策符合公司的最大利益，并始终专注于引领所有利益相关者，保障公司的价值。

❖ **卖方希望确保交易完成。**在某些行业，买家必须接受有关部门的审查。例如，Andino Capital Partners 的华金·塞佩达（Joaquin Cepeda）在收购 Clinicos IPS SAS 85%的股份之前，需要获得哥伦比亚卫生当局的许可。卖方将通过契约，让买方负责采取必要步骤以获得该等许可和批准。

共同契约往往涉及完成交易所必需的事项。如果收购需要融资，债务提供方将需要买卖双方提供信息。共同契约将规定双方在此事中的责任。

❖ **陈述、保证和契约的存续。**除非另有规定，所有的陈述、保证和契约在交易完成后失效。因此，股权购买协议（SPA）将包括一个关于这些协议存续的

---

① 在罗马法中，Bonus Pater Familias 指的是合理、谨慎的人。

部分。

卖方希望对买方有利的陈述和保证尽可能地有时间限制。另一方面，买方希望通过谈判使这些风险保护措施尽可能地持续更长时间。围绕存续的谈判可能像其所代表的陈述、保证或契约一样艰难。

存续谈判的陈述和保证通常涉及税收、养老金和环境问题。就税务相关的陈述和保证而言，合理的做法是让其在适用于审计审核的法定时效结束时终止。与养老金和环境有关的陈述和保证则是另一回事，其结果取决于双方的风险状况、谈判技巧和行业一般做法。

值得注意的是，虽然大多数契约会在交易完成后失效，但有些契约可能会继续存在。例如，卖方在交易完成后需要查阅公司的账簿。同样，除非另有规定，所有契约在交易完成后失效。

❖ **先决条件。** 除陈述和保证中规定的条件之外，可能会有其他条件必须在交易发生之前满足，这些条件被列在先决条件中。SPA中的先决条件条款规定了完成交易所需的其他要求。如果先决条件未能满足，另一方（通常是买方）则有理由取消交易。

卖方自然想要限制先决条件，但也应注重措辞表述。最终的先决条件取决于风险、持续时间和卖方对先决条件的控制程度。允许买方基于尽职调查而退出的条款是非常模糊的，且不在卖方的控制范围内。因此，这一条款可能会引发争议。

请注意，陈述和保证、契约、存续和先决条件均以一方为受益人。每当发生对该方有利的情况，该方仍然可以决定放弃诉讼权。例如，如果卖方在陈述和保证中错误陈述了一个事实，导致买方有权退出交易，那么买方可以决定放弃该权利并继续收购。

重大不利变更（MAC）条款包括在先决条件中。当发生对目标公司（价值）产生不利影响的事件时，这些条款赋予买方退出收购的权利。

❖ **交割机制。** SPA的这一部分涵盖了何时何地举行交割的信息。它提供了将出现在成交议程的所有文件清单与交付成果。

❖ **赔偿**。本节概述了对不遵守预期的行为和情况,或造成伤害或损失而作出的任何赔偿。它还包括索赔机制,各方在索赔中的义务以及赔偿何时必须履行。

❖ **责任限制和托管**。在理想的世界里,搜索者收购了这家公司,并让它发展壮大,而卖家则从中获利。不幸的是,在现实世界中,会发生严重影响公司价值的"事情"。公司价值的下降会影响到它的所有者。

如果价值下降的原因产生在收购日之前,就产生了谁应该承担责任的问题。如果 SPA 没有明确规定这种情况,买卖双方将不得不协商达成协议(有时通过仲裁)或诉诸法院。为了避免这方面的不确定性,SPA 包含了陈述、保证和赔偿。

虽然这些条款大大减少了搜索者的不确定性,但本质上将风险从收购方转移到了卖方。它使卖方变现和明智而愉快地使用资金的能力处于危险之中。如果资金被花光了,补救措施也就无效了,只能让买方去承担。责任限制解决了卖方关于收购后责任的不确定性,而托管则涵盖了买方的补救问题。

关于责任限制的讨论集中在最高责任金额、到期时间、免赔额以及排他性救济。

卖方希望规定一个"上限"或其可能承担的最高金额。换句话说,卖方承担的所有可赔偿事件的责任金额只达到"上限",而买方承担剩余责任。谈判将从卖方主张的小额"上限"转向买方提出的无限"上限"。谈判往往在部分收购价格或收购价格的某个百分比上达成一致。

另一个争论点是,卖方要在多长时间内为过去的某些"公司罪行"负责。卖方希望尽快付清全部价款,而买方则希望自己的赔偿权不受时间限制。有时,对于某些法律问题(例如税收)的规定可以作为 SPA 的参考。

在 SPA 中,规定分阶段责任限制的情况并不罕见。由于风险随着时间的推移而降低,上限分期反映了这一点。例如,4 年的"上限"等于成交日的购买价,每过一年降低 25%。

卖方还将协商一个最低金额——可赔偿索赔将由买方承担——类似于保险索

赔中的免赔额。如果损失低于协商的金额或免赔额，卖方将不承担责任。如果超过了最低限额，SPA 倾向于支持两种方法之一。第一种方法是，一旦可赔偿索赔达到最低限额，卖方必须赔偿全部金额。第二种方法只要求赔偿超过免赔额的部分，免赔额仍由买方负责。

在许多情况下，商法、公司法、民法和合同法为未明确规定规则、规范和责任的当事人之间提供救济。这对 SPA 的影响在于，对于 SPA 未规定的索赔，法律适用。因此，卖方可能对 SPA 所规定的最高索赔额承担责任，并且，卖方还可以对 SPA 中未规定但法律规定应由卖方负责的所有其他索赔承担责任。因此，卖方通常会试图获得排他性救济。这就规定，买方可获得的唯一救济是 SPA 中规定的赔偿方式。[①]

为避免卖方不再拥有资金，或拒绝支付 SPA 中明确规定的赔偿，双方同意将一笔预先确定的金额转入托管账户。专门机构、银行或信托公司通常会管理这些资金。这旨在避免可能代价高昂且旷日持久的法庭诉讼。

这种安排受托管协议的约束，该协议明确规定了资金释放的情况和时间。资金释放的金额、流程和期限将在这一托管协议中说明。在分阶段责任限制的情况下，托管资金的流出时间表也往往是分阶段的。

值得一提的是，双方可以约定由买方保留资金，不设托管账户。资金的释放将遵循与上述类似的时间表。在大多数情况下，卖方会出于与买方同样的原因选择托管安排。

另一种选择是，根据规定的协议，卖方票据被扣留，以履行卖方的责任。这种做法最常在拉丁美洲国家出现，在这些国家，银行债务的缺乏使得卖方票据成为大多数交易的条件。

❖ **协议终止。** 应特别注意 SPA 的终止及其后果。

[①] 注意，根据法律规定，某些救济措施是不可转让的，例如在欺诈情况下。这些救济措施不能包含在专属救济中，必须由受让人保留。股份购买协议（SPA）可以规定相反的条款：SPA 中的救济措施是对受让人所有其他可用救济措施的补充。

如前所述,"存续"将规定哪些陈述、保证和契约在交易后存续,而先决条件将说明交易继续进行所需采取的行动。协议终止将进一步说明终止协议的原因,并规定受益方可以放弃终止协议的权利。

确定协议终止后的后果可能是 SPA 谈判中的一个棘手问题。双方必须就哪些情况会产生责任以及责任的范围达成一致。

❖ **结论。**谈判出一份良好的买卖协议(SPA)是实现专业交易的关键,也是打造优秀业务的重要一步。重要的是,这个过程要以细致而干练的方式来处理。

细致处理这一过程很重要,因为谈话的基调与卖家迄今所习惯的大相径庭。在签署 SPA 之前,双方的重点是建立信任和融洽的关系。它还涵盖了企业将继续得到良好的照顾和管理。SPA 将这种温馨的关系转变为一种保持距离的关系,即一方的风险越小,另一方的不确定性就越大。此时,许多卖家感到被欺骗了,并开始质疑搜索者和交易。搜索者应对此保持警觉并予以细致干练地处理。

让我们再次强调,最好的办法是让卖方提前做好准备,了解 SPA 中可能出现的内容及背后的原因。当然,买卖双方在没有律师在场的情况下,定期举行非正式会议也是有帮助的。搜索者应该主要听取卖家的意见,并酌情提供一些背景信息或解决方案。

在 SPA 谈判中,双方法律顾问的专业素养将增加(双方)达成良好交易的可能性,并降低交易破裂的风险。所谓专业素养,既包括在中小企业交易中谈判 SPA 的丰富经验,也包括在整个过程中引导缺乏经验的买卖双方的能力。

下一章将重点介绍完成交易的三个关键要素:资本结构、投资者承诺和实际交割。

第六章

循序渐进：收购（下）

卓越是一个持续的过程，而不是偶然。

——阿卜杜勒·卡拉姆

隆冬之际，我终知道，我的内心，有个不可战胜的夏天。

——阿尔贝·加缪

募资　　搜索　　**收购**　　管理　　退出

搜索过程的重点，一直是寻找一家搜索人"感兴趣的公司"，并准备将其收购。"感兴趣的公司"是指收购创业者可以领导的企业，她可以为其股东、公司的其他利益相关者以及她自己（作为股东、专业人士和个人）创造价值。

在第五章中，我们进入了收购式创业冒险的下一个重要步骤：收购。这里的重点是在组织所有权转移之前需要完成的初步任务。它包括与企业主建立和保持真正信赖的关系，确定和谈判目标公司的价值，进行关键的尽职调查，并谈判磋商相关收购协议。交易实际发生前所做的这些工作为交易奠定了基础。倘若不够专业，会更容易进行一个本不该进行的交易、错失一个本该进行的交易、或用错误的方式去做一个值得做的交易。

假设以上探云撩雾的过程得到了满意的执行，那么是时候推进交易的结束了。本章研究了完成交易的关键部分。首先，本章探讨了如何通过不同的金融工具来构建交易，并展示你将如何运用金融技术更好地理解业务，优化资本结构，并向投资者和银行证明这一机会的价值。其次，本章将阐明投资者如何评估交易的优点以及你作为新任 CEO 的潜力。最后，简要讨论交易完成日（交割日）的相关事项。

一旦基础工作已经奠定，且收购创业者和投资者都感到满意，他们就可以继续收购该公司。成功完成收购意味着创业者将提出一个有效的资本结构，说服投资者相信收购的益处，并最终组织完成交易（见图 6-1）。让我们深入讨论。

资料来源：作者整理。

图 6-1 收购流程

资本结构

在收购过程中，创业者需要慎重决定如何构建交易结构。这是交易现金流的来源和去向的表格。

在表格的一边，创业者需要描述**资金用途**，另一边则需要描述**资金来源**。"资金来源"解释了这笔交易将如何融资，而"资金用途"则解释了这笔钱将用于何处。两者在设计上是相等的。

例如，图 6-2 显示了一项收购交易的资金用途和来源，交易时，目标公司有 350 万美元的债务，而股权价值为 650 万美元。新投资者同意额外提供 65 万美元的营运资金，以资助公司增长，交易顾问收取 35 万美元的费用。因此，完成交易需要 1 100 万美元。

这 1 100 万美元的融资方式如下：一家银行提供了 400 万美元的优先债务，投资者辛迪加提供了 520 万美元的股权，卖方"滚动"了 10% 的股权（即只收购了公司的 90%），并提供了 100 万美元的卖方票据，剩下的 15 万美元来自"搜索基金"的剩余部分。

使用（$ 000）		来源（$ 000）	
债务	$ 3 500	优先债务	$ 4 000
股权	$ 6 500	股权	$ 5 200
营运资金	$ 650	卖方股份	$ 650
交易费用	$ 350	卖方票据	$ 1 000
		剩余搜索资金	$ 150
总计	$ 11 000	总计	$ 11 000

资料来源：作者整理。

图 6-2 收购期间的资金运用与来源

公司融资理论的基础是公司为其运营和资产提供资金所需的最优融资组合。这被称为公司的资本结构，由债务和股权组成。

这些资金来源的提供者（投资者）将要求一定的回报。这种要求（或预期）的回报将是其感知到的投资风险（风险溢价）和预期的名义经济增长（实际经济增长和通胀）在投资期限内的函数。①

由于债务提供者优先于股权持有人，他们会要求较低的回报。除了债务投资者要求的较低回报外，公司还可以在纳税前扣除利息支出。因此，由于税盾的存在，债务持有人要求的回报（R_d）高于公司的实际债务成本（K_d）：

$$K_d = R_d \times (1 - Tax\ Rate)$$

由于股权持有人不存在这样的税盾，实际在缴纳公司税之前不扣除股息，成本（K_e）和要求回报（R_e）是一样的：

---

① 费雪方程表明，名义利率≈实际利率+通货膨胀率。因此，名义利率应等于无风险利率。需要注意的是，量化宽松政策会扭曲这一关系。

$$K_e = R_e$$

这使得债务（杠杆）非常有吸引力。缺点是债务义务（利息支付和票面价值的支付）是合同性的。不履行这些义务将是违约，可能导致破产。此外，债务协议中通常包含契约条款，一旦违反，可能会带来严重后果。

公司融资理论帮助公司的首席财务官（和搜索人）倾向于选择最优资本结构。在收购式创业的背景下，这可以被定义为：在低加权平均资本成本（WACC）[①]、增加的财务风险和新领导层的经验之间找到一个最佳点。

$$WACC = \frac{R_d \times (1 - Tax\ Rate) \times D}{D + E} + \frac{R_e \times E}{D + E}$$

或

$$WACC = \frac{K_d \times D}{D + E} + \frac{K_e \times E}{D + E}$$

当收购方的经营者缺乏经验时，最好从一开始就采用相对保守的资本结构。

搜索基金创造高回报的几种方式之一是应用杠杆（尽管存在合理的误差范围）。利用杠杆收购一家公司，其产生的一部分现金会被用来降低杠杆率（另一部分用于公司发展）。

资本结构变化如图6-3所示。

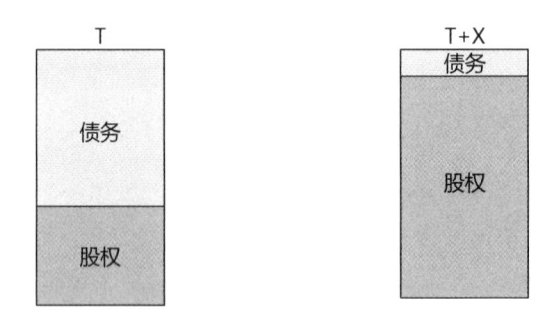

资料来源：作者整理。

图6-3 资本结构变化

---

① D=债务总价值，E=权益总价值

因此，收购后，只要在保持公司价值不变的情况下降低杠杆率，就能给投资人创造回报。毋庸置疑，当这种"杠杆收购技巧"与业绩增长结合，收购式创业者能让他们的投资者（他们往往是最大的投资者）非常满意。

值得注意的是，对于多少杠杆是合理的，并没有很好的经验法则。合理和最优的债务水平取决于未来现金流的规模和可预测性。这些反过来又与行业、公司以及其高级管理团队的经验和能力相关。

作为交易结构设计的一部分，你需要决定使用哪些金融工具和使用比例，对公司进行另一次估值，并与债务提供者谈判。让我们依次讨论这些问题。

金融工具

购买一家上市公司的股份时，其资本结构是既定的。[①] 除非一个人买了相当数量的股份，获得董事会席位，并对最优资本结构的决策产生影响，否则作为普通股东不能对其产生影响。

当一个创业者（及其投资者）收购一家中小企业时，情况就不同了。在这种情况下，投资者不仅会接管所有股权（或绝大部分股权），还会负责组织剩余的资本结构。事实上，贷款中常见的契约规定，当所有权发生变化时，贷款就会到期。因此，购买者将不得不寻找新的债务提供者。[②]

当为收购配置资本结构时，搜索者通常会兼顾股权（普通股和优先股）和债务（夹层债务、卖方票据和优先债务）。

让我们简要地讨论一下资本结构的组成部分，从投资者的角度，从风险最高到最安全进行排序。[③]

❖ **普通股**。普通股是指公司的所有权。它包括普通股、留存收益和额外实收资本。虽然它对公司的索赔权略后于其他所有索赔权持有人（从员工到税务机

[①] 由于严格的信息披露规定，上市公司需要公开其资本结构，并且在其发生重大变化时也需进行公告。

[②] 这就是为什么在私募收购中，估值是基于企业价值而非股权价值。

[③] 从公司的角度来看，次序是相反的。

关，再到任何形式的债务提供者），但所有剩余索赔权都属于普通股持有人。普通股持有者还拥有其他相关方可能梦寐以求的投票权。虽然投票权可能有所不同，但它们通常包括董事会选举、公司变更决议和股东大会事务上的投票权。

❖ **优先股**。与普通股相比，优先股持有人在公司的利润和破产分配方面享有优先权。与普通股的不同之处在于，尽管它们在分配上有优先权，但不具有投票权。

在搜索基金和其他形式的企业收购中，投资者会通过普通股和优先股相结合的方式投资公司。这使得他们既能通过持有普通股获得收益，也能通过持有优先股获得（部分）保护。[1] 为了帮助搜索者专注于现金产生，优先股可能有相对较高的票息。[2][3]

❖ **夹层债务**。夹层债务介于担保债务和股权之间。由于资产不能担保这种类型的债务，夹层债务的借贷能力更取决于公司产生现金流的能力。因此，它通常只提供给现金流稳定的公司。搜索基金中的夹层债务通常用于规模较大的交易，即银行、卖方和股东愿意（或能够）提供的融资存在差距的交易。需要注意的是，当夹层债务附带股权回报（equity kicker）时，投资者社区中的许多人对此持有复杂的态度。夹层债权人和其他投资者的利益之间可能存在不一致的情况。

❖ **卖方票据**。卖方票据是卖方作为交易的一部分而提供的债务。它次于优先债务，通常（虽然不是总是）支付更高的票面利率。期限一般在 3 年到 5 年之间（因此称为"票据"）。通常情况下，卖方票据与陈述和保证相结合，因此，如果交易后出现问题（可追溯到交易发生前的活动），可以被部分扣留。它们也可以用于卖方未能履行约定的收购后义务的情况下。卖方票据不同于卖方权益，卖方权益在附注中同意滚动部分权益。同样值得确认的是，在中小企业难以获得

---

[1] 在某些情况下，投资者也会使用债务或可转换债务来代替优先股。
[2] 在某些情况下，投资者通过两种不同的优先股结构进行投资：一种是可赎回的高息优先股，另一种是零息的普通优先股。
[3] 更深入的讨论请参见：R. 约翰逊（R. Johnson），J. 赛门（J. Simon）.重新思考搜索基金的激励结构[M].IESE 出版社，2017.

银行债务的国家，卖方债务几乎总是交易的必要条件。

例如，马里奥·西西利亚（Mario Sicilia，Vestige Capital）收购 Bomi Mexico 就是这种情况。正如马里奥所分享的："有形资本回报率（ROTC）较高的企业通常没有很多固定资产。因为缺乏可提供抵押的资产，这在举债时是个问题。"

我们用两种方法解决了这个问题。首先，我们的经常性收入允许我们通过贴现合同来获取债务。其次，作为交易的一部分，我们通过卖方票据组织了债务融资。

在 Vestige 公司的案例中，我们谈判达成了让卖方融资占交易总额 30% 的协议。我们设计了一笔需要在 3 年内偿还的贷款，利率略高于银行的储蓄利率。它以公司股份为担保，比例是 2∶1。我们协商了一年的利息宽限期，并同意在第一年末偿还名义金额的 20%；第二年年末偿还 30%；第三年年末偿还剩余的 50%。此外，贷款余额充当了任何虚假陈述的"托管"。这也有助于让卖方进入董事会，并提供足够有效的支持。

❖ **优先债务。** 在银行体系发达且竞争激烈的市场中，中小企业的部分资产是通过银行债务融资的。这种融资方式总是优先于上述方式。与所有债务方式一样，提供者会评估公司的抵押品，以及其产生现金的能力，以判断是否有可能出现现金流问题。它还将规定一些违反须承担相应后果的契约。

公司估值方法其二：杠杆收购模式

搜索者及其投资者会进行两次估值。[①] 第一次估值可以帮助他们根据收购时公司的财务特征，决定他们愿意为一家公司支付多少钱。这时采用比较分析（倍

---

① 公司估值方法其一参见本书第五章内容。

数）法。概念上，这是为卖家已经建立的公司买单。我们之前讨论过这个问题。第二次估值将第一次估值（"报价"）作为输入变量，以确定在一系列假设下，这项投资是否值得。故事和数字需要保持一致。

❖ **故事**。考虑到收购价格和对未来增长、未来利润率、未来现金流和"既定"退出的预测，投资者（包括经营者）能预期多少回报？基于当前的现金流出（收购资本）和一系列的现金流入（经营公司和出售公司），多少 IRR 会中和这些现金流（$PV = 0$）？通常会进行三种分析：悲观、基础和乐观。

要让贴现现金流估值有意义，这些数字必须有一个令人信服的故事来支撑（或者，故事必须有一致和令人信服的数字来支撑）。人们很容易想出一个引人入胜的故事，这个故事有着卓越的回报，与经济现实毫无关系。在将故事与数字联系起来时，必须建立制衡机制，让它们扎实可信。

在分析一家公司时，搜索者通常分为两个阵营。一个阵营倾向于关注公司的商业模式、战略、竞争优势、产品质量等，而另一个阵营则倾向于关注公司的营收增长、EBITDA 利润率、现金流转换等。具有咨询背景的搜索者往往属于前一类；有私募股权背景的搜索者往往属于后者。数字只能说明一半故事（此句双关）。

阿斯沃斯·达莫达兰（Aswath Damodaran）提出了一个将故事与数字联系起来的奇妙过程[①]，遵循 5 个步骤（见图 6-4）。

让我们快速回顾一下这些步骤，看看它们为什么重要。

步骤 1：为正在评估的企业制定一个叙事

这种叙述的发展在搜索者考虑估值之前就已经开始了。在决定该行业是否值得花更多时间研究之前，她会研究行业的历史增长、前景、参与者、分散程度、

[①] A. 达莫达兰（A. Damodaran）. 叙事与数字：商业故事的价值 [M]. 哥伦比亚大学出版社，2017.

```
┌─❶─────────────────────────────────────────────┐
│      为正在评估的企业制定一个叙事              │
│      在叙事中，讲述你如何看待企业的长期发展    │
└────────────────────┬───────────────────────────┘
                     ▼
┌─❷─────────────────────────────────────────────┐
│      检验叙事是否可能、可信和可行              │
│      有很多叙述是可能的，但并非所有叙述都合理，只有少数是可信的 │
└────────────────────┬───────────────────────────┘
                     ▼
┌─❸─────────────────────────────────────────────┐
│      将叙事转化为价值驱动因素                  │
│      将叙事拆开，看看如何转化为估值输入，      │
│      从潜在的市场规模到现金流和风险当你完成时，│
│      每部分叙述都应在数字中有所体现，每个数字都应有部分故事作为支撑 │
└────────────────────┬───────────────────────────┘
                     ▼
┌─❹─────────────────────────────────────────────┐
│      将价值驱动因素与估值联系起来              │
│      创建一个将输入与业务中的最终价值相连接的内在价值评估模型 │
└────────────────────┬───────────────────────────┘
                     ▼
┌─❺─────────────────────────────────────────────┐
│      保持反馈回路的畅通                        │
│      听取比你更了解企业的人的建议，并利用他们的建议来微调你的叙事，甚至改变 │
│      它；弄清楚不同的叙述方式对公司价值的影响  │
└────────────────────────────────────────────────┘
```

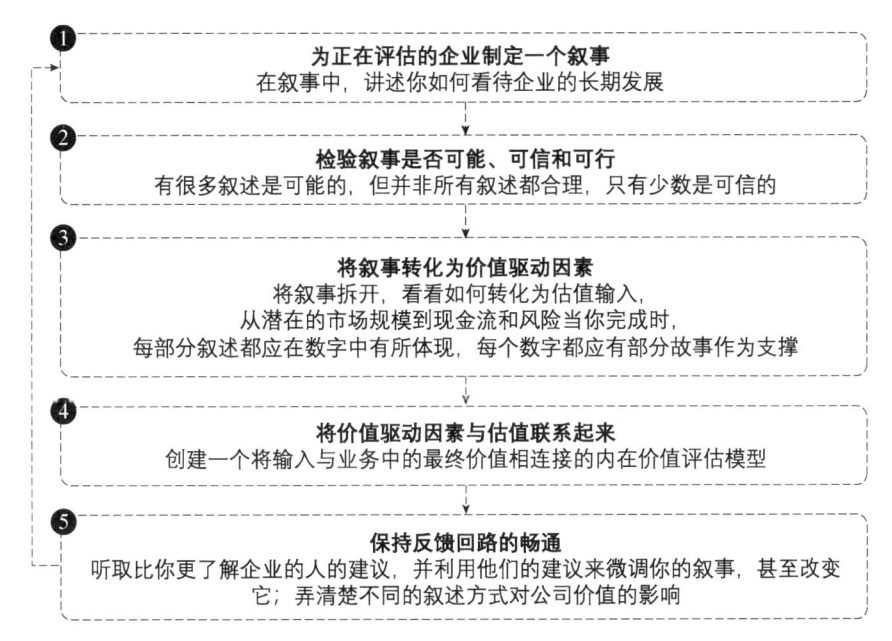

资料来源：阿斯沃斯·达莫达兰。

图 6-4　将叙事与数字联系起来的 5 个步骤

更大的主题等。在机会主义搜索过程中也是如此，在这个过程中，该行业的价值驱动因素和未来前景都是确定的。它形成了叙事的动力内核。

相似的，叙事的形式与潜在标的相关。这家公司有什么可取之处？是否有不适合、需要改变的元素？

步骤 2：检验叙事是否可能、可信和可行

阿斯沃斯为我们提供了 3 个难度越来越大的测试：故事是否可能、是否可信、是否可行？在商业中，几乎所有的事情都是可能的，很多事情都是可信的，我们建议关注一个故事的可行性有多大，以及为什么搜索者认为这个可行性是合理的，或为什么认为可行性是很高的。有什么数据或研究支持？

当一个故事的可能性有足够的支持时，就值得推进到第 3 步。如果不能，在改变行业或故事之前，应确定这些数据是否仅需要对故事进行调整。在风险投资领域，这被称为"转型"（pivot）。

步骤 3：将叙事转化为价值驱动因素

接下来，搜索者将故事的每个关键部分"转化"为数字。当你在构建一个

DCF 模型时，只有数字价值驱动因素是最重要的。即便如此，也要注意不要落入一个陷阱，即"无法衡量的东西就不存在"。文化、价值观、领导力等可能很难"衡量"，但它们确实会影响增长、利润率、客户满意度、资本成本和员工忠诚度。俗话说："文化为刀俎，战略为鱼肉。"

步骤 4：将价值驱动因素与估值联系起来

这是你的电子表格工作（又名 LBO 模型），你根据有数据、事实和研究支持的叙述来填充单元格。这是故事的"模型化"。步骤 1、步骤 2 和步骤 3 之间的关系越紧密，你的估值质量就越高。

步骤 5：保持反馈回路的畅通

科学方法允许科学家调整他们原来的假设。在进行估值时，这一点同样重要。由于估值在一定程度上是一种基于故事的艺术，我们需要一个不断改进的过程。

任何经验丰富的投资者都知道，提升投资分析的最好方法是与其他批判性思考者交谈。这些人的想法往往与你截然不同。从那些和你想法一致或倾向于同意你观点的人身上，你几乎学不到什么。

❖ **数字**。值得指出的是，有的书整本都在讨论如何进行合理的杠杆收购估值。[①] 作为复习，如果创业者及其投资者对得出准确的股本回报率感兴趣，她将使用股本自由现金流（FCFE，而不是在计算企业价值时使用的公司自由现金流或 FCFF）。

FCFE 估值基于这样一种观点，即股权部分的现值取决于公司未来预期产生的、由股东支配的自由现金流（FCFE）。计算所有这些未来现金流的现值（PV），并将其相加，以估计公司的（现值）价值。折现率（r）是股权投资者的预期（或要求）回报率。预计未来 n 年后出售的股权 PV 如下。

[①] 我们最喜欢的一本书是阿斯瓦斯·达莫达兰（Aswath Damodaran）. 估值的阴暗面（The Dark Side of Valuation）[M]. 普伦蒂斯霍尔出版社, 2001.

$$PV(Equity) = FCFE_1/(1+r) + FCFE_2/(1+r)^2$$
$$+ \cdots 退出价值(Equity)/(1+r)^n$$

然而，我们追求的是投资可能获得的预期回报。因此，给定某个当前股权投资现值（PV，或股权收购价格）以及预期的未来股权自由现金流（FCFE），可以计算出预期回报率（r），即内部收益率（IRR）。

$$0 = -PV(Equity) + FCFE_1/(1+r) + FCFE_2/(1+r)^2 + \cdots$$
$$退出价值(Equity)/(1+r)^n$$

因此，在之前的公式中 PV（权益）是未知数，但这里我们求解"r"。事实上，我们"知道"公司的 PV。这是我们愿意开出的股权支票，作为资金来源的一部分。一旦你建立了包含股本资本（现金流出）和未来股本自由现金流的电子表格，未知数（也就是电子表格为你解决的）就是"r"。让我们一步一步来。

步骤1：根据资本结构来决定收购资本

资本结构有各种融资来源。股东将提供收购资金（普通股和优先股），债务提供者将提供其余资金（夹层、卖方、优先）。

使用 FCFE 的资本流出是普通股加辛迪加（投资人团队）提供的优先股。

步骤2：输入由价值驱动因素产生的现金流（FCFE）

FCFE 是公司预计每年产生的可用于满足股权提供者需求的现金。

$$FCFE = NI + 折旧 + 摊销 - \Delta 营运资金 - 资本支出 + \Delta 债务$$

步骤3：计算退出价值

就像搜索者在收购时使用多重分析一样，在5年、7年或更长时间后，当搜索者准备退出时，该企业的后续买家也会使用多重分析。虽然搜索基金的部分回报确实来自多次扩张或多次套利[1]，但我们建议在进行收购估值时不要这样做。

---

[1] 这是指退出时支付的倍数高于收购时的倍数的假设。

至少在基本情况下不这样做。换言之，如果你以 5 倍的 EBITDA 收购一家企业，那么最好假设以 5 倍的 EBITDA 退出。根据计算出来的企业价值，扣除退出时的净债务，就可以确定退出时的预期股权价值。

步骤 4：计算内部回报率 IRR

一旦你的电子表格包含了所有的 $FCFE$、流入和流出，以及这些现金流的时间，DCF 公式（$PV = 0$）中唯一未知的是 IRR。通过求解 IRR，可以计算出给定计算 $FCFE$（包括退出权益）的时间条件下，投资者的预期回报率。

请注意，构建良好的电子表格使情景分析（悲观、基本和乐观情况）变得容易。它还将帮助你调整合理的杠杆水平。如前所述，投资者通常通过债务和股权的组合进行投资。可以使用 FCFF 构建另一个电子表格，其中

$FCFF=$ 息税前利润 $\times(1-$ 税率 $)+$ 折旧 $+$ 摊销 $-\Delta$ 营运资金 $-$ 资本支出

$FCFF$ 是公司产生的现金，可用于满足资本提供者的需求：债务，少数股东，优先股股东，最后普通股股东。这里使用的退出价值是 EV，r 是 $WACC$。

与银行谈判

与大多数投资者相比，银行的决策过程往往较慢。因此，在与银行进行谈判时，牢记这一点至关重要。人们不会希望 LOI 仅仅因为与银行接触太晚而到期（且没有续签）。

明智的搜索者甚至在公司签署 LOI 之前就会主动向银行介绍自己。这些早期的讨论将确保银行理解你的企业收购模式，并让你了解哪些银行会考虑向中小企业，以及通过搜索基金模式收购的中小企业提供债务。

值得指出的是，银行将评估以下事情，我们称之为 5C：现金流量（Cash Flows）、抵押担保（Collateral）、资本结构（Capital Structure）、条件（Conditions）、声誉和人品品格（Character）。

❖ **现金流量**。作为债务的提供者，银行的重点不在于创造股东价值。相反，它关注的是公司产生正现金流的能力和可预测性。

好消息是，这是你此前在进行杠杆收购估值时所完成的事情。就像你为投资者精心设计了一个"故事"，并为这个故事和所匹配的估值提供了验证一样，同样的工作也对银行适用，使其向你提供债务。你透明的处事方式、你的能力、沟通技巧和准备工作可以让你获得信贷委员会的支持。

银行也将决定这些现金流的质量。（重复或经常性的）现金流越稳定或可预测，其质量就越高。因此，虽然故事是一样的，但"投资者"的语言将以股东和利益相关者的价值创造为中心，"银行家"的语言将以产生现金流为中心。

❖ **抵押担保**。银行是否为你提供贷款以及以何种贷款利率取决于风险。银行的信贷委员会将评估在最坏的情况下会发生什么。如果贷款人提供抵押物，银行可以决定提供贷款。这意味着，在破产的情况下，某些有价值的资产将与其他债权人隔离，因为银行对这些资产有留置权，从而具有优先权。

这就解释了为什么一些国家或金融机构只提供以资产为抵押的债务，而不是以未来的现金流为抵押。这使得通常收购轻资产公司的搜索者更难利用杠杆。

❖ **资本结构**。银行也会评估资本结构。通过检查不同种类的杠杆率和流动性比率，银行会判断公司承担的财务风险是否足以获得贷款。从另一种角度来看，银行会评估公司的资本结构为其提供了何种缓冲。

同时，银行还会评估久期是否匹配[①]以及财务风险与其他风险之间的权衡。请记住，资本结构是抵御任何风险的最后一道防线，并且为所有利益相关者提供保护。

❖ **条件**。一家公司的现金流对整体经济（周期性）的依赖程度越高，债务提供者就越会努力评估"经济处于周期的哪个阶段"。理想情况下，银行会在经济复苏和扩张期间增加债务供应，而在经济停滞和衰退期间则会更加保守。

[①] 久期不匹配是指企业或金融机构的资产和负债的久期不相等，导致在利率变化时，资产和负债的价值或现金流受到不同程度的影响，从而增加了利率风险或流动性风险。——译者注

实际上，银行并不擅长预测经济衰退，银行之间的激烈竞争导致了 20 世纪初和 2008 年那样的信贷紧缩。这导致了货币市场的混乱，银行在市场最需要信贷的时候反而收紧。

在一些国家，政府资助的机构向小企业提供贷款，美国小企业管理局（US Small Business Administration）[①] 就是这种情况。

❖ **声誉和人品。** 在获得贷款之前，一项重要的评估是对申请人的品格或可信度的评估。申请人成功经营企业的能力及其诚信都将被评估。因为申请人通常没有业绩记录，所以给人留下一个专业的印象（勤奋、沟通能力、原则性）是至关重要的。把值得信赖的投资者介绍给贷款专员也可以为你赢得一些信用。

以上 5C 的分数越低，得不到贷款的概率就越高（或者，获得的贷款利率就越高）。

请记住，你和银行的关系是持续的，银行可能在未来会做出类似的评估；可能是因为你想增加你的债务，要求新的债务或违反契约。请坦诚相告，让你的银行贷款经理了解其可能感兴趣的进展情况。信任降低了风险溢价，降低了资金成本，增加了为你和你的投资者创造价值的容易程度。

投资者

在投入收购资金之前，投资者会考虑两个主要问题：（1）我是否想要投资这家公司。（2）我是否想要投资这位会转型成为经营者的搜索人？这两个问题的答案都必须是正面的。对前者的思考通常从签署意向书时开始（有时在此之前会有更早的电话会议或季度报告），而后者则从搜索人发给潜在投资者的第一封电子邮件开始。

值得强调的是，在搜索的几个月里，至少要与一部分投资者进行定期和专业的沟通。就像债务提供者会评估搜索人的品质一样，投资者也会这样。

---

① https://www.sba.gov/funding-programs/loans.

现在让我们讨论一下对交易机会和搜索人的评估，以及如何增加收购完成的可能性。

评估机会——保密信息备忘录（CIM）

回想一下，当为搜索基金筹集资金时，PPM 是搜索者的名片。本着同样的精神，在筹集收购资金时也存在类似的文件：保密信息备忘录（CIM）。在投资者形成投资决定的过程中，CIM 发挥着核心作用，与其他一些文件不同，它是由搜索者自己编写的。

在中介私募股权交易或并购交易中，投资银行顾问会准备 CIM。有时，它只不过是一份经过专业包装的营销文件。搜索基金的 CIM 不是这样，也不应该是这样。在这里，编写 CIM 是一个结构化的方式来帮助你了解正在购买的企业。对收购一家好企业兴趣最大的是搜索人，要认真抓住每一个机会。

通过编写 CIM，你可以进一步展示你的专业素养，表明你已经准备好担任公司管理层的角色。编写时你应该思考的问题是：投资者需要对这家公司和行业有哪些了解，才能做出明智的投资决定？要言简意赅、清晰明了、直击要点。

CIM 是一份动态的文件，会根据投资者的意见和尽职调查结果进行多次修订。CIM 的内容可能多种多样，因为它在一定程度上取决于交易。下面是一个示例结构。

CIM 概述样本

执行摘要

在一到两页中，执行摘要整合了整个 CIM，它包括以下内容。

一般企业数据（公司名称，员工人数，成立日期，公司亮点，提供的产品或服务，客户信息，销售原因和地点）

市场（亮点、规模、增长）

财务数据（收入，3 年收入 CAGR，EBITDA，3 年 EBITDA CAGR，EBITDA 利润率）

交易条款（企业价值、结构、资本/单位、收购完成日期）

投资理论

这部分解释了为什么搜索者认为目标公司非常适合她，并将为其投资者提供良好的回报。它包含了执行摘要中的许多要素，但更侧重于投资理由。可以涉及的内容如下。

业务概述（业务模式、产品、客户）

市场（生态系统、市场分析、客户分析、竞争分析）

竞争地位和战略（市场份额、竞争优势和战略）

财务状况（收入描述、盈利能力、现金产生和杠杆）

所有权

交易详情（交易条款、股权、债务）

增长计划和预测（收益预测摘要、基本情况计划）

投资风险和相关处理措施

商业尽职调查（行业观察、公司观察）

业务概述

历史和所有权结构

产品和服务

客户

技术

运营和团队结构

关键人员

市场

市场生态系统

参考市场分析

客户分析

竞争分析

财务概要

历史财务数据

EBITDA 与现金比率

关键比率比较

增长机会

潜在的增长计划和影响

短期增长重点

投资概述

交易概览

预测方案概览

  基本情况

  负面情况

  乐观情况

敏感性分析

可比交易

退出机会

主要投资风险及减轻措施

附录

  CIM 也被用作准备概要简介（Teaser）的基础。目的是吸引潜在的股权缺口投资者的兴趣。概要简介就是它听起来的样子——用几页演示文稿来激起读者的兴趣。在这种情况下，潜在的股权缺口投资者将在阅读 CIM 之前签署保密协议 NDA。

  例如，来自 Software Growth Partners 的苏米特·加格（Sumit Garg）在收

购 Venio Systems 时，就用一份两页的概要简介来吸引投资者。其中包含了业务概述、亮点、历史财务数据、预测、增长杠杆、交易情况和交易结构。它为读者提供了足够的信息，以决定是否进行电话沟通并可能签署 NDA 来获取 CIM。它没有提供足够的数据来推断目标是哪家公司。

评估搜索者——CEO 准备程度

我们知道，搜索基金模式的一个优势在于，如果执行得当，再加上一点运气，不仅能找到一家伟大的公司，还能让搜索者做好成为 CEO 的准备。

这并不是一个定局。投资者必须评估搜索者是否真的准备好接替 CEO 的位置，带领员工和公司走向辉煌。

格罗斯贝克（Grousbeck）教授和朋友们开发的搜索基金模式的第二个优势是，当投资者被要求做出更重要的收购承诺时，他们已经平均与搜索者相处了 20 个月左右，对其关键特质将有更深入的了解：

低调谦逊→搜索人是否时刻学习？
真诚待人→搜索人是否正直诚实？
锐意进取→搜索人有无雄心壮志？
乐观积极→搜索人可否鼓舞人心？
不畏艰险→搜索人能否扫除障碍？
关注当下→搜索人是否有创业精神和行动偏误？
审时度势→搜索人的辛迪加是否维护良好？

投资者现在还能够评估下列各方面的重要性。

❖ **在非结构化和非正式的环境中学习。** 搜索人此前接受过好的或优秀的课程教育，但他们的大部分学习都是结构化的、正规的，由教育组织和专业机构提供。在最终的考试前都有课程授课。在搜索过程中没有这些，在担任 CEO 时也没有。搜索者必须在工作中学习，并对此负责。CEO 也是如此，一个不断变化的组织需要一个不断进步的 CEO 来领导。

这种模式的第三个优点是，它允许有支持的、非结构化的学习。好的导师和投资者会确保搜索者有足够的灵活性来获得自主权，但也不会"偏离轨道"。

∴ **领导力沟通**。搜索过程中，投资者有时间来评估搜索者的沟通、说服、影响力和谈判技巧。这些技能在领导员工、吸引大型交易、通知投资者、管理董事会会议以及实施理想的文化时都是必需的。

没有和你建立密切关系的投资者会联系其他投资者，以获得你在这一领域的改进、表现和增长的反馈。

∴ **基金管理**。你和你的董事会将做出的一些最重要的决定，与资本分配有关。节俭是一个好的开始。这很重要，不仅因为你将领导一家中小企业，还因为这将为公司制定标准。理解成本和投资之间的区别。

节俭不是吝啬，"因小失大"是不会有奖励的。

∴ **辛迪加和董事会**。收购中，你的辛迪加的组成也将根据不同指标评估。谁拥有董事会的席位将受到特别关注。一旦你收购了一家公司，股东就会转移到幕后。现在公司治理，以及大多数重要决策，将掌握在董事会手中。这就是为什么董事会组成很重要。不要等待太久才参与这些讨论。

投资者的参与和承诺

从签署 LOI 的那一刻起，倒计时就开始了。如果双方同意延长排他期，当然可以延长。有时，LOI 会有一个内嵌选项，即除非卖方在意向书中规定的日期之前取消排他期，否则排他期将自动延长。

在排他期内，搜寻者需要完成一系列尽职调查，与尽调服务提供商务合作，接受潜在债务提供方的尽职调查，获得意向书，解决所有卖方的顾虑，获取法律和税务建议，准备过渡方案，撰写多个版本的《保密信息备忘录》（CIM），协商《买卖协议》（SPA），以及处理其他诸多事项。

因此，在签署意向书（LOI）时，制定一个高效的流程和进度时间表是非常重要的。要严格遵守时间表，并确保留有一定的余地。交易的完成总是比预期要长。正如收购了 Falcon Critical Care Transport 的，来自 Cascadian Capital 的泰勒·科茨（Tyler Coats）所感叹的那样："……感觉我们只差三四周就能结束了——但实际上用了大约八个月。"

这是你的交易。因此，管理流程和期望取决于你自己。再一次，你的执行力、专注力和沟通技巧将受到考验。真正的考验是，最终你是否能获得必要的债务融资、找到愿意出售的卖方、达成一个好的交易，并筹集到足够的股本资金。

在此期间，让所有投资者参与进来是很重要的。有时，当最终文件需要签署和资金需要汇出时，投资者还没有准备好承诺，导致交易失败。通常情况下，这是因为搜寻者没有创造紧迫感，无法将交易变成（投资者）日程上的优先事项，也没有进行后续跟进。

创造势头并不断累积，如果必要，甚至要有一点厚脸皮。

卢卡斯（Lucas，来自 Brown Robin Capital）生动地回忆起他和莱恩（Ryan）在喜来登酒店房间的不同角落里低头看着手机的情景，心跳加速，但努力保持"业务照常"的语气。卢卡斯告诉一位紧张的卖家不用担心，因为几乎所有的股权资金都已到位。与此同时，莱恩正在与他们最大的投资者之一通话，解释卖家已经同意出售，只需要确认他们是否也准备好。

从你发送《保密信息备忘录》（CIM）的那一刻起，安排与所有投资者的单独会议。准备好介绍交易内容，说明你喜欢它的哪些方面，你有疑问的地方，你正在进行的工作，以及他们可以期待的结果。你需要知道他们的立场。他们是几乎没有看过 CIM，还是已经有很多问题？收集问题，得到答案，并对所有投资者分发。对那些进度稍慢的投资者施加一些压力是节省时间的有效方法。

你需要知道你的投资者需要什么来做决定。他们的许多要求将有助于加深你对该商业的理解。

如果做得好，进行一对一的会议并积极主动地沟通将有助于统一对收购动态和目标的理解，这样一来，你将能够开始组织电话周会，并让所有投资者出席。请注意，在你对交易有很好的理解，并感觉到你可以解决大多数投资者的担忧之前，不要开始这些集体电话会议。

克里斯托夫·塞尔（Christoph Schr）和扬·弗里茨（Jan Fritz）是德国搜索

基金 Fritz and Sehr（F&S）的创始人，他们在收购 Multi Service Gummersbach GmbH 的过程中，组织了非正式但结构化的投资者会议，时机把握得当且信息充分。每两周，投资者都会在一个小时的投资者会议之前，收到一份 PPT 演示文稿。

每次，团队都确保所有投资者都知道 F&S 的进展情况，以及他们期望的承诺时间。图 6-5 展示了他们在其中一次投资者推介会的时间线。

状态	流程步骤	时间线
√	商业尽职调查	已完成
√	法律、税务和财务尽职调查	已完成
√	软承诺	已完成
√	SHA 投资条款清单	已完成
√	SPA 协议谈判	截至 3.31
	完成 SHA	截至 4.6
	硬性承诺	4.13~4.24
	资本请求	4.24~5.3
	签署	5.4~5.22

资料来源：Fritz und Sehr。

图 6-5　F&S 时间线

再次强调，不要假设所有的投资者都阅读了所有的内容，并清楚交易的进展情况。做出这样的假设（通常是错误的假设）可能会产生严重的后果。可以观察到的情况是，尽管搜索者定期发送更新消息，但一些投资者只有在文件到达时才真正关注。这在某些情况下成为要求更改协议条款的催化剂，导致意向书（LOI）的时间表被推迟，甚至破坏了交易。在其他情况下，搜索者要求资金在 48 小时内电汇，而没有意识到一些机构投资者需要打电话给自己的有限合伙人调用资金，而基金的有限合伙协议（LPA）将给有限合伙人一定的时间来电汇资金。

记住，优先考虑董事会也很重要。就像投资者评估辛迪加的其他成员一样，董事会的组成也会影响到他们是否参与交易以及投资的规模。拥有一个好的董事会是至关重要的。同时，它也是搜索基金模式中的瓶颈。这时，董事会的特别授权（board carve out）可能会派上用场。

卡洛斯·费尔南德斯（Carlos Fernandez，Vesta Capital）利用股东协议规定的董事会席位，将圣地亚哥·加拉兹（Santiago Galaz）加入董事会，从而进一步增强了运营专业知识。圣地亚哥是 Securitas 北美公司的执行主席和前首席执行官。

一个棘手的问题是，何时与潜在的股权缺口投资者接触（以及接触多少人）。一方面，你不希望不属于你辛迪加的投资者做不必要的尽职调查工作（并消耗你非常宝贵的时间）。另一方面，你又不希望太晚接触到潜在的股权缺口投资者。接触多少非辛迪加投资者，以及接触谁，都是需要判断的问题。需要考虑的一些因素有：

- 现有投资者的反馈
- 投资规模的相关指示
- 交易规模
- 行业和公司特征

就像筹集搜索资金时一样，你的责任是先创造，然后保持势头。与筹集搜索基金不同的是，你每天完成交易的时间窗口都在减少一天。

倘若没有努力建立强大的投资者辛迪加，以下是一些特征。

- 你和辛迪加重要组成部分之间的关系不协调
- 辛迪加重要组成部分相互之间的不协调
- 辛迪加在"辛迪加蛋糕/能力雷达图"的某些部分较弱，特别是董事会能力、收购资金和多样化的管理经验
- 成员太多，需要你投入太多时间（最好是 12~16 人）
- 拥有准否决权的成员太少

成 交

　　签署交割文件是数月辛勤工作的顶点。收购创业者在这一过程中应对了所有相关利益方的关切，成功管理了一个非常脆弱的过程。这个过程的脆弱性不容低估，它需要具备高情商和强烈解决问题驱动力的专业人士来应对。这对有志成为首席执行官的人来说是一个极好的考验。

　　就像在谈判过程中出现虚假投标人的情况并不罕见一样，在交易结束前，卖方经常会改变要求：想要更高的价格、更低的盈利能力付款条约、更少的卖方票据，当然还有陈述和保证的改变。在世界各地的 MBA 和 LLM 谈判项目中，一个经常被建议使用的策略是在协议达成后和成交前附加一个额外的要求。不要落入这个陷阱！

　　同时，注意卖方及其顾问的情绪和非语言暗示也很重要。这是件大事，你的卖家不会是第一个临阵退缩的人。要保持密切的联系。

　　正如劳拉·富兰克林（来自 Buck Jack Capital）所分享的那样："威廉和我于 2019 年 10 月 22 日签署了一份收购 Shandy 诊所的 LOI，但我们直到 2020 年 8 月 24 日才完成交易。我们在签署 LOI 的状态下持续了 307 天！这可不应该。2020 年 2 月初，我们就要成交了，电报已经发出。然后，整个世界都被 COVID 波及了。我们需要推迟交易。我永远不会忘记拿起电话给泰和艾米打过去，请求延迟。那是一次非常痛苦的谈话。他们很难过，觉得被背叛了，这也是理所应当的。我们已经告诉他们，我们要成交，但我们做不到。挂断电话后，威廉和我都觉得交易没戏了。最终，我们在 8 月份成交，从根本上说，我们与泰和艾米的关系是我们成交的原因。泰和艾米认为，即使我们不得不要求延期，我们仍然是劳拉和威廉。他们曾请我们在他们出城的时候，帮忙照看他们的狗巴尼……他们最终决定仍然相信我们，因为我们的关系很牢固。我分享这个故事，是因为我想强调关系对搜索者来说是多么的重要：不仅是与你的潜在卖家，还与投资者、董事会、河流向导、律师、整个搜索社区，我可以继续说下去……关系对于创业者的重要性怎么强调都不为过。"

然而，好的做法是不要认为你与卖家的良好关系将永远持续下去。世事难料，尤其是当你是首席执行官，而卖家感觉自己已经过时了时。好的做法是把所有关系都记录并保存下来，同时请一位优秀的律师。

最后，要注意与谁分享信息以及如何分享信息。这在过程中是非常明确的（因此有保密协议，且 LOIs 中也有保密条款），但在签署后你可能会措手不及。社交媒体显然是一个薄弱环节，如推特和领英。你的一些投资者可能和你一样兴奋，并通过这些渠道向你表示祝贺。如果你的未来员工在投资者发布消息之前还未被告知，你的任期可能会以非常不利的方式开始。

很好。现在你已经完成了交易，公司是"你的"了，这是一个值得庆祝的时刻……在艰苦的工作开始之前。但现在，享受这个庆祝活动吧，这是你应得的！

第七章

先活下来：管理（一）

冠军不是在赢得比赛的时候成为冠军的，而是在为比赛做准备的每时、每周、每月和每年里。

——迈克尔·乔丹

你的所作所为会带来影响，你必须决定你想要带来什么样的影响。

——珍妮·古道尔

募资　搜索　收购　**管理**　退出

在之前的章节中，收购式创业的道路有一个可选部分和两个必选部分。自筹资金的搜索者能够跳过第一部分（筹集搜索资金），直接"加入"其他收购创业者的行列，参与随后必要的部分——搜索和收购。

第五章和第六章，记录了收购过程。我们了解到，收购一家公司的行为只是冰山一角。第五章说明了收购之前的非正式的惯例和正式的程序，包括全面详实的尽职调查。第六章随后阐明了完成收购和转让所有权所需的必要环节。

由于其强度和不确定性，收购一家合适的公司往往会让人觉得是最终目的地。其实并非如此。事实上，这只是一张"入场券"，去看真正的"重头戏"：经营和领导被收购的公司。

接下来的四章将探讨收购式创业最核心的部分：管理公司。在这一阶段，价值被创造，差异被实现；在这一阶段，收购式创业的本质和使命进行交汇。

本书按时间顺序解剖了从缺乏经验的经营者到技能娴熟的领导者的自然过程。它区分了第一年（第7章），前几年（第8章）和后几年（第9章）。而第10章通过对董事会治理的深入分析来完成管理论述。

本章首先介绍如何为你的第一天做好准备，如何制定沟通计划以及如何避免失误，紧接着，阐述了在最初的一百天内，需要关注的关键要素；最后，探讨了如何利用第一年为长期的价值创造奠定基础。

找到一家吸引你的企业进行收购，谈判条款，完成交易，不是一件容易的事。除了少数进行连续收购的创业者，这将是他们的第一次搜索和收购。他们应该为目前所取得的成就感到骄傲，他们的投资者肯定也会如此。

接下来的一系列步骤，如果执行得好，还能为下一阶段做好铺垫。

经营业务是你花费最多时间的地方——也有机会真正创造价值（和毁掉价值）。由于管理相关内容涉猎较广，路线图被分为四个部分。前三个部分按时间顺序排列，而第四个部分在前三个阶段（章节）中的每一个阶段以及退出阶段都至关重要。

第7章将重点介绍收购式创业者可以为经营企业做准备的方式，以及他们从担任CEO的第一天到第一年末应该努力完成的目标。第8章将介绍早期管理阶段的重要领域。第9章概述了经验丰富的CEO所采取的举措。第10章讨论董事会承担的角色和责任以及董事会动态。

在本章，我们将首先探讨如何为第一天做好充分准备，接着讨论如何度过前一百天，最后再研究第一年剩余时间的安排。

为第一天做准备：沟通计划

即将上任的CEO需要提前为她的第一天做好充分的准备。这一天很重要，第一印象会维持很久。在这一天，公司被出售，经验丰富的CEO将被一位年轻的、尚未自我证明的经营者所取代。员工会有些焦虑，对其接下来的职业道路会感到不确定，并提问："这对我来说意味着什么？"

员工不是唯一需要考虑的利益相关者，经营者还需要为客户和供应商着想。他们将与谁互动，如何互动？良好的开端，在于清晰、公开和简明的沟通。

经营者应该制定沟通的计划，练习信息的传达，并在他们结束收购时（当然是在他们第一次露面之前）开始与选定的利益相关者交谈。计划好将与谁交谈，将分享哪些信息（以及希望从他们那里得到哪些信息），这些信息将如何传达，以及何时进行沟通。沟通的顺序很重要，同时获得利益相关者（如卖方和投资者）的支持也至关重要。接下来我们将逐一探讨沟通计划的各个部分。

与谁沟通

你应该至少考虑员工、客户、供应商、行业组织和公众。额外需要考虑的利益相关方会因企业而异。根据不同相关方可能关心的问题，来绘制与公司互动的人员、组织和机构的分布图。尽管 CEO 可能会有意识地选择不联系某些利益相关者，但列出公司所有的利益相关者和相关信息是一个有用的办法。如果在沟通前不进行思考，你肯定会遇到问题。

沟通什么

在起草信息之前，考虑每个利益相关者的利益，并确保解决它们的问题。例如，员工会同时关心长期和短期的工作保障。他们会对雇佣条款和条件有疑问，比如健康福利和假期津贴。客户还会关心合同条件可能的变化，如价格和付款条款、产品质量和维护服务。

写下每个可能问题的简要答案，并使用这些答案为每个利益相关者群体制定谈话要点。要细分利益相关者群体，并根据需要为具体工作职能量身定制信息。也就是说，一致性是很重要的，经营者应该假设传递给一个利益相关者的任何信息都会传递给其他利益相关者。

将诚实、透明和洞察力作为沟通的基石。

准备好回答一些棘手的问题（会有人被解雇吗？你能保证没有人会被解雇吗？你是否会关闭办事处？是否可以假定我们将以同样的条件向你们采购产品？）。不要觉得有义务立即回答你不确定的问题。最好先考虑一下该怎么回答，之后再给出经过深思熟虑的答案。同时，尽量避免用绝对的说法。例如，与其回答："没有人会被解雇"，不如说："我们收购这家公司是因为它非常优秀，我们希望在其优势基础上进一步发展，因此，我们认为没有理由解雇任何人。"

如果情况发生变化，后者会给你更大的灵活性。你可能会经常发现，一旦你对企业有了更多的了解，就需要解雇某人。如果你做出了类似前者的承诺，你就会被贴上不值得信任的标签，就算大多数员工都同意这个人应该被解雇。

费尔南多·吉列姆（Fernando Guillem，Sachem Partners）和丹尼尔·迪·切科（Daniel di Cecco，Sachem Partners）为例。在收购巴塞罗那的 Lanaccess 后不久，前老板就告诉他们，其中一位经理非常难相处，他们应该对他"多加小心"。事实证明，这个建议是正确的。费尔南多和丹尼尔制定了一个"改进计划"。计划没有成功，这名经理被裁员了。卖家还指出另一名员工"需要被解雇"，在做了类似的评估后，两人也解雇了这名员工。

很明显，该公司的其他员工都支持这些决定。由于费尔南多和丹尼尔没有做出绝对的承诺，他们没有被视为违背承诺。

卖方会告知一些员工需要被解雇，或另一些员工低于标准，这样的情况并不少见。另一位搜索者分享道："在正式交接之前，我们花了一些时间和卖家一起讨论员工。对于3号员工，卖家说：'哦，是的，他有点奇葩。'6号员工也被卖家称为'怪人'。打完电话后，我转向我的搭档问：'我们在做什么？公司里超过40%的员工都不太正常！'"

人们常说，私募股权的一个优势是，不受忠诚的限制，它能做出更理性的人

力资源决策。在一些搜索基金的案例中，卖家似乎是在期待搜索人来做出这些决定。

如何沟通

电子邮件的影响力不如电话，面对面的讨论则比电话更有力，而一对一的当面交谈比集体现场会议的效果更加直接。实际上，新任 CEO 不可能与每一个利益相关者进行一对一的会面。因此，必须为不同场合，选择合适的沟通媒介。

何时沟通

在任何收购中，最重要的沟通时刻，都会是给员工介绍新 CEO 的时刻。它极具战略意义，因此，我们强烈建议两点：（1）你和一个值得信赖的、有经验的投资者进行角色预演。（2）你和卖家一起制定计划，安排好谁说什么。不要即兴发挥！

一个行之有效的剧本是这样的：卖家感谢员工的辛勤工作、陪伴和支持，然后简要分享一些轶事，最后解释他决定出售公司的原因（通常是退休或新事业）。然后他介绍了新的 CEO，表示工作将由他接手。这种象征性的接力棒传递非常重要。从那时起，经营者就应该开始主导后续所有沟通。

即使有了计划，卖家完全脱离剧本的情况也不是没有听说过。要预料到可能的突发事情，并做好准备。

在通知员工之后，通常由卖方将新任首席执行官介绍给关键客户和供应商，通常会根据其重要性、规模以及历史关系的性质来确定优先顺序。有时，新任首席执行官会与负责该客户的销售人员一起先见重要客户。要认可并尊重这种关系。

对于如此重大的变化，重要的是不能忽视更广泛的人情世故。每个客户都希望自己很重要，如果他们一开始就不知情，有些人会认为这是一种被轻视（即使他们可能不是最重要的客户之一）。为了效率起见，经营者可能会选择通过电子邮件提前发送信息，介绍自己，并提出在未来几周内安排一次电话或会议。

此外，要确保在这些沟通中尽可能地包括相关员工。销售人员或客户经理可能与客户关系最密切，而采购人员或运营经理可能与供应商关系最密切。倾听是新CEO角色的关键。倾听即将离任的CEO或主要董事的观点会教会你很多东西，并获得他们的支持。

并不是所有的利益相关者都需要主动沟通，淡化领导层（和所有权）的变化甚至可能符合公司的最佳利益。例如，搜索基金创业者西蒙·韦伯斯特（Simon Webster）收购他的第一家企业时，客户基础是英国国家医疗服务体系（NHS）。作为一个公共机构，NHS的员工并不喜欢外部投资于公共部门的供应商。创始人、CEO和董事长罗布·约翰逊（Rob Johnson）最终决定，最重要的是强调管理团队的强化和对公司的投资，并淡化收购和股东变更。

经营者在发表公开声明或与行业组织沟通时应该深思熟虑。发表公开声明可以获得行业或当地媒体的正面报道，这有助于建立公司的品牌。然而，这也存在风险。你实际上放弃了一部分对信息的控制，因为媒体或其他第三方会为他们的受众将信息重新包装。因此，我们强烈建议在接受采访前，达成书面协议，确保记者发布双方同意的文字。

一旦你构思出了你的传播纲领，就要练习传递信息，演练演讲要点，就像求职者为面试排练自我推荐一样。与经验丰富的顾问一起校阅传播大纲也是一个好主意。

作为实践，提前准备好对最显而易见问题的回答。例如，当员工知道他们的工作不会受到影响后，下一个问题可能会涉及加薪的时间、更长的假期，甚至可能涉及对前任老板的负面评价。如果你不知道答案，不要觉得有义务回答这些问题，或者做出你无法兑现的承诺。相反，准备几种回应方式——这些回应应能同理心地表达理解，但不做出可能让你后悔或必须更改的承诺。

关于谈话要点的几点提示

说真话是赢得员工和合作伙伴信任的快速方法。记住你为什么要这样做，并以诚实和透明的方式领导。一开始就告诉他们：

- ☑ 你和你的投资者购买这家公司是因为你认为它的实力很雄厚，有发展空间，换句话说，这不是通过削减成本来偿还债务的私募股权投资。
- ☑ 你有一个强大的辛迪加给予支持，包含购买类似企业并使其发展壮大的专家。
- ☑ 你来这里也是为了学习，你会问很多问题，并欢迎他们认为可以帮助你更好地了解企业而提供的任何信息。
- ☑ 你有出色的董事会给予支持，他们也希望看到公司迈向更高的水平。

如果可能（即如果卖方允许的情况下），经营者应在第一天沟通之前与高级管理人员会面。这些会议的目标是迅速与你的高管团队建立专业的工作关系。这些会议还可以帮助了解更广泛的员工群体在第一天可能会有什么问题（即"你认为你的下属会想知道什么？"）。这也有助于你更高效地规划第一天的安排。临时应对可能并不是最佳策略。问问杰米·特纳（Jamie Turner）和柯克·里丁格（Kirk Riedinger）的经验吧，他们对第一天的准备如何？答案是：完全没有准备！

哈佛同学杰米和柯克于1987年收购了美国高等教育机构阿尔塔学院。开学第一天，他们搬进了同一栋楼两边不同的办公室。过了一会儿，其中一个给另一个打电话说：

"你在做什么？"

"没什么。你呢？"

"没什么。"

"你觉得我们应该做什么……"

我们有时无法完全体会这些开拓者的艰辛——在没有明确的"该做和不该做"的蓝图，没有经过验证的概念或流程的情况下运营。经营者和投资者应该对像杰米和柯克这样的先驱深表感激（如果你在会议上遇到他们，请向杰米表示感谢，并请柯克喝一杯）。在和他们交谈之后，你便不会惊讶于他们为何能够快速学习，将业务从350万美元增长到4亿美元以上，在九个州有25家分支机构。

所有这些都是在说：事情肯定会出问题，但是不要过于紧张。哈库那玛塔塔。① 你依然能看到明天的太阳。尽可能通过良好的准备来避免错误。

既然我们已经深入讨论了与谁沟通、沟通什么、如何沟通和何时沟通，你可以参考表 7-1 中的模板，作为制定你自己的沟通计划的实用工具。

表 7-1　　　　　　　　　　　　　传播计划模板

利益相关者：员工	
预期问题	
	我的工作有保障吗？
	我向谁汇报工作？
	现在公司由谁负责？
	这对公司的未来意味着什么？
	还有什么其他变化？
沟通要点	
过渡	解释搜索者和卖家各自的新角色，以及其他任何相关变化
	承认过渡时期会带来一些不确定性，但目标是提供尽可能多的透明度和清晰度
工作保障	计划是"一切照旧"，你们对公司的成功至关重要
	我们希望公司继续发展壮大，这很可能意味着在未来几年内要增聘一些人，创造职业机会
	员工帮助搜索者学习业务至关重要
搜索者和投资者群体的背景	搜索者可能希望分享一些自己的背景，考虑分享多少以及与受众的相关性，初级员工可能认为知名商学院的 MBA 学历对他们来讲毫无意义，更感兴趣的是搜索者的工作经验，你也不希望无意中造成他们对经验不足的担忧
	股东群体包括一些优秀的企业家，他们对你充满信心
	股东们从许多公司积累了丰富的实践经验，其中包括与本公司类似的公司，可以借鉴这些经验来帮助公司发展

---

① 哈库那玛塔塔一词，源于斯瓦希里语，意思是"没有烦恼忧虑"，是迪士尼著名动画电影《狮子王》中最有名的一句口号之一。——译者注

(续表)

未来展望	表达对公司的兴奋之情，以及继续建设和发展公司的愿望	
	在尽职调查过程中，你会发现公司的一些优点。每个人都喜欢听赞美之词，如果表达得当，并以第三方（如市场调研）提供的证据为基础，很可能会受到欢迎	
	分享公司最有吸引力的特质；分享最能引起员工共鸣的特质，例如牢固的客户关系和良好的服务声誉，而不是不断增长的股东价值	
	可以就打造行业领导者发表全局性、有抱负的评论	
	不要说太多！你会忍不住说出你的计划。现在不是时候也不是地方。听众更担心的是他们的工作/职位。只用几句话就可以	
价值体系	分享核心价值观，如诚实、透明、公平 可以说"你可能不一定喜欢我的回答，但我会尽量直接"	
	为持续沟通定下基调，例如未来几周的个人谈话计划、开放政策等	
传递信息的时间		
	第一天	
传递信息的方式		
	上午发送电子邮件，邀请参加下午的会议	
	下午全体会议	
	在最初几周内与每位员工进行 1 对 1 的后续会谈	
可能的问答		
	你会做出哪些改变？	
	你对企业有什么计划？	
	我可以加薪吗？	
	你会增加我的假期津贴吗？	
	你会和前老板不一样吗？或对前老板的其他评论	
	现在的奖金安排是怎样的？	

利益相关者：供应商	
预期问题	
	这将对我一直供应的产品或服务产生什么影响？
	企业还会发生哪些变化？

(续表)

沟通要点	
过渡	介绍新任 CEO 并简要概述过渡情况
	向供应商保证卖方将继续参与业务（如适用）
	分享公司的高层次目标
对产品或服务的影响	解释公司计划照常营业
	确认供应商将继续受到高度重视
传递信息的时间	
	在第一周内发出第一条信息
传递信息的方式	
	确定供应商的优先顺序，例如基于关键性或合同规模，发送一封介绍信或电子邮件，邀请他们安排电话联系，然后安排会议，先与中层供应商进行练习可能会有帮助
	如上所述，不要认为你必须行动，在某些市场/行业，人们若并不在意，则无须提出所有权变更的事宜。
可能的问答	
	由于我们认为所有权变更会带来更多风险，能否重新谈判合同？
	你对行业了解多少？如何取代卖家？
	与客户调查类似，事先调查供应商，以预测可能出现的问题（例如审查他们的合同、定价、订单历史、过去的沟通以及提供的反馈）

利益相关者：客户	
预期问题	
	这将对我一直购买的产品或服务产生什么影响？
	价格会改变吗？
	客户服务会改变吗？
沟通要点	
过渡	介绍新任 CEO 并简要概述过渡情况
	向客户保证卖方将继续参与业务（如适用）
	分享公司的高层次目标

(续表)

对产品或服务的影响	解释公司计划照常营业
	确认客户将继续受到高度重视，并确认你希望在当前关系基础上更进一步
传递信息的时间	
	在第一周内发出第一条信息
传递信息的方式	
	向客户发送简明报道电子邮件，或将其纳入通讯录，如有需要，可安排时间与客户进行一对一交流。然后安排与有兴趣进一步了解信息的客户进行电话交谈，同时与尚未回复的重要客户联系
	对客户进行优先排序，例如根据合同大小，发送介绍信或电子邮件，邀请他们安排电话联系，然后安排会议。先与中级承包商进行练习可能会有帮助
可能的问答	
	你能给我降价吗？
	你打算如何改进客户服务？
	你如何取代卖方？
	事先调查客户，以预测可能出现的问题，例如查看他们的合同、定价、订单历史、过去的沟通以及卖方提供的反馈。

利益相关者：卖家	
预期问题	
	我的新角色是什么？
	你希望我如何参与企业？
	你是否仍认可我的知识和经验的价值？
	从所有者变成了顾问，如何互动才不会感到尴尬？
沟通要点	
过渡	商定交易后在企业中的新角色
	承认前所有者的知识和经验很有价值，他们对未来的帮助至关重要
	与此同时，搜索者需要沉着自信地步入 CEO 的角色

(续表)

沟通	统一向利益相关者解释交易的口径。最好将其记录在案，以帮助各方保持信息一致。例如，"我对未来的前景和将带领我们实现目标的优秀管理者感到兴奋"可以变成"我下个月就要去加勒比海了，我迫不及待地想扬起风帆……"
	就交易之后前所有者应如何与利益相关者沟通达成一致，例如卖方应主动还是被动？当客户或供应商直接致电卖方时，应传达哪些关键信息？
为即将进行的沟通提供指导	卖方每天或每季度最困难的沟通是什么？你是如何处理这些问题的？
	我们的常规沟通节奏是什么？
传递信息的时间	
	第一天之前，并在交易完成前确定沟通策略
传递信息的方式	
	讨论（面对面或线上）
可能的问答	
	视情况变化

利益相关者	贸易机构	公众
预期问题		
	预计无重大问题	预计无重大问题
沟通要点		
	强调领导团队的新成员	更新公开信息，确保其反映新的管理团队结构
	强调公司将继续作为产品和服务的领先提供商	
传递信息的时间		
	第一个月内	第一个月内
传递信息的方式		
	电子邮件	更新官网"关于我们"页面，将搜索者列为CEO
可能的问答		
	视情况变化	视情况变化

资料来源：斯坦福搜索基金入门指南。

前一百天

如果你已经做到了自己设定的目标（在一个很棒的行业中收购一个好的企业），你已经为下一步做好了准备：了解业务并熟悉其行业。因此，接下来的三个月左右将给你一个独特的、唯一的机会去体验和学习，而不是去改变和颠覆。这就是你的"储备CEO上岗培训"，好好拥抱它。

我们大多数人（尤其是刚毕业的MBA）都受到"行动偏误"[1]的驱使。当我们感觉其他人希望我们做某事时，这种行为偏见就会加强。[2]当你说服了众多投资者来支持，当你想给新任命的董事会留下点好印象，当员工们带着问题走进你的"角落办公室"……你身体里的每一个细胞都会尖叫着"做点什么吧"。与此同时，你的自我意识希望被视为掌控全局的人，被视为"老板"。要抵制这两种诱惑！[3]你和你的董事会首先应该了解业务和部门（运营、战略、财务和文化）。两者都要掌握。只有这样，你才能开始做出调整。在寻找信息时要深思熟虑，在处理信息时要理性分析，在沟通时要敏感觉察——但最重要的是，要三思而行！

在卢卡斯·布朗（Lucas Brown，Brown Robin Capital）和瑞安·罗宾逊（Ryan Robinson，Brown Robin Capital）的第一次董事会会议上，这一点得到了充分体现。在收购OnRamp几个月后，卢卡斯和瑞安准备了一张幻灯片，列出了要采取的重要行动的优先级。他们甚至给矩阵中的优先事项赋予了权重。他们

---

[1] A. 帕特（A. Patt），R. 泽克豪瑟（R. Zeckhauser）（2000）.行动偏见与环境决策[J]. 风险与不确定性杂志，21: 45-72.

[2] Bar-Eli, M., Azar, O., Ritov, I., Keidar-Levin, Y., Scheinn, G.（2007）.精英足球守门员中的行动偏见：点球案例[J]. 经济心理学杂志，28 (5): 45-72.

[3] 董事会也可能同样需要这样做。

为自己的分析感到自豪，迫不及待地要深入讨论时间分配的权衡。幻灯片进行到大约30秒时，一位董事会成员拦住他们说："伙计们，你们干得不错。但这并不重要。你的任务是弄清楚如何销售……然后卖得更多。"正如卢卡斯和瑞安将证明的那样，尽管这个答案看似粗糙，但也不无道理。在行业能够支持的情况下，推动有机增长可以解决很多问题。

抵制对业务做出改变的诱惑，并不意味着你就应该消极怠慢。你应该优先学习业务，设定基调，并培养理想的公司文化。你还应该了解利益相关者，并与投资者沟通。关注执行，而不是战略，战略之后再说。

正如Pacific Lake联合创始人科利·安德鲁斯（Coley Andrews）经常告诉在这个阶段的经营者："在头两年，把你的战略思考帽放进衣柜里。现在的一切都与执行有关，学习如何执行，学习如何与人共事。"

新任CEO应该特别注意了解公司内部的销售职能。花时间与一线销售人员在一起，以更好地了解销售流程和客户交互。顶级销售人员产生的收入通常是普通销售人员的5到10倍。① 是的，你没看错，是5到10倍！此外，优秀的销售人员往往很清楚他们给公司带来的价值。你需要了解销售是如何进行的，你客户的决策过程，谁的销售业绩最好，以及如何激励销售人员。你利润表的最后一行从第一行开始：销售收入！确保你的顶级销售人员看到你理解他们所带来的价值。

虽然从公司治理的角度来看，董事会将代表投资者，并依法履行其受托责任，但让表现出兴趣的投资者参与其中也是一种良好的做法。

当交易完成，需及时通知投资者，并向其提供已签署的文件。他们通常也喜欢听到过渡期的进展，并得到一些早期阶段的情况反馈。要真实、诚实。连续投

---

① Huselid, M., Beatty, R., Becker, B. "A类员工"还是"A类职位"？劳动力管理的战略逻辑[J]. 哈佛商业评论, 2005-12.

资者都是见过世面的，无论你说什么，都不会让他们震惊。

《幸存者俱乐部》(The Survivors Club)的作者本·舍伍德(Ben Sherwood)经过估算，发现80%的飞机坠毁要么发生在起飞后的前三分钟，要么发生在着陆前的最后八分钟。类似地，波音公司证明，在2006年至2017年期间，26%的致命事故发生在飞机达到巡航高度之前（见图7-1）。[①]

按飞行阶段划分的致命事故和机上人员死亡情况
致命事故 | 全球商用喷气机队 | 2007至2016年

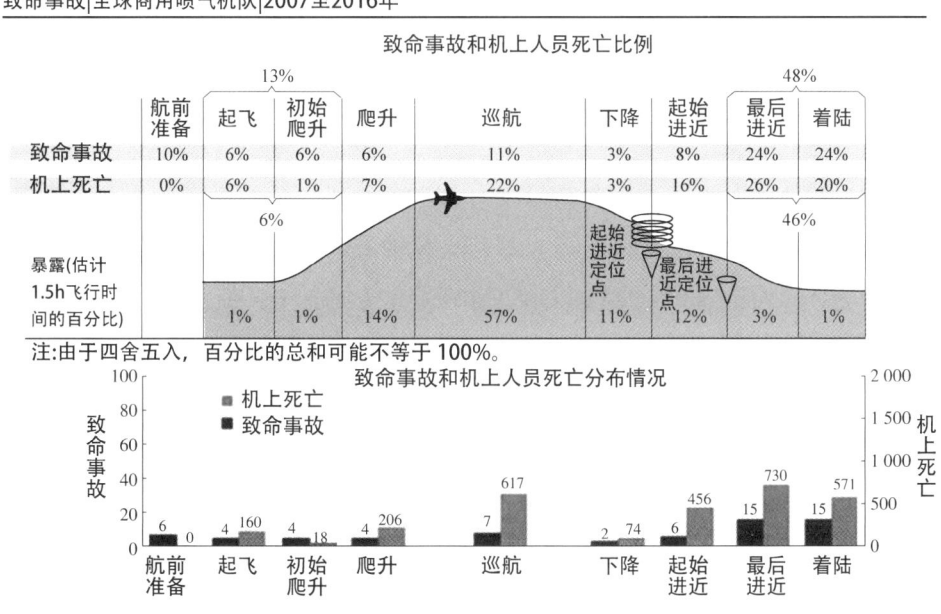

致命事故和机上人员死亡比例

	航前准备	起飞	初始爬升	爬升	巡航	下降	起始进近	最后进近	着陆
致命事故	10%	6%	6%	6%	11%	3%	8%	24%	24%
机上死亡	0%	6%	1%	7%	22%	3%	16%	26%	20%
暴露(估计1.5h飞行时间的百分比)		1%	1%	14%	57%	11%	12%	3%	1%

13%（起飞+初始爬升） 48%（最后进近+着陆） 6% 46%

注：由于四舍五入，百分比的总和可能不等于100%。

致命事故和机上人员死亡分布情况

	航前准备	起飞	初始爬升	爬升	巡航	下降	起始进近	最后进近	着陆
致命事故	6	4	4	4	7	2	6	15	15
机上死亡	0	160	18	206	617	74	456	730	571

资料来源：波音公司（2017年）。

图7-1 按飞行阶段划分的致命事故和机上人员死亡情况

投资者意识到搜索基金也存在类似的脆弱性，因此希望在这一阶段了解最新情况。事实上，连续投资者很想知道，当你加快速度时，驾驶舱里会发生什么。

前100天还应该用来做第二次更深入的尽职调查。这一次，你有了更多的接触点、数据和支持。不要惊讶于发现意想不到的问题、负债或调整。有时，这些

[①] Sherwood, B. 幸存者俱乐部：能拯救你生命的秘密和科学 [M]. Grand Central Publishing, 2009.

差异是由于你（或你的顾问）遗漏了一些东西。其他时候，卖家可能没有像期望的那样积极地提供信息或告知信息。如果问题比较重大，尽快通知你的董事会。你对他们有受托责任。接下来，检查陈述和保证条款（Reps and Warranties）。

例如，英国成功的运营者里茨·斯泰特勒（Ritz Steytler，来自 Abacus Capital）在收购 PXP 支付服务的最初几周内意识到，他在交易结构计算中犯了 30 万英镑的错误。这对业务产生了严重影响，从第一天起现金流就非常紧张。里茨承认了这个错误，这为他赢得了投资者最宝贵的信任。

再比如，彼得·凯利（Peter Kelly）和他的合伙人在接手 5 个月后完成了年终审计。结果令人不安，正如他们告诉董事会他们怀疑的那样：收入一直在下降，而他们收购时认为收入在以 10% 的速度增长，应收账款被夸大了 30%，库存被夸大了 40%。真实的 EBITDA 只有 75 万美元左右，而去年的 EBITDA 为 175 万美元，预算为 230 万美元。

为前 100 天制订一个"行动计划"是一种很好的做法。这个行动计划可以帮助你集中精力，有效地利用时间。它通常采用甘特图的形式，将任务随时间安排。计划中应包括所有完成后的行政事务（例如，完成账目结算流程）、沟通计划、有组织的学习计划和任何其他关键行动。尽管计划会随着时间的推移而演变，但其制定至关重要，它将使新任首席执行官能够以结构化、目标明确且坚定的方式开始她的任期。

在制定和执行甘特图时，经营者要特别关注管理报告、组织学习、管理基调和文化。由于它们的重要性，我们现在将依次讨论。

管理报告

除了沟通，经营者（和她的董事会）需要建立对公司的理解。管理报告系统是这种理解的核心。正如你在尽职调查中可能发现公司不重视报告制度，因为"所有事情在公司所有者的头脑中都很清楚，或者他是这样认为的"。建立良好的管理报告要在收购前开始，并在收购后持续地、更深入地进行。

快速了解业务的最好方法是关注现金流。控制现金的支出，或者更委婉地说，了解现金的支出是至关重要的。因此，对于新任 CEO 来说，任何超过一定门槛的支出都需要签字，这是一种很好的做法。在很多情况下，这仅仅需要将现有银行账户或电子支付审批流程中的卖方替换为新任 CEO。

管理报告还应该包括每月的利润表、资产负债表和现金流量表。此外，你还需要为公司建立可操作的 KPI 指标。在这些 KPI 指标上与董事会达成一致是一种很好的做法。KPI 是一个很好的抓手，因为它们直接或间接地成为整个组织的关注点。因此，如果你的 KPI 不理想，组织将在错误的道路上加速前进，并无法最大化的创造价值。

在早期，最好纳入简单、合理且必要的 KPI 指标。现金产生能力和盈利能力是两个不错的选择，这有利于企业重点方向的选择，也有利于你和你的董事会开始对 KPI 的衡量和学习。

例如，拉贾·普拉萨纳（Raja Prasanna，R. J. Capital）于 2019 年 8 月收购了 Infonetica 有限公司。在收购之前，他已经发现了营运资金方面的改善空间。在掌舵后不久，拉贾便与财务主管一起每周审查，并为应收账款建立了明确的 KPI。这项举措带来了一个快速胜利，增加了现金流。

尽早制定明确的 KPI 固然重要，但让员工知道你是一个稳健的人也同样重要。制定了 KPI，却在 2 个月后就进行更改，可能不会让人对你产生很大的信心。这就是为什么早期的 KPI 应该是那些显而易见的指标。与董事会合作，了解价值创造的杠杆，并为其设计 KPI。在介绍它们时，要解释它们与价值创造的关

系。同时，确保每一个能够直接或间接影响一个KPI的人都知道它、关注它，并了解如何改进它。

你会犯错误。如果没有，你要么没有学习，要么没有改善业务，也很可能两者都没做到。因此，可能你确实制定了错误的KPI，也必须对它们进行调整。那么尽快承认你的错误，解释你学到的东西，并马上引入新的指标。

最后，注意KPI对人的影响。它们会影响重要性的排序、权力和影响力以及既得利益。新的KPI将使一些员工变得更重要，使另一些变得不重要，并带来不确定性和压力，影响企业文化。要对所有这些都保持觉察。

在引入（并决定）KPI之前，一个很好的方法是征求员工关于重要指标的意见。这将增加你对公司的理解，有助于建立融洽的关系，并提高你的信誉。确保你的KPI能够坚持下去！你必须清楚，你有一个专业的决策过程，但一旦你做出了决定，就要坚持下去！没有什么比宣布决定后又反悔更会削弱你的权威了。不要经常变卦！只有当你意识到自己犯了错误时，才需要做出相应的调整。

对待任何重大变革，采用类似的方法是良好的实践。通知员工、提出问题、倾听反馈，并在关心业务的同时，以富有同理心的专业态度对待员工。

有组织地学习

成为CEO也只是你学习旅程的下一步。正如你搜索过程的质量决定了找到好公司的可能性，现在学习过程的质量将决定你成为成功的CEO的可能性。

有组织地学习是为了确保CEO（以及董事会）的知识吸收背后有一个过程和结构。你所做的决策将取决于输入信息和决策过程这两个因素。通过对所在组织进行体系化的学习，两者都会有很大的提高。前者依赖于计划，后者则取决于结构和文化。

作为有组织地学习的一部分，在你的员工（所有级别）工作时，花时间与他们真正在一起，协助并对他们提出开放性的问题。[①] 在分享之前想好你想收

[①] 注意：与员工"在一起"不仅仅是表面工作，而要真正参与其中。

集的信息，利用管理报告中的发现进一步探究、对比观点并支持其中的一些想法，思考如何利用你在观察和会议中发现的信息来理解和改善你的管理报告。

要知道，许多员工会想告诉你他们认为你想听的东西。要明确表示你是真心地倾听和学习——无论好坏。

一个理想的学习方法就是进行实验。正如它能让你学习和改进搜索，它也能让你作为CEO持续学习和改进。实验和人类进步本身一样古老，也是科学发现的重要组成部分。科学方法不仅适合研究人员和学者，也适合所有机敏的领导者。

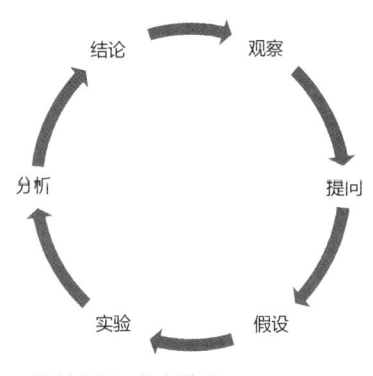

资料来源：作者整理。

图 7-2　科学方法

不要把你的教育局限于观察、会见，以及采访员工和管理层。与客户见面，与供应商接触，与竞争对手见面（整个行业都建立在"合作竞争"的理念之上）。

在创建个性化学习计划时，验证（或拒绝）你在 CIM 中写的一些假设。（例如，你真的有定价机会吗？客户获取像预期的那样容易吗？）

在制定"储备 CEO 上岗培训"计划时，应特别关注以下四个创造价值的驱动因素。

1. 销售增长（包括价格和/或数量的增加）
2. 降低成本
3. 去杠杆化
4. 估值倍数扩张（如 EV/EBITDA）

商学院的很多课程都在讲如何影响前三个驱动因素。第四个驱动因素：估值倍数扩张，则更加模棱两可，难以捉摸。

除了增长预期和叙述，估值倍数也会受到当前基准的影响。倍数扩大可以有两种原因：其一，公司变得更有吸引力；其二，市场状况决定了更高的倍数。

良好的管理可以增加公司的增长前景，并/或降低风险，从而使公司更具吸引力。例如，提高收入质量（如增加经常性收入的比例）和扩大业务规模，都可以对估值倍数产生积极影响。

倍数扩张也与市场条件所反映的供求关系有关。在低利率和大量现金的推动下，资产价格大幅扩张，许多经营者在退出时都从中受益，这种情况不太可能一直持续。在可接受的误差范围内收购，而不假设退出时会有倍数扩张，是一种经过验证的良好实践。

最后一点建议：保持写日记的习惯，记录重要事项。这会激发你的好奇心，并帮助你将其储存在长期记忆中。它还将培养你解决问题的能力，并通过联想提供解决方案。特别是通过记录笔记，和更广泛的、有组织的学习，首席执行官们可以发现、分析和评估各种价值驱动因素的潜力，并专注于那些风险调整后回报最好的机会。① 表7-2是有组织学习的模板。

表7-2　　　　　　　　　　　　有组织学习的模板

类别	目标和考虑因素	问题示例
人员	继续与个人建立关系	谈谈你在某某公司的经历？
	提出开放、善意的问题	来这里之前你在做什么？
	从个人的角度了解他们的职能	告诉我你是如何融入组织的？
	了解每个人的专业领域	什么是好的一天，什么是糟糕的一天？
	确定每个人需要做什么来改进工作	你关注哪些信息？
	提前阅读他们的简历（从HR那里调取）	你希望看到哪些方面得到改进？
流程	了解企业使用的核心流程	核心流程和工作流程是什么？
	了解由谁决策以及如何决策	有哪些例会，如何召开？
	找出当前流程中的漏洞和待改进的地方	使用了哪些衡量标准/KPI？

---

① 有关如何评估价值创造选项的进一步讨论，特别是通过提高价格来增加股权价值的力量，请参见以下文章：Palfreyman, J., Wasserstein, A. Webster, S. 2020年：关于价格上涨的本质[Z]．耶鲁管理学院．

(续表)

类别	目标和考虑因素	问题示例
系统	了解用于业务运营的核心系统	使用了哪些财务系统（如会计）？
	不用期望能操作所有系统，只需了解它们如何相互配合以满足业务需求	使用了哪些业务系统（如 ERP、CRM、质量系统等）？
	找出系统中的感知差距和实际差距	这些系统是否适合工作需要？
财务	了解月内、月间和季度现金状况	向我展示日常现金余额，并介绍定期现金收支情况
	了解债权人和债务人在哪些方面具有灵活性	过去哪些债权人最为灵活？
		哪些债务人总是要追讨？是否定期审查信用支票？
产品和服务	真正了解产品和服务对客户的价值	有哪些产品和服务？ 每种产品和服务是如何运作的？
	了解产品的局限性和客户会问的问题及答案	如何交付？ 产品和服务的独特之处是什么？

资料来源: 斯坦福搜索基金入门。

定下管理基调

对于许多经营者来说，担任首席执行官的角色是令人生畏的。众人期待你指引方向，但你却缺乏经验，还没有建立起关系网络，这一切都很有可能影响你的自信心。请深呼吸一下，并不只有你这样。很多经营者都已经从这条路走向成功，你也可以。

你其实知道的比你想象的要多，此前充分的准备会让你事半功倍：撰写 CIM、讨论尽职调查的结果、谈判 SPA 以及说服投资者。如果你还为平稳过渡花了一些心思，采取了一些行动，并为自己准备了学习目标，那么你已经在通往成功的道路上。

这样的意识和状态是必要的，如果缺乏，你将无法设定正确的基调。从他们第一次见到你，以及此后的每一次见到你时，你都需要给他们留下一个专业的印象，激励他们更加专业，或达到他们想要达到的专业水准。他们心中应该毫无疑问：你对他们的期望就是专业精神，因此你自己需要以身作则。

不安会诱使你过度补偿。没有安全感的管理者通常会通过与员工成为朋友、展示一些技术知识或制造不必要的距离来克服这一点。不要这样做。要诚实、自然、真实和专业。你要让他们看到并理解为什么卖家信任你，投资者支持你，为什么他们会在你的领导下得到很好的管理。

你为定下基调所做的努力，有时会被一个叛逆的员工或卖家破坏。这些都是很好的机会，可以借以展示你将成为什么样的领导者，也可以展示你将定下什么样的公司的氛围和文化。提前练习，专注于内容、姿态、语气和表达方式。

对员工的管理基调

用一些常用语来展示你愿意倾听和参与，这对员工很有帮助。以下是一些例子。

如果你想把某事推给别人："这是个有趣的问题。你是在问……我确实认为这是我们需要解决的问题，我将与管理团队讨论。然而，我需要对你坦白，我们认为这不是今年需要立即解决的问题……"

如果有人向你提出了你想要后续调查并予以回复的问题，不要说"我不知道"，试着说"…让我看看我是否理解了你的问题，你是说……我现在不知道这个问题的答案，但我想回去思考一下，然后带着一些想法回来给你。另外，你对我们如何最好地解决这个问题有什么想法？"

经营者和卖家之间的关系是微妙而敏感的。在定下管理基调和公司文化的时候，这种关系可能会成为挑战。在掌门人上任的第一个100天，也就是她试图与员工和管理层建立良好关系的时候，这种关系往往会变得最为紧张。

为了处理并在一定程度上缓解这种情况，以下几点非常重要：相互理解、提前预判、专业正式、董事会解决方案和和解。让我们逐一简要讨论。

❖ **相互理解。** 某些卖家的行为具有一定的典型性。因为销售过程对卖家来说，就像搜索过程对你来说一样，充满了情绪上的跌宕起伏。常常会出现这种情况：一个愿意出售的卖方突然不想卖了，或者在临近交易完成前突然提高价格。

原本值得信赖的关系在卖方引入他们的顾问后变得紧张起来。作为董事会成员，友好的卖家会反对每一次改变。下面这种情况并不少见。了解卖家的情绪过山车（见图7-3），可以让你以专业的方式应对。

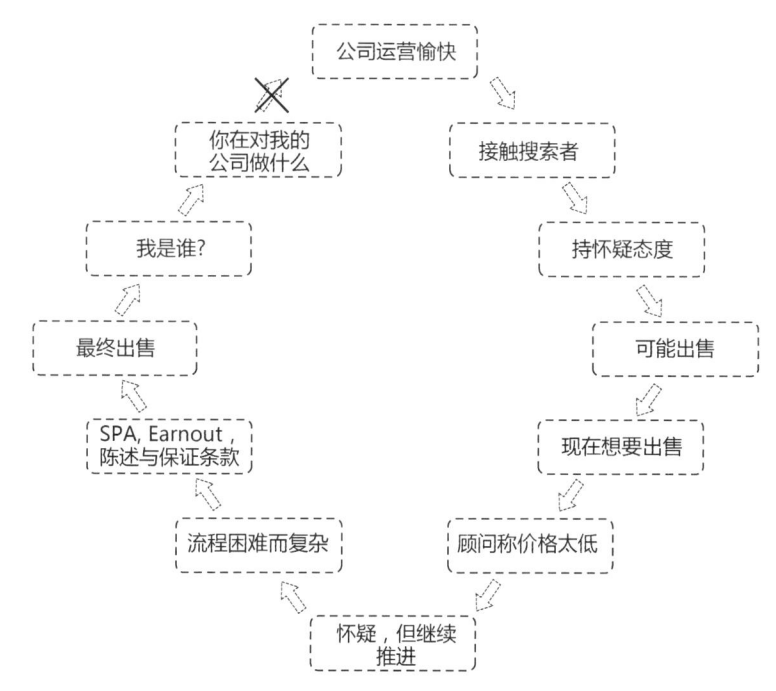

```
                    公司运营愉快
          ✗                    ↘
    你在对我的                    接触搜索者
    公司做什么                        ↓
        ↑                        持怀疑态度
      我是谁?                        ↓
        ↑                        可能出售
      最终出售                        ↓
        ↑                       现在想要出售
   SPA, Earnout,                     ↓
   陈述与保证条款                顾问称价格太低
        ↖                        ↙
       流程困难而复杂    怀疑，但继续推进
```

资料来源：作者整理。

图7-3 卖家的情绪过山车

❖ **提前预判**。接下来，对卖家的情绪起伏予以共情和肯定，这让你对其行为能够有所预料。当卖家说正常化的EBITDA至少是原来的两倍时，你应该怎么反应？当讨厌的顾问一边嘲笑你，一边说你只是个孩子的时候呢？当卖家在收购后特意和员工搞好关系的时候呢？预先的判断和准备会让你保持应有的管理基调。

❖ **专业正式**。提前确定卖家在收购后将扮演的角色。根据经验，咨询合同往往是最有效的。通常情况下，卖家和经营者会理想化一种售前关系，并设想经营者负责掌舵，而卖方像僚机一样在旁辅助保护的过渡模式。

但事实往往并非如此。

卖家的自尊不会轻易接受经营者带来的改变，无论是在管理基调、文化还是运营上的改变。员工大多是被卖家雇佣的，只知道卖家是他们的老板，他们会向卖家寻求任何建议或最终决定。通过签订一份咨询合同，将卖方置于"随叫随到"的角色，可以让你完全进入领导者的角色，同时在必要时仍能向他寻求帮助（例如，在与一位与卖方关系密切的重要客户会面时，或参加董事会会议时作为审计员出席）。

❖ **入驻董事会**。让卖方继续担任董事会成员的经验各有不同。在某些情况下，卖方成为经营者最强有力的支持者；而在其他情况下，前任所有者则试图对新任首席执行官发起"政变"。因此，这一决定需要根据具体情况而定。如果你决定让卖方留在董事会中，最好在股东协议中设置一个机制，使其在必要时可以相对容易地被移除。经营者应做好最坏的打算，同时抱有最好的期望，以此来保护自己。

❖ **进行和解**。作为过山车的一部分，在交易结束后的前六个月出现摩擦并不罕见。这是顺理成章的。卖家必须从情感上接受这样一个事实：公司已经不再属于他了。他必须放手这家在很大程度上定义了他这个人和他职业的公司，并逐渐适应正在重塑他生活的新的现实。这可能需要 6 个月到 1 年的时间。即使你们的道路因不满而分开，一段时间后重新联系也是值得的。你可能会发现，卖方可能已经开始进入他的新生活，对你的态度也变得非常支持。

有人将出售（失去）一家企业与伊丽莎白·库布勒·罗斯（Elisabeth Kubler Ross）和大卫·凯斯勒（David Kessler）的悲伤五个阶段相提并论：否认、愤怒、讨价还价、沮丧和接受。

最后，每一笔交易都是不同的。你需要运用智慧来决定卖方参与多深。我们为你提供了一些建议，但最终你必须根据自己的情况做出最合适的决定。

创造文化

不仅要设定基调，从第一天起就开始培养正确的企业文化也同样重要。

定下管理基调和培养一种文化都与价值观、信念和行为守则有关。价值观区分好与坏、正义与非正义、公平与不公平。信仰是人们坚信正确的事物。行为守则定义了与善良、公正和公平一致的行为。它们都有助于定义我们自身独特的领袖精神。

塑造共同的价值观、信仰和规范是一个漫长的过程，应该从第一天开始，由高级管理层（即你）来引领。正如德国谚语所说的："Der Fisch stinkt vom Kopf her"（鱼是从头臭到尾的）。虽然这种说法在方向上是正确的，但现实要微妙得多。企业文化是由"影响者"设定的。如果管理层工作做得好，就会塑造出一种良好的文化。如果管理层表现出腐败文化，或者软弱无力，放任他人设定文化，那么结果将截然不同。

明智的做法是把重点放在一些核心文化要素上，这些元素可以强化整体文化。例如，CEO 可以选择关注以下核心因素。

- ☑ 建立共同的使命。
- ☑ 让每个人对明确的目标负责。
- ☑ 基于事实做出决策。在小公司中，基于个别案例做决策过于容易，而基于数据做决策要更好。
- ☑ 给予他人应得的尊重。

花时间与董事会讨论"公司文化"是值得的。虽然我们大多数人认为我们理解了它的含义以及如何实施，但实际上，真正理解和实施的人很少。在这个领域以身作则比你想象的要难。在 2016 年 IESE 国际搜索基金大会上，Asurion 前 CEO 凯文·塔维尔（Kevin Taweel）举了一个很好的例子，说明了在这方面"犯错"有多么的容易。在视频中，他问道："当助理暗示有一个恼人的客户在电话里时，许多高管会怎么做？"答案是，许多人会假装不在，让助理告诉客户 CEO 在开会，稍后会回电。凯文接着问听众，这种行为向助理传递了什么信息？在根本上，它传递的信息是"撒谎是可以的"。

■ 文化要素

考虑"文化"的时候要记住以下几个原则。

- ☑ 公司文化最强大的影响力是 CEO 及其管理团队的言行，如若不然，那就是领导力出了问题。

- ☑ 雇佣价值观与公司一致的人，比雇佣价值观不同的人并试图改变他们要容易得多。
- ☑ 新员工入职不仅要了解公司的战略、运营、销售等，还要了解公司的信念体系。
- ☑ CEO应该在新员工入职的过程中传达公司的文化。

以下6个行动可以比说的话（但也不要停止说）更有效：

- ☑ 你要提拔谁
- ☑ 你要给谁降职
- ☑ 你给谁加薪或给奖金
- ☑ 你没有给谁加薪
- ☑ 你雇用了谁
- ☑ 你解雇了谁

正如卢卡斯·布劳恩（Lucas Braun，Brown Robin Capital）回忆的那样："到目前为止，对我们文化影响最大的是我们所雇佣的人，他们的技能/经验、职业道德、价值观等。当我们卖掉公司的时候，我们大约有90名员工，而原来刚收购时的14名员工中，只有4人还在。这是一家建立在积极、投入和有趣的员工基础上的公司。我们真的感觉大家都在朝着同一个方向努力。"

搜索基金收购的企业的一个共同特点是转向一个更分散和更具创业精神的组织。这在一定程度上与时代有关，因为年轻的经营者是在一个更加分散和更提倡创业精神的社会中长大的。这也是情势使然，因为从零开始创建公司的所有者兼创始人与公司的方方面面都有更多的情感联系。

这一观点与连续投资者威尔·桑代克的杰作《商界局外人：八位不同寻常的CEO和他们激进理性的成功蓝图》（The Outsiders）[1] 有异曲同工之妙：他在书

---

[1] W. 桑代克（Thorndike, W.）. The Outsiders, Eight Unconventional CEOs and their Radical Rational Blueprint for Success [M]. 哈佛商业评论出版社，2012.

中分析了八位业绩令同行相形见绌的首席执行官：汤姆·墨菲（首都广播公司）、亨利·辛格尔顿（特利丹公司）、比尔·安德斯（通用动力公司）、约翰·马龙（TCI 有线电视公司）、凯瑟琳·格雷厄姆（华盛顿邮报公司）、比尔·斯蒂里茨（罗森-普瑞纳公司）、迪克·史密斯（大众电影院公司）和沃伦·巴菲特（伯克希尔-哈撒韦公司）。[①] 在他的研究中将发现 5 条与众不同的脉络，这些无可比拟的、极端理性的首席执行官的共同点如图 7-4 所示。

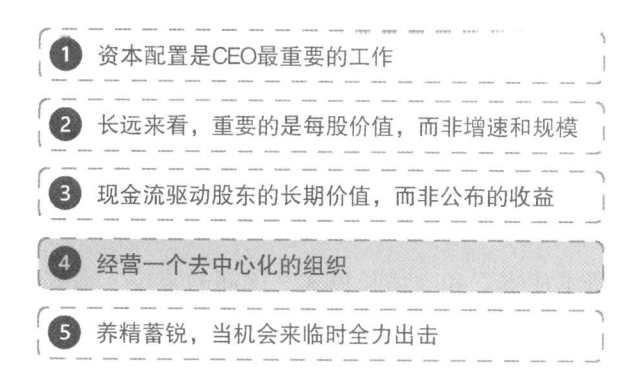

1. 资本配置是 CEO 最重要的工作
2. 长远来看，重要的是每股价值，而非增速和规模
3. 现金流驱动股东的长期价值，而非公布的收益
4. 经营一个去中心化的组织
5. 养精蓄锐，当机会来临时全力出击

资料来源：威廉 N. 桑代克《商界局外人》。

图 7-4　极端理性的首席执行官的共同点

把决策权下放到基层，创造一个让人们拥有自主权，感到被支持、有想法、有创造力、被重视和尊重的环境，这才是真正的变革。它能激发潜在的能量，增强忠诚度。

公司正在向好的方向发展，你应该在其中发挥作用。随着社会最终意识到全人类的尊严、相互尊重和平等的理念，如果有问题向你提出，不要动摇，不要贸然行事，而是遵循程序。如果遇到盗窃或性骚扰等法律问题，请让法律顾问参与，并让董事会知晓。

关于何为可接受行为，可能存在很多灰色地带。也就是说，有一些事情首席

---

① 《商界局外人》已对各位 CEO 和公司有了正式翻译，故此处不另加英文原文。——译者注。

执行官应该强烈地感觉到，并尽早解决。比如大声喧哗、公开批评、背后议论，这些都是对公司文化有害的行为，应该制止。当有人越过底线时，及时采取行动，确保边界清晰。员工们甚至可能对此感激，尤其是那些虽然对卖家的"旧有方式"感到不适，但仍然遵照行事的员工。

第一年

第一个100天顺利度过后，你将加速了解所推行流程的成果，也将继续深化管理基调和建立公司文化。

当你和你的董事会评估和回顾你所学到的东西时，你将逐步建立一个长期的价值创造理论和实现方法。

根据你在"资本成本"和"增长模式"之间的定位，你的侧重点会有所不同。如果你收购了一家由低资本成本（即高杠杆率）支持的稳固、成熟的企业，那么你的努力将集中在产生强劲的现金流（以偿还债务）上。如果你的投资理念是购买一个平台来实现增长，那么你就需要想办法增长。在财务角度，"它"是EBITDA或ARR，取决于所应用的估值体系。然而，实现这一目标的最佳方式是建立一个战略、运营、文化和财务等各个方面优秀的企业。

请注意，我们讨论的是一个光谱范围（资本成本与增长为两端）。很多收购式创业的公司将在不同程度上同时发挥杠杆作用和实现增长。

在这个阶段，重要的是开始明确创造价值的计划，并向你的管理层和员工传达一些明确的目标。让我们简要地讨论一下这两方面。

打造价值创造的平台（未雨绸缪）

传统搜索者会成为受人尊敬的搜索基金社区成员，这个社区有着运营者、导师、投资者和董事会成员的一脉相承，所有人都乐于互相帮助，并支持充满激情的创业者。他们加入了一个喜欢挑战自我和彼此的群体，追求卓越并期望高道德标准。这是一个兄弟姐妹般的团队，他们期望、渴望并实现了无与伦比的回报

（自 1984 年以来平均回报率超过 30%）。

要实现这一点，你必须建立一个平台，为你的投资者创造卓越的、可持续的价值。而这则需要通过创建一个受利益相关者喜爱的企业来实现。

由于搜索 CEO 的雄心壮志和高标准的期望，我们要求他们将格局放大，并尝试回答：要把企业规模扩大到目前的十倍，需要做些什么？如何把这个企业变成仅次于国家造币厂的"印钞机"？

首席执行官需要确定他们企业中哪些方面有潜力实现如此巨大的增长并产生巨量现金。创造一种文化，让每个人都对渐进式改进负责（Kai-Zen），那么你和你的高管层就可以花时间在那些可能对公司价值产生巨大影响的想法上。从长远考虑，想想 3 到 5 年后的企业应该是什么样子。正如杰夫·贝佐斯所言，首席执行官应该少做决定，但做出的决定要重大、持久、有影响力。

回想一下，作为首席执行官，你可以使用以下四个驱动因素来增加公司的股权价值：

1. 销售增长（即价格和/或数量的增加）
2. 降低成本
3. 去杠杆化
4. 估值倍数扩张（例如，EV/EBITDA）

增长模式将专注于 1 和 2，而资本成本模式将更多参与 2 和 3。自然，无论采用哪种模式，你都将致力于改善其他驱动因素。

许多收购创业者和他们的投资者将专注于营收增长。这是因为，与其他驱动因素相比，可持续的销售增长对股权价值创造的影响更大。请注意，早期往往会有一些容易实现的目标，但持续的、每年两位数的成本降低通常是不可能的。另一方面，销售增长比成本效率有更高的弹性，因此有更大的创造价值的潜力。这体现在下面的公式中：

$$权益价值 =（销售额 - 成本）\times（EBITDA 倍数）- 净债务$$

销售增长与较高的运营杠杆①相结合，将对你的价值创造产生双重影响。

如前所述，估值倍数的扩张更多由整体经济及其预期、私募股权的现金水平、利率政策或系统性冲击（如911、Covid-19等）等更大的市场条件决定。一般来说，执行良好的成长型收购会有更容易扩张估值倍数。为什么？因为除其他因素外，倍数是公司规模的函数。

即使不增加EBITDA（销售-成本），不增加倍数，仍然可以通过减少净债务水平来创造价值。具体方法是使用经营创造的现金来偿还债务②。与降低成本类似，债务偿还也有一个零的边界。因此，其影响比可持续的销售增长更为有限。

既然我们简要地解释了价值驱动因素，那么就有必要看看这个公式及其重要价值驱动因素的数学应用。记住：

$$权益价值 = (销售 - 成本) \times (EBITDA 倍数) - 净债务$$

由于成本效率和净债务减少的空间有限，而我们对EBITDA倍数的影响也不大，因此应该专注于销售增长。事实上，销售额每增加1美元，在不增加相关成本的情况下，按6.0倍的EBITDA倍数计算，股权价值就会增加6美元。同样，估值倍数的变化对股权价值也有显著影响，它处于我们公式的乘积项中，而提升倍数的最佳方式可能就是通过增长销售额。

销售额可以通过价格、数量或两者的结合来增加。当更高的价格没有带来相关的销售成本或运营费用（SGA）的增加，即运营杠杆作用，价格增长超过了数量增长。一般来说，通过向现有客户收取更高的价格来增加销售额比通过获取新客户来增加销量更容易。

例如，比较表7-2中提高价格、增加销量或降低成本的影响。它说明了5%的价格上涨、5%的销量增加和5%的成本减少对权益价值的影响。所有的假设都是500万美元的收入，20%的EBITDA利润率，6.0倍的EBITDA估值，零净

---

① 即固定成本比例较高。
② 不使用"额外"创造的现金来偿还债务会产生类似的效果，因为这样会减少净债务。账上本身持有多余现金而支付不必要的债务利息并不是最优选择。

债务。

你可以在表 7-3 中观察到，价格上涨 5% 会导致权益价值上涨 25%，销量上涨 5% 会导致权益价值上涨 5%，成本下降 5% 会导致超额权益价值上涨 20%。

表 7-3　　　　　　　　　　三种改善 EBITDA 策略的比较

	基础	5%价格增长	5%销量增长	5%成本降低
收入	$ 5 000 000	$ 5 000 000	$ 5 000 000	$ 5 000 000
价格增长	$ 0	$ 250 000	$ 0	$ 0
销量增长	$ 0	$ 0	$ 250 000	$ 0
新收入	$ 5 000 000	$ 5 250 000	$ 5 250 000	$ 5 000 000
收入增长率（%）	0%	5%	5%	5%
成本	$ 4 000 000	$ 4 000 000	$ 4 200 000	$ 4 000 000
成本降低	$ 0	$ 0	$ 0	($ 200 000)
新成本	$ 4 000 000	$ 4 000 000	$ 4 200 000	$ 3 800 000
成本降低率（%）	0.0%	0.0%	0.0%	5.0%
EBITDA	$ 1 000 000	$ 1 250 000	$ 1 050 000	$ 1 200 000
EBITDA 利润率（%）	20.0%	23.8%	20.0%	24.0%
EBITDA 增长率（%）	0.0%	25.0%	5.0%	20.0%
EBITDA 倍数	6.0x	6.0x	6.0x	6.0x
股权价值	$ 6 000 000	$ 7 500 000	$ 6 300 000	$ 7 200 000
股权价值增长率（%）	0.0%	25.0%	5.0%	20.0%

资料来源：Palfreyman, J., Wasserstein, A. 和 Webster, S.，《2020 年：关于价格上涨的本质》，耶鲁大学管理学院案例。

这是一年内的影响！自然地，在复利计算下，差异会更加显著。此外，在通货膨胀环境中，提高价格比相对减少成本要容易得多。

值得评估的是，价格和销量的提高产生的影响。在图 7-5 中，企业家 A 只关注销量增长，实现了每年 7% 的增长。企业家 B 每年额外提高 4% 的价格。使用与前面例子相同的假设，企业家 A 将股权价值增加到 1 100 万美元，而企业家 B

将股权价值增加到 3 260 万美元！企业家 B 将把公司的股权价值增长到近三倍的规模，并比企业家 A 的公司多创造 2 160 万美元的股权价值。爱因斯坦在宣称宇宙中最强大的定律是复利定律时，一定是根据经验得出的。

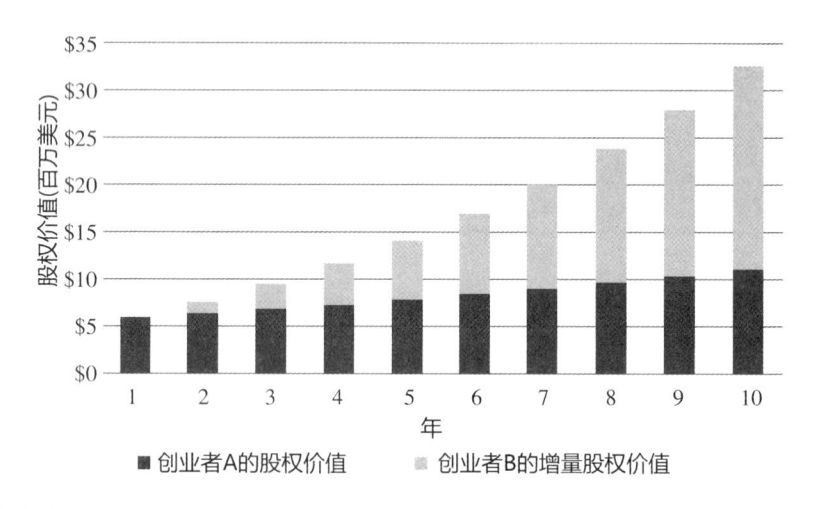

资料来源：Palfreyman, J., Wasserstein, A. 和 Webster, S.,《2020 年：关于价格上涨的本质》，耶鲁大学管理学院。

图 7-5　10 年来数量增长（企业家 A）与数量和价格增长战略（企业家 B)的股权价值增长

销售是价值创造引擎，但加速销售是困难的。它需要洞察购买方的决策过程和结构，可观的收入、成功业务和运营模式，充沛的精力和说服力等。它可能是雇佣更多的销售人员，调整他们的激励结构，改变产品，发展新的战略联盟，部署新的渠道，或任何其他行动的结合。这总是需要对销售过程的细节有深刻的理解。事实上，正如卢卡斯和瑞安的董事会成员在第一次董事会会议上所说的那样，"你的任务是弄清楚如何销售……然后卖出更多。"

这种对销售过程的高度关注，在西蒙·韦伯斯特的假肢业务中同样重要。该公司设定了赢得更多投标的目标，这些投标由一个决策者小组进行评估。正如西蒙解释的那样，"我们提前很长时间就确定了评委会成员和将要竞标的地点。然后，我们去见他们，了解他们想要什么。我们研究了我们中标或失败的原因，并将学到的知识融入未来的投标中。"

你的重点应该始终放在长期的价值创造上。你是公司的所有者。在退出时，你很可能是公司最大的所有者。搜索基金模式的一个很大特点是，消除了委托代理的问题。① 由于收益分成和持股比例的关系，即使你是一个"经济人"（Homo Economicus，理性自利的思维者），也会让你做出符合自己作为所有者（而非管理者）最大利益的决定。这就是为什么关于规模、角落办公室、地点和战略等决策都应该基于这样一个问题：这个决策是否会创造最长期的每股价值？

设定和传达目标（活在当下）

与董事会讨论长期战略愿景非常有益（就像在 MBA 课堂上所做的）。随着时间的推移，你将形成自己的价值创造理论。然而，在最初的几年里，你有必要听取科利（Coley）的建议："把你的战略帽放在衣橱里，专注于执行，学习如何执行，学习如何与人共事。"

事实上，你必须顽强，并表现出强烈的经营紧迫感，专注于实现"第一个年度目标"的日常工作。记住，客户需要优质的产品和服务。你同样需要产生必要的现金来履行你对员工、供应商、税务机关和债权人的义务。从一开始，你就要表现出灵活性，你在建立一个既能处理当前事务，又创造未来的灵活组织（稍后详细介绍）。

是的，第一年将获取实现宏大目标所需的数据和情报，但请注意：你的目标还包括按既定预算执行。你的会议、报告需求和关键绩效指标（KPI）都应支持商业情报的获取，同时帮助执行第一年的"计划"。因此，为管理层和员工提供"SMART"目标至关重要：具体的（Specific）、可衡量的（Measurable）、可行的

---

① 请注意，由于你的受托责任，即使你不是所有者，也应在股东和利益相关者的最佳利益下做出决策。

（Actionable）、相关的（Relevant）和有时间限制的（Time bound）。

明确、一致且反复传达这些目标至关重要。每个成员都应该知道自己与这些目标的关系，并且要承担相应的责任。你的领导能力将根据所设定的目标来评判，无论是你的员工、董事会还是投资者都会以此为标准。

关于第一年的最后一点说明。虽然理论听起来很美好（以合理的价格收购一个优质企业，在第一年进行学习并利用这些经验创造价值），但实践往往是另一回事。

下一章，我们将快进到第一年以后，探讨如何为最终的成功奠定基础。

第八章

打好基础：管理（二）

每个人都可以超越自己的境遇，并通过对工作的奉献和激情取得成功。

——纳尔逊·曼德拉

天下难事，必作于易；天下大事，必作于细。

千里之行，始于足下。

——老子

募资　搜索　收购　**管理**　退出

你已经了解到，收购式创业不是一份轻松的差事。相反，人们最常把它比作过山车，先是狂喜的巅峰，然后是痛苦的低谷。你可能还会发现，对于合适的收购创业者来说，从收购者转变为所有者兼CEO的想法是再好不过了。

这份指引，以最广泛应用的收购式创业模式——传统搜索基金——作为蓝图，为所有类型的收购式创业提供指导。它划分了收购式创业过程中的不同活动：筹资、搜索、收购、管理和退出。

到目前为止，冒险中最广泛和深入的部分是企业的管理部分。在这个阶段，你和你的董事会将履行受托人职责，包括忠实义务和注意义务，并致力于成为公司的好管理者。由于其重要性和深度，指引将管理部分进一步细化了三个连续的子类别：第一年，前几年和后几年。在管理部分的最后，还有第四个子类别：董事会和公司治理，它在你的整个CEO之旅中起着至关重要的作用。

第七章就任期第一年要考虑的重要方面提供了指导。它强调了第一年最关键的方面：沟通、学习、报告、基调和文化。如果你在第一年完成了手头的任务，接下来的几年你将致力于将公司转变为一个创造价值的平台。如何实现这一点，是第八章的目标。

在接下来的段落中，指引将更深入地探讨，在你和你的董事会了解情况以后，如何将公司转变为一个创造价值的引擎。你将了解到，在这些年不同的阶段中，你通常将会撬动不同的杠杆。最常见的是：战略、商业模式、运营模式和财务管理。你会明白，所有这些都是整合在一起的，都以人力资源作为重要组成部分。因此，人员的管理至关重要。本章最后指出，这可能是艰难的几年，而且事实上，过山车般的旅程并不局限于搜索阶段。

和管理一个初创企业或大型机构相比，管理一个中小型企业（SME）是一个截然不同的挑战。中小型企业员工少，资金又有限。在搜索基金收购的情况下，它们还承担着收购融资的偿还负担。然而，搜索基金收购的中小型企业，有能盈利的历史，有前景的业务，以及持续成功的行业特征。搜索基金所收购的中小型企业的另一项重要"资产"是一位热情、富有感染力的CEO，她愿意倾听、努力工作，并将其打造成一家伟大的企业。而一个伟大的CEO会最大化利用最有限的资源，包括员工、资本、资产和时间。

每个公司的情况不同，员工、客户、资产和公司声誉也各不相同。因此，本章更多是指导原则，而不是具体策略。根据你公司的情况、行业的特点，以及你和董事会的敏捷性，你的具体路径将是独特的。

回想一下骑师、赛马、教练和赛道，其中骑师是创业者，赛马是企业，教练是投资人，而赛道则是行业。在此之上，现在想想天气和栅栏等在赛道上会遇到的问题。

天气状况是影响行业内所有公司的大型宏观经济事件。一家公司所面临的具体问题就像马必须跨越的栅栏一样。

一匹马的品质、骑师的能力，以及两者的结合，将决定一匹马能否成功且高效地跨越栅栏。作为 CEO，收购创业者需要密切关注天气和前方赛道，以预测未来的问题并妥善管理。

前一章着重于收购后第一年学习和基础工作的重要性，而本章的内容在第一年之后。这时，首席执行官已经确立自己的地位，可以做出明智的决策，朝着创造长期价值的目标前进。此外，现在董事会对公司有了更好的了解，可以考虑对业务和战略进行重大调整。

良好的财务管理将为战略、商业模式和运营奠定基础，而良好的战略、商业模式和运营也为财务管理提供好的背景。在收购后，首席执行官将有机会对一切进行持续不断的微调。然而，对人员的管理将充斥在她所做的一切事务中（见图 8-1）。

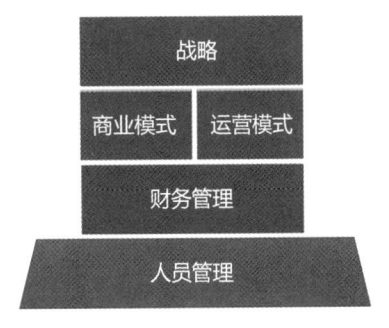

资料来源：作者整理。

图 8-1　人员管理战略的基本性质

接下来我们将研究战略定义、商业模式、运营模式和财务管理。我们将从最关键的任务开始：人员管理。

人员管理

作为首席执行官，你不仅要定下管理风格，在创造企业文化方面发挥决定性作用，而且还要成为一个团队的队长。你将继承原有团队，也将建立新的团队。强大的团队会让管理公司和实现目标变得更轻松。要打造一个优质的团队，需在管理、留用、淘汰和增补人员及岗位方面下功夫。请牢记，几乎所有的文化变革都伴随着人员的离职或被解雇，行为改变从来都不是一件容易的事。

打造一个由一流人才（A 级员工）组成的团队是理想的最终目标，但说起来容易做起来难。高绩效员工往往成本高昂，且难以招募。尤其是在中小企业中，首席执行官很少能够将整个组织都配备一流人才，即使能够做到，也需要时间来实施变革并逐步完成团队过渡。鉴于这一现实，首席执行官应对员工队伍采用投资组合优化的策略，通过战略性地增补、淘汰、调整角色及对员工进行投资，来打造强大的团队。

回想一下，小型收购（EBITDA 低于 150 万美元）往往风险更大，回报更低。一般来说，一是因为小公司应对突发问题的能力较弱，二是缺乏可扩大规模的结构，三是没条件吸引一流人才。

综合 Huselid 等人的研究，切实的第一步是确保公司中的一流人才能够处于关键岗位（A 级岗位）。[1] 识别公司内的关键岗位并非易事，这些岗位可能出现在组织结构的任何层级，从管理层到一线员工都有可能。无法单纯依靠薪资或在公司任职时间来识别关键岗位，因此在刚收购一家公司时这一任务变得更加具有挑战性。

关键岗位的独特之处在于它对战略执行至关重要，并且其结果因人而异，表现差异较大。结果的差异性意味着某些人在这一岗位上能够取得远超他人的成就。通过将顶尖人才放置在关键岗位，首席执行官能够最大限度地发挥那些对公司战略至关重要岗位的产出。

在确定关键岗位时，请记住，这些职位可能会产生巨大的积极影响（例如销售职位），但也可能对防止重大损失至关重要（例如客户服务代表）。

一旦任务被确定，就应将其分配给具备完成任务所需的技能和能力的人，这一点将会在本书后面的章节中讲到一致性模型的时候展开讨论。如果差异化技能对 KPI 和公司最终业绩有重要影响，你就会想要一流的人才。他们能将个人能力与任务联系起来。一流的 CFO 很少会成为一流的 CHRO（首席人力资源官），反之亦然。不要把"A 级员工"（一流员工）和"A 型人物性格"混为一谈。此外，在招聘、评估和晋升时，要避免被确认偏见、相似偏见或性别和种族偏见所

---

[1] M. 胡塞利德（M. Huselid）、R. 比蒂（R. Beatty）和 B. 贝克尔（B. Becker）在 2005 年 12 月的《哈佛商业评论》中发表的文章《顶尖人才还是关键岗位？——劳动力管理的战略逻辑》探讨了这一问题。

影响。

毋庸置疑，你应该慎重考虑如何把二流人才（B级员工）从关键岗位调走，但对于三流人才（C级员工），则应该迅速从关键岗位调走。此外，首席执行官应该考虑彻底取消低效岗位（C级岗位）。这些职位对公司没有战略价值，由第三方（即外包）来执行可能会更好。

管理公司内的关键岗位需要进行有针对性的评估、发薪和发展。这些岗位应该有各自特定的绩效评估标准，以便于识别员工在该岗位上是不是真正的顶尖人才或只是表现一般的员工。绩效评估应比一年一次的频率更高，便于管理层在必要时迅速做出反应，并提供建设性的反馈。处于关键岗位的员工应获得比其他岗位更高的奖励。

优秀的公司高度重视人才管理，为员工提供工具，使他们更投入工作并提高工作技能。这不仅提升了公司绩效，也增强了员工的忠诚度。引用巴奇·斯通（Badge Stone，WSC & Company）的观点：“最优秀的首席执行官通过吸引杰出人才，打造卓越的管理团队。然后他们通过建立流程、提供工具和设计激励机制，最大化这些人才的效率和表现。其关键在于为高素质的人才配备合适的资源，以便同时挑战和支持他们。”

下一个需要讨论的话题是性格类型，除了能力，性格也可以分为A型和B型。A型性格的人通常渴望晋升，公司的责任是为这些A型性格的A级能力员工（顶尖人才）做好准备，使他们在组织中获得晋升并在更重要的岗位上继续保持顶尖表现。B型性格的人往往喜欢保持现状。如果他们在关键岗位上表现出A级的能力，请确保为他们提供必要的工具，使其能够持续保持优秀表现。

了解员工的动力来源是一种良好的管理实践。如果你的管理方式过于功利化，那么当你下次请员工帮忙时，不要对他们询问报酬感到惊讶，或是看到他们不断在外寻找"更好的机会"，要尽力激发员工的内源性动力。那些出于内在动力提供卓越服务或生产出色产品的员工，表现往往优于那些仅靠外在激励驱动的员工。他们不仅会对公司文化做出更多贡献，也会更加忠诚。

正如安迪·洛夫（Aspect Investors）警告的那样：“在设计基于业绩的薪酬

计划时，要谨慎行事。奖励什么，就会得到什么。在缺乏制衡或防护措施的情况下，往往还会得到一些你不希望看到的结果。套用里克·詹姆斯的话说，激励是一剂猛药！"

要意识到，一流的人才往往非常排斥为二流的人才工作。他们以工作为荣，擅长且认真地完成工作，但若汇报对象不具备同样的敏感性，这对他们来说将是艰难的。这些一流员工通常会选择"另谋高就"，而留下的二流人才则需要再招聘一个二流或三流的人才。正如图8-2所示，将一个二流管理者放入一个原本强

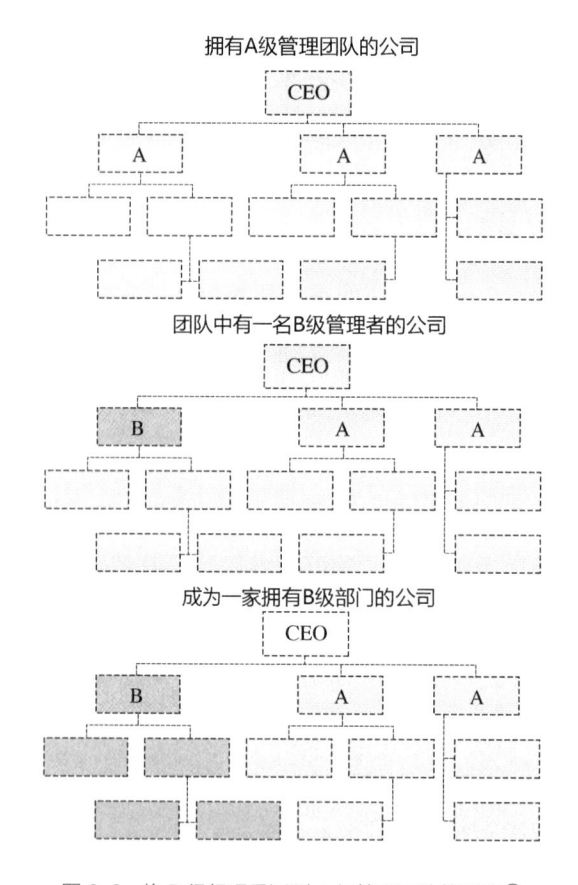

拥有A级管理团队的公司

团队中有一名B级管理者的公司

成为一家拥有B级部门的公司

图8-2　将B级经理委派到A级管理团队的影响①

---

① 以上内容改编自格雷厄姆·韦弗（Graham Weaver）在2019年斯坦福商学院搜索基金CEO大会上的演讲。

大的组织中，随着时间的推移，会产生负面的连锁效应。组织因此遭受双重打击：既失去了一名顶尖人才，又需要支持一名表现欠佳的员工（如提供监督、培训等）。对此动态应保持敏感。当一流员工离开组织时，CEO 应感到警觉，并对任何失去顶尖人才的经理表现出更高的关注，以确保不是领导能力的问题。

首席执行官需要准备好解雇那些达不到预期的人。解雇表现不佳的人与雇佣表现出色的人同样重要，甚至更重要。如上所示，表现不佳的人会削弱组织的才能，并打击士气。解雇表现不佳的员工可以为更多的一流员工腾出空间，并确保优秀表现者留在公司。

"差强人意的员工"和"害群之马"

许多管理者从直觉上明白，把 B 级员工留在 A 级职位，最好的情况只能是长期结构性表现欠佳，最坏的情况则会造成显著的价值损失。他们可以决定将有问题的员工重新分配到更适合的职能（或绩效低下、影响较小的职能），给他另一个机会（为其改进提供支持），或者解雇他。有时，不同选择的组合会随着时间的推移而逐渐显现。

但如果是一个文化上不契合的顶尖员工呢？这时，你在商学院学到的知识、董事会的指导以及你的领导力就至关重要了。这就要看你的真本事了。这就可能是你在顶级公司看到的情况：首席执行官必须找到一种方法，既能留住最优秀的员工，又能让他成为公司文化的大使。

顶级教练菲尔·杰克逊（训练了迈克尔·乔丹和丹尼斯·罗德曼）或亚历克斯·弗格森（训练了坎通纳、基恩和鲁尼）都是这样做的。这是伟大领导力的标志，留住顶级员工，将他们转变为文化的风向标。如果你认为自己做不到这一点，那就寻求帮助。但不要误会，任何组织的高层都必须做到这一点。在搜索基金的背景下，你和你的董事会必须努力给你培养这种能力。

关于这一主题的经典案例，请阅读：HBS 9-498-054 Rob Parson at Morgan Stanley (A)。

你可能迟早会面临解雇某人的情况。在此之前，请考虑以下三个方面。首先，确保遵循法律程序。不遵循程序可能会给公司带来法律风险，因此应当咨询法律顾问。其次，要意识到解雇的对象和方式将影响公司文化，毕竟行动胜于言辞。最后，确保你做出的决定是出于正确（专业上，并非出于个人）的原因，并考虑其他选择（比如调岗或辅导）。一定要和值得信赖的董事会成员或指导教练进行讨论。

招聘很有趣（收购也是如此），它能够温和地满足自尊心。然而，公司越小，不理想的招聘带来的影响就越大。因此，"慢慢招聘、谨慎解雇"是一种良好的实践。很多时候，公司一有职位空缺时，就会组织招聘并尽可能选择当时能找到的最佳人选。这种方式对于一般岗位来说效果不错，速度也很重要。但对公司和这个岗位来说，也许更好的做法是让岗位空缺一段时间，创造出招聘真正顶尖人才的机会。考虑一下这种选择随时间推移的效果。

正如比尔·伊根（Bill Egan）所言，这一点在组建董事会时也至关重要。每个席位都应物尽其用。如果为了找到合适的人选而让某个席位空缺一段时间，那也是值得的。

不过，在这件事上也不要失去紧迫感。你需要尽快为关键岗位招募到合适的一流人才。我们只是建议避免因为过于仓促的招聘而导致招错人。多人证实，招聘到合适的顶尖人才是关键所在。

苏米特·加格（Sumit Garg, Software Growth Partners）在 2020 年收购了他的第四家公司 Venio Systems，他在谈到这个问题时表示："在收购式创业成功的过程中，我发现其中一个关键因素就是围绕搜索者/首席执行官的高管团队素质。在我第一次收购的公司 Cleo 中，首次的高管招聘是在收购约两年后完成的。当时我们聘请了工程部负责人和首席技术官。一年后，我们还招聘了一位销售副总裁。这些与公司目标高度一致且能力出众的高管人才，为公司在关键的职能领域（产品和收入执行）提供了正确的专业知识。此外，这也使我能够专注于战略性

和具有突破性的问题，而不是被日常战术事务所困。这反过来帮助我解决了由增长带来的重要压力。Cleo 作为一次收购案例取得了巨大的成功，业务增长了约 10 倍，但事后看来，我希望我们能更早地进行这些招聘。

"在我的下一个收购中，尽管面临 EBITDA（息税折旧摊销前利润）方面的限制，我们还是有意识地决定尽早聘请一位销售副总裁。这一决定取得了良好的效果，因为它使公司建立了一个企业销售团队，多年来持续实现了令人印象深刻的 ARR 增长。

"招聘最优秀的高管可能是一项艰巨的任务，因为他们的薪酬预期可能高于预算。我记得我和 Cleo 的搜索伙伴的一次谈话，当时我们正在讨论我们是否能支付得起一位我们喜欢的潜在工程部负责人的薪酬。当我们逐渐接受他的薪酬期望时，很快听到这位候选人表示，只有在他能带上他的得力助手担任首席技术官的情况下，他才会加入公司。突然之间，我们的问题翻了一番。最终，我们设法解决了预算问题。工程部负责人和 CTO 都是超级明星，我很高兴我们能找到办法请他们加入公司。"

随着行业的发展以及公司在其中角色的变化，组织内的任务也需要相应调整，相关责任的员工也需随之进步。对于被搜索基金收购的企业来说，这一点尤为重要，因为这些企业在短期内通过多倍增长，市场地位会发生显著改善。管理层的变动往往是这一过程的合乎逻辑的结果。

经营者何塞·斯特拉（Jose Stella）和拉斐尔·索莫萨（Rafael Somoza）在拉丁美洲发展业务时，深刻理解到公司所制定的人力资源和招聘政策，对于企业增长雄心来说至关重要。他们的公司在中立主机模式下为手机公司开发无线基础设施。最初的计划是在六年内建设 575 座通信塔，并专注于巴西。经过 9 年的运营，他们不仅超额完成了业务计划，还在五个国家和四条产品线上开发了超过

2 400个无线基础设施资产。

这令人难以置信的增长之旅，是从一开始就有意打造一支"顶尖"管理团队的结果。他们成功的关键在于提前招聘（也就是说在绝对必要之前就招聘了新员工），他们花费了大量的时间和精力来确保雇用了正确的人。用他们的话来说——"超额招聘或提前招聘"可能是公司成功的关键。组织内部始终需要足够的"带宽"容量，高增长的公司尤为如此。我们从来不想因为人员配备不当而错过一分一厘的盈利增长。我们相信，如果"超额招聘"，我们可以迅速纠正。好处总是大于可能的坏处。如何在保持利润率的同时，为增长做好充分的人力资源配置，是我们公司内部经常探讨的"有益张力"。

招聘员工时，你既不想花费过多，也不想花费过少；关键在于找到适当的平衡。对于经验更丰富、工作效率更高的人，薪水上的差异通常会带来回报。公司所有者需要将个人招聘的成本与他们能够带来的价值进行权衡。换句话说，新员工应该被视为一种投资，而不是开支。在账面上，招聘新员工的投资看起来可能很昂贵，但如果他们能推动业务的大幅增长和创造大量价值，这笔投资就显得微不足道。

你需要花时间思考岗位所需的正确技能组合，以确保新团队成员能够得到适当的挑战。我们发现，在大型公司有过关键任职经历的人才总是能够更快地推动公司增长。他们见多识广，能够帮助缓解增长中的"生长痛"。在我们公司，"年轻基因"与"经验老道"之间的平衡是我们特别关注的另一个"有益张力"。

最后，在我们的高速增长阶段，企业文化是至关重要的。我们希望在企业增长的同时不失去创业精神。我们公开和团队讨论了"生长痛"，并开发了我们自己的沟通方式，帮助我们形成了所需的文化。作为一个组织，我们认识到，业务的不同部分需要不同的管理方式。更成熟的产品和业务单元需要更加注重效率，而新产品及其相关业务单元则需要以增长为目标进行管理。认识到不同的需求，我们能够更妥善地管理业务以实现我们的目标。为了让全公司了解这一点，我们创造了G.E.C.这一术语，将QMC描述为一家正在成长中的创业公司，既能管理稳定成熟的业务线，又能同时扩展到新产品和新市场。为了做到这一点，整个公司需要理解何时需要精准的编排协调，何时需要即兴发挥和灵活应对。

战略机遇

搜索基金 CEO 的道路上充满了各种战略选择。有些选择较小，偏向战术性且边缘化，而另一些则是重大且决定性的。战略制定是董事会的职责，而战略执行是 CEO 的责任。最优秀的首席执行官和董事会将加速动态战略的发展，同时创建一个具有双元性的组织。

战略发展

一个组织就像一个相互关联的有机体，由人员、流程、规范、结构和系统组成。由于组织是一个整体，任何调整都会产生连锁反应，影响到相关部分，甚至波及整个组织。例如，从季节性生产转为均衡生产的运营变更可能会对你的战略产生重大影响。再比如，决定上市的财务决策极有可能深刻改变公司的文化。

因此，选择收购一个良好的企业至关重要。如果将一个状况不佳的企业与缺乏深厚知识的未自我验证的领导层（即对这种相互联系的运作方式缺乏深入了解的 CEO）结合在一起，是灾难的搭配。

一旦新董事会和首席执行官对业务有了充分的了解（第一年），注意力就会转移到提高和加强业务上。在既定战略框架内，业务执行的重点在于通过制定和实施有意义的关键绩效指标（KPI）以及通过运营改进，来寻求提升。

以蒂尔·博塞特（Till Bossert）和托拜厄斯·雷伯（Tobias Raeber, Kronos capital and Management AG）为例。2015 年初，他们收购了一家半永久性工业仓库公司（Herchenbach industrial Buildings GmbH）。第一年，他们了解到，他们业务的 KPI 是推向市场的仓储面积（sqm PTM，类似于产品销售数量）。在第二年中，他们专注于影响这一 KPI 的改进措施。此外，他们还优化了运营（例如引入 ERP 系统、标准化流程和采购等）。这些都使他能够更好地控制成本结构，并增加现金流。

简言之，蒂尔和托拜厄斯的重点是在现有战略下改进业务。

企业是不断演变的，有些企业会经历结构性转变。这种情况需要战略敏捷性。例如，当克里斯蒂安·劳伦斯（Christian Lawrence）和西亚兰·鲍尔（Ciaran Power）在旧金山收购一家复印公司时，在数字文档和在线共享方法变得普遍、复印需求大幅下降之前，他们需要一个新的计划。于是，这两位敏捷的运营者将重点放在了电子取证（e-discovery）这一微小的收入来源，在主营业务下降时，这一收入仍在增长。他们很快意识到这是他们的"救命稻草"。克里斯蒂安和希尔兰成功地转型，将业务重点放在电子取证上，最终取得了丰厚的回报。

组织双元性

已故斯坦福组织理论家詹姆斯·G. 马奇（James G. March）在 1999 年关于探索与开发的奠基性著作中很好地阐述了组织双元性（Organizational Ambidexterity）的概念以及它如何解决组织中反复出现的基本问题。[1]

---

[1] 马奇, J. (March, J.). 组织学习中的探索与利用（Exploration and Exploitation in Organizational Learning）[J]. 组织科学（Organizational Science），1999 (2): 71-87.

第八章

"组织面临的基本问题是,既要充分开发当前业务以确保其当前的生存能力,又要对新业务投入足够的精力进行探索,以确保其未来的生存能力。"

在马奇与斯坦福大学教授查尔斯·奥赖利三世(Charles O'Reilly Ⅲ)和哈佛大学教授迈克尔·塔什曼(Michael Tushman)早期合作研究的基础上,发展出了一系列广泛的研究议题,其中奥赖利和塔什曼是双元性组织领域的主要学者[1]。此外,其他学者[2]也做出了有意义的贡献。

在书籍和学术文章中[3],奥赖利三世(O'Reilly Ⅲ)和塔什曼(Tushman)指出,公司需要具备能够同时利用当前机会和为未来探索做好准备的战略、结构、激励机制以及人才。用他们的话来说,"组织需要具有双元性"。正如韦恩·格雷茨基(Wayne Gretzky)所言:"你需要能出现在冰球现在的位置和将要到达位置的能力。"

让我们来看看这个模型在搜索基金这一特殊场景和泛收购式创业场景中的应用。

---

[1] 奥赖利三世(O'Reilly Ⅲ,),M. 塔什曼(M. Tushman)引领与颠覆:如何解决创新者的两难困境(Lead and Disrupt: How to Solve the Innovator's Dilemma)[M]. 斯坦福商学院出版社(Stanford Business Books),2016.

[2] 例如:安布罗西尼,V(Ambrosini, V.),C. 鲍曼(C. Bowman).动态能力是什么?它们在战略管理中是否有用?(What are Dynamic Capabilities and are they a Useful Construct in Strategic Management)[J]. 国际管理评论(International Journal of Management Reviews),2009(3). 艾森哈特 K.(Eisenhardt, K.),J. 马丁(J. Martin).动态能力:它们是什么?(Dynamic Capabilities: What are they?)[J]. 战略管理期刊(Strategic Management Journal),2000-10/11.

[3] 奥赖利,C.(O'Reilly, C.),塔什曼,M.(Tushman, M.).组织的双元性:过去、现在与未来[J]. 管理学会视角(Academy of Management Perspectives),2013, 27 (4):324-338.

❖ **现有业务开发**①

在第一个阶段（步骤♯1），典型的经营者会像许多优秀的企业领导者一样，通过执行有效的战略、改善运营、控制成本、关注现金流以及提供更多更好的产品或服务来提高业务表现。实际上，许多经营者收购优质公司后，凭借充沛的精力、商业理解力和优秀的董事会，在各方面找到改善业务的诸多方式。这是因为企业存在业绩差距（performance gap），尚有改进空间，经营者通过改善必要的方面来弥补这种差距。

接下来的合乎逻辑的步骤（步骤♯2）是进一步开发市场，例如通过地理扩展、交叉销售或产品扩展进入新市场。在这种情况下，经营者要解决的是机会缺口（opportunity gap），即业务表现良好，但管理层要抓住机会。同样，搜索基金领域的许多补强型（bolt-on）收购都是机会缺口的例子。

良好的业务开发至关重要。

❖ **新兴业务探索**

然而，在大多数情况下，良好的开发不足以创造长期经济价值，有时甚至不足以生存。② 所需要的是同时进行探索的能力（步骤♯3）。因此，在开发的同时，企业需要能够探索新的机会，并具备重新配置组织资源以抓住这些机会的灵活性，这就是所谓的组织双元性。

这一理念的核心在于，企业需要能够从渐进式创新逐步转向不连续性或更具颠覆性的创新。领导者必须同时做到抓住当前的价值所在（开发）并为未来的商业机会做好准备（探索）（见图8-3）。

---

① 需要注意的是，"exploitation"（开发）一词可能有更好的替代词，因为它往往带有许多负面的含义。但为了与该领域的学术研究保持一致，我们仍然保留了这个词。（译者按：Exploitation 的另一用法译作剥削，负面意义更多）

② O'Reilly C., Tushman M. 行动中的双元性：管理者如何进行探索与开发[J]. 加州管理评论（*California Management Review*），2011（8）：5-22.

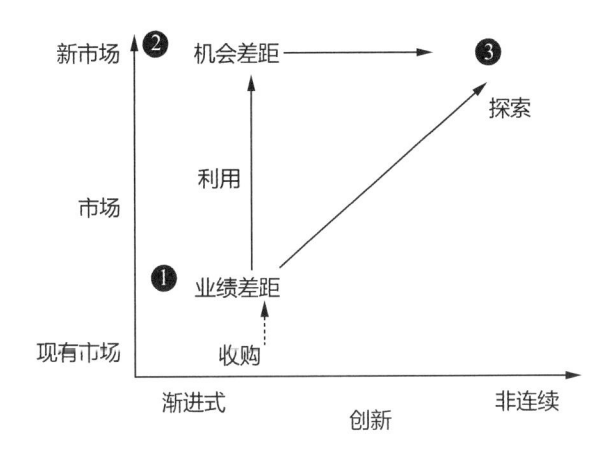

资料来源：Michael Tushman。

图 8-3 探索与开发

优秀的董事会不仅有助于提供这一视角，还可以在经营者过于专注于探索（这对 A 型人格或持有 MBA 的经营者而言往往更具吸引力）而忽视开发时，给予适当的引导。正如尤吉·贝拉（Yogi Berra）的名言所言："我愿意以右臂为代价，练就左右互搏之神功。"这句话形象地表达了此类风险。

可以从前述搜索基金的案例中看到该模型的实际运作。当蒂尔（Till）和托比亚斯（Tobias）改进测量方法并优化运营时，他们解决了业绩差距。当他们后来扩展到法国和英国，并成为全欧洲最大的综合仓储解决方案服务提供商时，他们利用了机会缺口，从而充分开发了市场。此外，通过加速数字化进程，他们也在探索，因而充分利用了这一模型。

另一方面，克里斯蒂安（Christian）和基亚兰（Ciaran）则不得不进行"快速探索"，因为他们原有的业务正在迅速恶化。实际上，由于他们的市场正受到颠覆，开发的可能性消失了，他们迅速重新定位了价值主张，重新整合了资源，并重组了业务。然而，这种情况并不常见。通常，经营者倾向于购买优秀行业中的好业务，而不是被颠覆者。

通常情况下，"早期阶段"致力于"开发"，首先是缩小业绩差距，然后是抓住机会缺口。更有野心、更费力的"探索"阶段最好留给经验丰富的 CEO（未来的你自己），我们将在下一章讨论。

虽然早期模式的重点将放在"开发"部分，但经营者最好从一开始就掌握这一完整模式。它不仅可以帮助他们开始建立一个双元性组织，且在必要或合适的情况下，还能使他们迅速转向开发模式。请再次参考何塞·斯特拉（Jose Stella）和拉斐尔·索莫萨（Rafael Somoza）的相关案例。

商业模式

在特定战略下，必须有某种机制来创造和捕捉价值，这就是战略专家所说的商业模式。在快速技术创新的领域，商业模式的变化速度往往超过战略本身的变化，人们因此对创新在战略中的重要性也越来越重视。将优秀的战略与糟糕的商业模式结合，就像派遣一支坦克营突袭。最好的结果是出现业绩差距，最坏的情况则是摧毁整个业务。

商业模式创新可以利用行业特性或业务特性。通过调整商业模式来创造价值的一个例子是多元化供应商基础（降低供应商的议价能力和利润率，提升自身的议价能力和利润率）。例如，将商业模式从永久许可证转变为 SaaS 模式，可以通过增加产品或服务的黏性来创造价值。

你可能会想到之前提到的威尔·布雷斯曼（Will Bressman）和 G. J. 金（G. J. King）将"RIA in a Box"的商业模式从一次性收费的永久服务转变为基于订阅的模式。

表 8-1 列出了多种能够改善行业和业务特性的商业模式创新。

表 8-1　　　　　　　　　改善行业和企业特性的商业模式创新

行业		企业	
行业竞争力	提高进入壁垒	收入	增加重复性或经常性收入的占比
	减少替代品威胁		通过多种新的或现有产品和服务实现收入来源多样化
	减少供应商力量		增加 B2B 销售额与 B2C 销售额的比例
	减少客户力量	可持续竞争优势	拓宽公司的护城河，即与竞争对手相比具有竞争优势的企业要素
	减少行业竞争，尤其是基于价格的竞争	复杂性	避免会导致商业模式过于复杂或企业难以管理的变化
行业集中度	增加公司的市场份额，特别是如果它能从品牌影响力的提升或规模经济或范围经济中获益	集中度	降低供应商集中度
潜在颠覆性	保护公司免受潜在颠覆性的影响，或者更好的是，带头积极地进行行业颠覆		降低单个客户和客户群的集中度
行业趋势与增长	使公司从预期的长期行业趋势中获益		降低关键员工风险
	进入利润客观、增长率高的新领域	资本性支出	通过减少资本支出和转向轻资产成本结构来优化运营水平
政府	游说或倡导增加有利于公司的新法规或取消现有法规		
	增加你或公司的监管权		
	减少"大笔一挥的风险（stroke of the pen risk）"和对政府支持的依赖		

在考虑商业模式创新时，常常需要自问一个问题："我如何能提高我的 EBITDA（息税折旧摊销前利润）和/或其质量？"① 质量的提高通常是由于黏性或可预测性的增强。而数量的提高则会增加收益，质量的提高则降低风险。两者

---

① 对于资本成本模型（Cost-of-Capital model），推动力可能集中在现金流上。

都对企业价值和估值有积极影响。

一个用于讨论价值创造和商业模式创新的有用工具是"价值楔（Value Wedge）"。它包括四个要素：客户的支付意愿（WTP）、价格（P）、供应商的供给意愿（WTS）和成本（C）（见图8-4）。

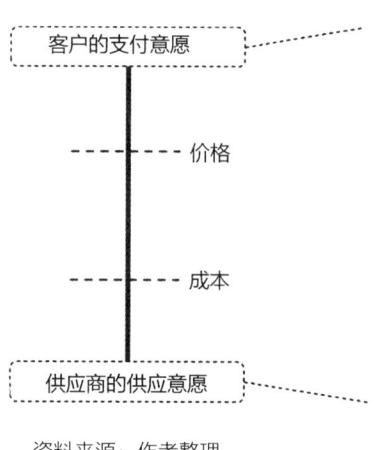

你的利润率是客户为你的产品或服务支付的价格与你所承担的成本之间的差额。客户支付意愿（WTP）是客户愿意为你的产品或服务支付的最高价格，而供应商的供给意愿（WTS）是供应商愿意为你提供产品或服务的最低价格。

更好的商业模式通过增加客户支付意愿（WTP）和供应商供给意愿（WTS）之间的差距来扩大利益。WTP可以通过定制产品、捆绑服务或提供友好的客户服务来提高。WTS则可以通过增加采购量、拥有更多替代品或提供有用的反馈来提高，见图8-5所示。

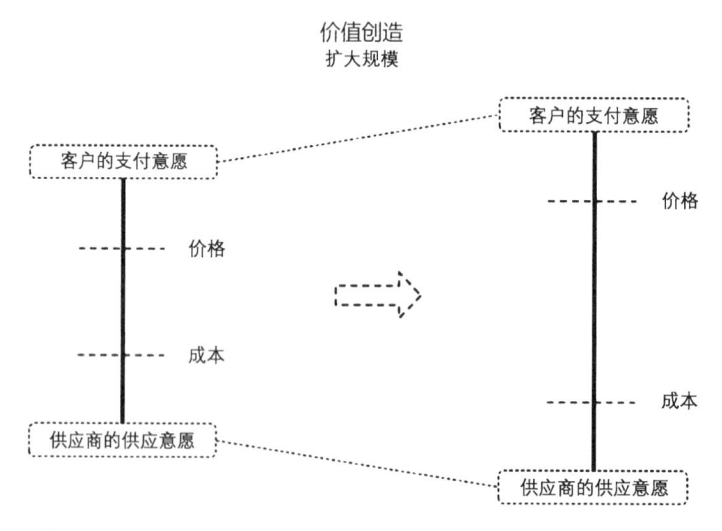

资料来源：作者整理。

图 8-4 价值楔

资料来源：作者整理。

图 8-5 把差额扩大

理解价值楔形结构，就能理解另一种（通过非商业模式）创造价值的方式：更好的谈判技巧。事实上，价格和成本之间的差额可以通过你的谈判技巧进一步增加。

留下利益空间可能是糟糕的谈判技巧所导致的结果，也可能是出于战略考虑。客户支付意愿（WTP）与价格（P）之间的差距是客户捕获的价值，而成本（C）与供应商供给意愿（WTS）之间的差距则是供应商捕获的价值（见图 8-6 所示）。在构建可持续的价值主张时，让客户和供应商都满意通常是有益的。

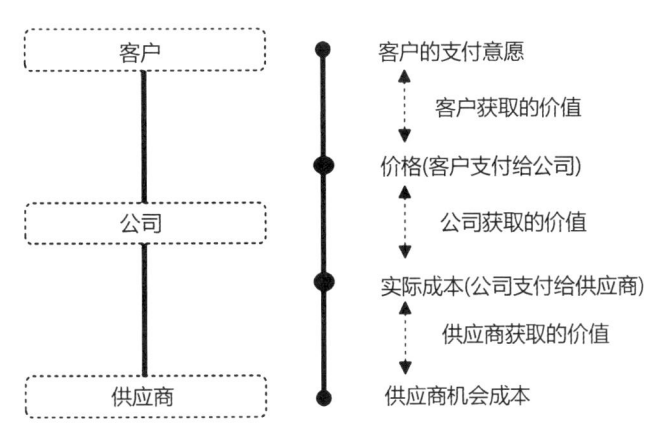

资料来源：作者整理。

图 8-6 利用价值楔捕获价值

运营模式

使商业模式得以实现的系统、流程和能力形成了公司的运营模式。虽然技术创新也加速了商业模式的创新，但它们在运营模式中的作用更具革命性和深远的颠覆性。

当年轻的运营者专注于运营模式时，她会发现两种类型的机会。最常见的是在现有运营模式内部实现卓越，即改进运营模式。另一种则是运营模式创新，即改变运营模式。前者改善现有模式，后者则从根本上对其进行架构性转变。

运营模式的卓越化

在增长强劲的良性行业中，许多的过错都没有追究，因为良好的利润率可以掩盖很多事情，特别是以合理的价格收购的时候。在成熟的行业中，只要公司能够提供客户所需的产品和服务，也是如此。

年轻的运营者可以通过简化运营流程和提高运营效率来提升业务表现。如果执行得当，这可以提高利润率（降低单位成本）、改善产品和服务质量、增加现金流或提升公司的可扩展性。需要注意的是，这不应只是一次性的项目，而应该是一种持续改进的管理理念，即"Kaizen"。

"Kaizen"一词由今井正明（Masaaki Imai）在其著作《改善：日本竞争成功的关键》（Kaizen: The Key to Japan's Competitive Success）中提出，并被采纳为一种管理理念、全面质量管理的组成部分以及一种改进方法和技术的理论原则[1]。通过建立这样的文化，让每个人都持续且一致地负责改进流程、计划和自身专业水平，企业绩效将大大受益。

持续改进的效果是巨大的，以"Kaizen"和六西格玛为核心的丰田公司是世界第二大汽车制造商（拥有4个品牌），仅次于拥有12个品牌的大众汽车公司。丹纳赫公司（Danaher）是一家全球多元化的医疗、工业和商业产品及服务的制造商和分销商，该公司将"Kaizen"视为其竞争优势的核心。从1985年到2007年，丹纳赫管理层为其股东带来了年化回报率28%的收益（标普500指数为14%）。在2007年至2020年间，其市值翻了五倍，而标普500指数仅翻了一倍。持续改进是卓有成效的。

对于资源密集型的流程，应该特别关注。当考虑流程的资源密集度时，要考虑每次执行任务所需的资源（如员工的时间）以及任务执行的频率。对于资源密

---

[1] 苏亚雷斯-巴拉扎(M. Suarez-Barraza)，拉米斯-普霍尔 (J. Ramis-Pujol)，凯尔巴什 (L. Kerbache).关于改善及其演变的思考[J].国际精益六西格玛期刊 (*International Journal of Lean Six Sigma*)，2011（11）：288-308.

集度高的流程，至少应进行标准化，并且可能是数字化和自动化的理想对象。设想一下未来几年内，为满足需求，产能应如何变化。例如，如果明年想要接纳两倍数量的客户，客户入驻流程会成为瓶颈吗？与其雇佣新的客户入驻专员，现在是否可以将部分非核心的流程实现自动化，来提高现有专员的工作能力？

对于资源密集型的流程，要想方设法地进行优化，这些流程往往会为你提供高水平的运营杠杆。如何最大化利用运营杠杆将取决于你。

以 Aguafría 为例。赫尔曼·卡纳莱（Germán Canale）和何塞·巴勃罗·费尔南德斯（José Pablo Fernández）于 2018 年初收购了 Aguafría，这是一家位于墨西哥的制冰厂和分销商。在其现有的配送线路上，增加一次额外配送的边际成本非常低。因此，在现有线路上配送新客户，产生了更多现金。团队通过增加已经配送区域的客户数量，提升了工厂的产出，实现了价值创造。同样的资产、同样的路线，带来了更高的收入。

运营模式创新

蚂蚁金服与花旗集团、莫德纳（Moderna）与诺华、亚马逊与诺德斯特龙、Peloton 与 LA Fitness 的区别在于它们的运营模式。这些公司通过利用人工智能、机器人和数字平台，构建了高效且可扩展的运营模式。

如果你的战略是一个增长战略，例如目标是增长 10 倍，那么小幅持续改进不太够，战略和商业模式的创新会带你走得更远，而如果要实现最雄心勃勃的目标，你往往还需要一个支持性的、能够支撑极端增长运营模式。

技术进步、人工智能和机器人的本质在于它们的使用已变得普及，性能得到了提升，并且将曾经的可变成本转变为（不断减少的）固定成本。

信息技术的普及意味着它变得更便宜（摩尔定律的一半）且更易于集成。质量的提升（摩尔定律的另一半）使得向数字化运营模式的转型风险更小，从而大幅提升了运营杠杆。即使在运营者使用 SaaS 模式的情况下，可变成本也已经大幅减少。

数字化对于搜索基金收购的企业来说可以是一个强大的工具。这些企业在被收购时通常没有顶尖的数据管理系统或业务流程软件。相反，许多企业主 CEO 常常依靠脑海中的想法、纸上作业或陈旧的 Excel 表格来运行大部分流程。另一方面，搜索基金的 CEO 往往比他们的前任更了解也更愿意使用最新的技术。通过将流程转移到数字化工作流和数据库中，他们可以在效率和服务质量上实现显著的提升。

运营模式创新不仅限于那些具有高增长战略的经营者。在资本成本管理的情况下，CEO 也可以通过公司流程的合理化来发现提高生产力的机会。CEO 的出发点将因所收购的业务不同而有所差异。有些企业可能已经有了标准化的流程，但许多小企业的运作流程是非正式的。将这些非正式方法改进为更系统化和自动化的运营模式，将有助于提升绩效，这也是企业专业化的一部分。

必须认识到，运营模式无法孤立地进行分析或改进，它始终会与商业模式和商业战略彼此影响。分析并改进那些能帮助你建立竞争优势的流程，例如，你是想改善客户服务、降低成本、减少错误还是增加灵活性？无论选择哪一种，业务流程的设计都必须与公司的战略保持一致。继续以客户入驻为例，快速入驻和迅速交付服务会吸引客户吗？还是他们更关心定制化解决方案？不同的答案将导致不同的投资决策，比如是投资在工作流软件或更多的客户服务代表上。

在一个分散的行业中，年轻运营者的优势（包括最新的商业教育以及对数字化环境的良好理解）为她提供了显著提高竞争壁垒的机会。在早期设计关键流程的数字化基础设施时，当业务量相对较小，她可以在增长加速时使扩展变得更加容易和顺畅。随着增长加速，她和她的投资者将受益于向强大的运营杠杆的转变。

不要把运营模式创新等同于数字化。创新运营模式还有很多其他的方式。

以马克·安德烈格（Mark Anderegg）为例。通过他的搜索基金工具——麦迪逊股权合伙公司（Madison Equity Associates），马克在 2012 年收购了一家名为 Little Sprouts 的中心式托儿所。

马克会告诉你，在托儿行业，与大多数多区域性服务公司一样，关键资产是优秀的人才。他很快发现，找到并留住充满激情的教师是他在运营中必须解决的最重要问题。随着经济走强和劳动力市场的紧张，能以合理的工资水平获得合格劳动力成为公司增长的主要限制因素。

认识到这一动态，他决定提升该职能部门的领导层。在聘用了一位传统的首席人事官经历了一次失败后，他进行了一个非同寻常的重组，将招聘团队与销售和市场营销团队合并，创建了一个他称为"体验团队"（Experience team）的新部门。

这一理念的核心是，让该团队负责潜在客户和潜在员工的体验。在一位他多年前聘请的明星领导的带领下，他为潜在客户开发了一个业界一流的销售漏斗。当招聘工作也被纳入她的领导下时，自然而然地，招聘也开始以同样严格且量化的漏斗管理方式进行。

这样的方式提升了招聘工作的专业水准，还带来了额外的好处，即实现了跨职能的培训，使团队可以根据业务需求变化，灵活地调整销售或招聘的工作资源。

尽管 Little Sprouts 的运营模式创新未能解决所有的人员配置问题，但它确实改善了托儿行业中最关键的方面：使公司能够招募和维持那些他们此前难以企及的顶尖人才。

运营模式的创新有时会因外源性的冲击而加速。在这种情况下，管理层要么从根本上改变其运营模式，要么须直面后果。

这正是 Stoque（巴西）公司的情况。Stoque 是一家专注于智能自动化和流程、文档数字化的技术解决方案公司。该公司分为两个领域：IIM，通过创建数字化工作流程实现自动化后台流程的解决方案；以及 MPS，为关键任务文件提

供数字打印技术解决方案。在新冠疫情期间（2020 年 3 月），其 80% 的收入是来自 MPS。随着封锁的实施，对打印服务（MPS）的需求急剧下降。蒂亚戈（Thiago）和他的团队改变了运营策略，积极将资源转移到 IIM 业务，并重新配置运营结构，使 IIM 业务的收入增加了三倍，同时保持了整体 EBITDA（息税折旧摊销前利润）的稳定。

这种通过创新运营模式来"适应、即兴发挥和克服"的能力，是应对外部冲击的必要反应。中小企业不像大公司那样，拥有可在类似情况下加以利用的资产负债表、关系网络、声誉或核心资产。然而，它们像特种部队一样，利用自身的聪明才智、敏捷性、灵活性、创新能力和速度来获得优势。

同样值得注意的是，如果你想创建一个双元性组织，极有可能还需要对运营模式进行创新。

通过传统搜索基金收购德国 Invers 公司的首席执行官亚历克斯·科恩（Alex Kirn）就是这样做的。亚历克斯从德国电信的一位高级经理那里听说了组织的双元性，并意识到将它应用在 Invers 的重要性。

Invers 公司成立于 2012 年，率先为共享汽车运营商开发了远程信息处理技术。经过二十多年的不断演进，这款产品功能丰富、强大且注重客户需求。尽管客户对此非常满意，但该产品也非常复杂，只有最有经验的开发人员才能处理其代码，并且调整起来十分困难。

亚历克斯意识到，虽然该产品满足了现有客户和市场的需求（即"开发利用"），但并不足以保障 Invers 的未来。随着共享出行技术市场变得日益动态和竞争激烈，如果 Invers 想在未来成为出行领域的市场领导者，必须准备一种不同的运营模式、技术架构和组织结构。

亚历克斯表示："随着像 Stripe 或 Twilio 这样面向开发者的公司越来越受欢

迎，我看到了一种机会，那就是通过提供用户友好且可自助的 API①，让客户的开发人员自己构建逻辑。这使我们在不增加复杂性的情况下吸引了更多用户，并使客户能够更快地推出他们的服务。

为了抓住这些机会而不受现有客户使用的限制，我们决定从头开始设计全新的架构。我们是如何在组织层面实施的呢？事实证明，一些开发人员渴望在全新的技术栈②上工作，同时也能解决现有架构的一些不足。幸运的是，我们还有一些开发人员更愿意继续从事他们熟悉的已有产品。虽然我们确实组建了一个专门的项目团队来开发新平台，但他们仍然参与了现有产品的关键情况处理。虽然有时这会使注意力从新产品平台上转移开，但这种紧密合作帮助我们避免了重复犯错。此外，这也意味着我们没有形成'我们与他们'的对立局面，也没有出现诸如'这个团队只会花钱却不带来收入'或'他们今天确实赚了钱，但明天就变老古董了'这样的评论。"

这个新的产品平台意味着，当共享出行从汽车扩展到两轮车、轻便摩托车和踏板车等都加入共享经济时，我们已提前做好准备。

最后一点：在研究运营模式时，最好提醒自己，搜索基金的原则之一是"避免复杂性"。创造价值可能只需让运营模式变得更精简、更简单。此外，当增加复杂性时，要确保这是值得的，也就是没有更简单的方法可以达到同样的结果。正如十四世纪初哲学家威廉·奥卡姆（William of Occam）所言："如无必要，勿增实体"（拉丁语原文为 pluralitas non est ponenda sine necessitate）。这种节约原则被称为奥卡姆剃刀（Occam's razor），这正是亚历克斯·科恩在为 Invers 创造未来时所必须面对的挑战。

---

① 应用程序接口（Application Programming Interface）。
② 指在软件开发中，为构建应用程序或项目所使用的一组技术、工具和框架的集合。

财务管理

财务管理的目标是观察、管理和帮助指导公司的财务，使其能够履行合同义务，并实现价值创造目标。实际上，财务管理是对过去、现在和未来现金管理的分析和诊断。

现金流的重要性再怎么强调都不为过。你可能在估值或公司金融课程中听到过讲师反复强调："价值创造的三个最重要方面是：现金流、现金流和现金流。"尽管这种说法可能让人觉得烦人，但其论点已被事实证明是正确的。

百奇·斯通（Badge Stone，WSC & Company）在谈及这一话题时说道："公司就像是活的有机体，现金则是流经其间的血液。没有适当的现金管理，公司就无法保持健康。现金管理使你能够在人力、流程、产品开发、技术等方面进行投资，也使你能够在竞争中抓住机会。良好的现金管理还能够维持银行对你的信任。有些人说现金为王，而我说现金就是一切！"

现金流管理也正是威尔·桑代克的超级 CEO 们与众不同的五大重要特征之一。

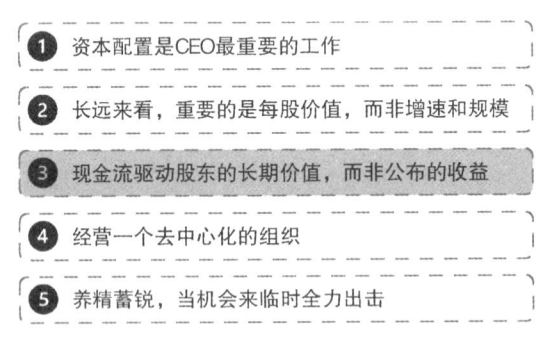

1. 资本配置是CEO最重要的工作
2. 长远来看，重要的是每股价值，而非增速和规模
3. 现金流驱动股东的长期价值，而非公布的收益
4. 经营一个去中心化的组织
5. 养精蓄锐，当机会来临时全力出击

资料来源：威廉·N. 桑代克《商界局外人》。

现金流管理在概念上是直截了当的：理想情况下，你希望企业在需要支付供应商之前就能从客户那里收到现金，并且保持尽可能少的库存。营运资本为正的企业在增长过程中会有越来越多的资本被锁定在业务中，而营运资本为负的企业在增长过程中实际上可以产生额外的自由现金流。挑战在于如何改善企业的现金转换周期（CCC）。

现金转换周期是评估公司用于运营现金流的常用指标，其定义是：

现金转换周期＝存货周转天数＋应收账款周转天数－应付账款周转天数

其中，

存货周转天数 ＝ 平均存货/销售成本×365 天

应收账款周转天数 ＝ 平均应收账款/销售收入×365 天

应付账款周转天数 ＝ 平均应付账款/销售成本×365 天

简言之，现金转换周期（CCC）是衡量现金在营运资本中被占用时间的指标（即从现金流入到现金流出的时间间隔，通常以天数计算）。当现金先流出后流入时，这被称为正营运资本（大多数中小企业都属于此类）；当现金先流入后流出时，则称为负营运资本（如沃尔玛、亚马逊、lululemon 等公司）。如果你的企业有正的营运资本，这意味着你需要更多的现金来实现增长（通常是短期债务）。负营运资本的企业发展就像一台印钞机（使你在较少的限制下投资于未来的增长，或快速偿还长期债务）。

它说明了首席执行官和首席财务官有三种主要的方法来改善企业的经营性现金流：减少存货周转天数（库存期）、减少应收账款周转天数（收款期）和增加应付账款周转天数（付款期）。

通过计算每日的销售成本（COGS/365），可以得出缩短一天存货周期对现金流的改善程度。计算每日销售额（Sales/365）可以显示提前一天回款对现金流的影响。计算每日采购额（Purchases/365）则展示了延迟一天付款对现金流的改善。

这个诀窍在于尽可能快地收款，尽可能晚地付款，并拥有一个最优的库存系统。需注意的是，前两者将取决于策略、谈判能力和市场力量（波特五力模型）。

优化现金流只是财务管理的一个重要方面。监控业绩是否符合银行契约是另一个方面，这方面的分析测试（通常每季度一次）应成为标准管理报告的一部分。CEO们应该为年度预算设定一些债务契约的缓冲空间，预测接下来一年里可能出现的契约合规问题。

如果存在违反契约的重大风险，首席执行官应该提前通知董事会并联系债权人。记住，不及时分享突发情况＝不确定性＝更高的风险溢价＝增加的资本成本＝更低的回报＝更少的价值创造。

另外，请记住，风险溢价会受到信任度的影响。如果债权人认为她能及时了解问题和行动计划，这将使她对你的诚信和专业性的评估产生积极影响。这也能避免她在老板面前出丑。让你的利益相关者看起来是一项明智的策略。

艰难的岁月

收购式创业模式，尤其是搜索基金，听上去非常美好：以合理的价格购买一家在成长领域中具有良好基础的公司，然后实施经过验证的商业概念，从此过上幸福的生活。故事结束。

然而，现实往往截然不同。对于凯文·塔维尔（Kevin Taweel）和吉姆·埃利斯（Jim Ellis）这两位斯坦福大学福商学院的毕业生来说，他们在1995年应用搜索基金模式收购位于休斯敦的路边援助公司Road Rescue，最初的日子非常艰难。不合作的员工和缺乏可扩展性使得情况异常艰难。然而，这支团队思维敏捷，决定将固定资产部分剥离，并利用资金来发展更具可扩展性的部分，最终打造出Asurion，通过无线运营商渠道销售路边保险。Asurion在1999年开始提供手机保险，2008年提供零售服务合同，2011年提供技术支持，最终成为全球技术解决方案的领导者。尽管早期的岁月看起来令人沮丧，但Asurion从1995年的40名员工增长到2020年的超过20 000名员工，收入超过100亿美元。

长期参与搜索基金的爱好者承认，初期的岁月往往充满波折。退一步来看，人们应该认识到这几乎是模式中固有的风险。让一个缺乏经验的人掌舵，本身就是一项冒险。

这种模式还要求有耐心的、支持性的投资者，以及能够引导经营者渡过难关的董事会。这些艰难的早期岁月对于未来培养一位有能力的领导者是至关重要的。正如前文所述，投资于年轻人充满着可能性，也伴随着道德责任。而且，投资者和董事会也要认识到这些艰难的收购后整合并不总是会取得成功。

诚实、谦逊和进取心的结合，在这些早期阶段可以起到决定性作用。正如曼德拉曾经有力地表述的那样："每个人都可以超越自己的境遇，并通过对工作的奉献和激情取得成功。"

最后值得反思的一点是，许多人能够进入顶级商学院往往是基于过往的成就：GMAT 考试的高分、知名大学的优异本科成绩、顶级体育成绩、曾在 KKR、凯雷或贝恩担任分析师……非常了不起！

但经营一家中小企业，是要在无序的环境中解决问题。这意味着挫折和失败（其中一些是自己造成的，另一些是你无法控制的）。当事情不如人意时，你是所有人关注的焦点。失败能教会你坚韧，培养谦逊，并提供学习机会。这也是为什么投资者在决定是否提供收购资本时，会评估你在搜索过程中在这些方面的表现。

在 1997 年 6 月 28 日对阵伊万德·霍利菲尔德（Evander Holyfield）的比赛前，迈克·泰森（Mike Tyson）曾调侃道："每个人都有计划，直到他们被打了一拳。"诚然，最初的几年往往充满波折，计划未必能实现。但请记住，当你有一个优秀的战略，并得到一个稳健的商业和运营模式的支持，同时身边有出色的专业人士和良好的财务管理时，这些打击不一定会击倒你或你的计划。大部分计划将得以保留，其他部分需要调整。坚忍不拔的 CEO 会找到解决办法并不断改进。

伊万德·霍利菲尔德的出拳力量不如迈克·泰森。然而，尽管赔率是 15/2，通过利用他的战略优势并调整部分战斗计划，霍利菲尔德最终还是赢得了比赛。

本章重点讨论了治理和业务表现，下一章"经营老手"将介绍加速价值创造的方法，还将探讨奥莱利和图斯曼的一致性模型，研究如何优化业务表现（缩小业绩差距）或为抓住更多机会（填补机会缺口）做好准备。

第九章

经营老手：管理（三）

领导力有三个要素：谦逊、清晰和勇气！

—— FUCHAN YUAN

我告诉你一个秘密：做交易比工作有意思多了。做交易令人兴奋也有趣味，而工作却枯燥乏味。管理任何事情，主要都是大量琐碎而乏味的细节工作……而交易却充满了浪漫和魅力。这就是为什么有这么多没有意义的交易。

——彼得·德鲁克

募资　　搜索　　收购　　**管理**　　退出

为了实现收购式创业的梦想，你必须对这一冒险的每个不同阶段进行评估。如果在某些方面表现出色，而在其他方面却一败涂地，这对你毫无帮助。这是因为，能否进入接下来的每一个阶段，取决于在这之前的阶段中是否成功。只有跨越了每一个障碍，才能继续前进。

你之所以被这个领域吸引，可能是因为你有创业精神，喜欢做交易的想法，并且想象自己在公司掌舵，给公司指明方向、部署战略，并与所有利益相关者打交道。你是一个全能选手，一个十项全能的运动员，想要有所作为。

管理公司是你应该投入最多时间的地方，也是你打算留下印记的地方。搜索只是为了找到一个你可以展示管理才能的地方。收购只是一个必要的交易，这样你才能磨炼和施展你的领导能力。

由于成功管理公司是收购式创业者的最终目标，是他们应当创造最大价值并面临最大复杂性和风险的时刻，因此本指南将其分为三个部分：第一年、接下来的早期几年以及作为经验丰富的 CEO 掌舵的最后几年。它还增加了一章，讨论公司治理、董事会和董事会管理。

前两章讨论了 CEO 在第一年和接下来的几年管理公司的最佳做法。第九章将探讨经验丰富的领导者，在经验丰富的董事会的支持下，如何在未来几年提升自己的能力。路线图汇集了私募股权、积极股东以及非常成功的搜索基金经营者的经验教训。

常见的做法包括资本配置、资本结构和兼并收购。本章最后讨论了一致性模型，为建立强大的公司提供了一个框架。

CEO 在上任 1 000 天左右就会变得老练。此时，工作重点从提高绩效和改善治理转移到创造更多财务和战略价值。经营者在经营企业上更加得心应手。毕竟，她已经与公司经历许多，且并肩成长。此时，CEO 和董事会准备启动战略和财务杠杆。但问题是，他们真的准备好了吗？

令人惊叹的投资回报掩盖了一个重要的问题——这是业内许多人讨论过的：我们过早地出售公司。有很多例子证明，搜索基金（Search Fund）收购的公司在出售给私募股权公司后，往往能实现更大的回报，尽管搜索者和投资者已经获得了不错的收益。

过早出售一家好企业并没有太大意义，这有几个原因。首先，真正的创业者希望成为企业家[①]。这种创造力、解决问题、个人和专业成长以及领导力的本质，最能在公司领导者的角色中得到体现。创业者参与收购式创业的主要动机，是通过为客户、员工、股东、其他利益相关者以及社会创造价值来成为一名出色的 CEO。为什么要在四到五年后放弃这一切呢？

---

① 在英文里面二者为同字多义，都写作 Entrepreneur。

其次，经过四到五年的经营，投资风险大大降低，因为主要的风险来源（经营者缺乏经验）已经消除或至少大幅减少。此时，经营者已经成熟，公司也在良好运营，却选择出售？

第三，如果观察全球搜索基金中的头部四分之一顶尖表现者，可以发现大部分价值是在第七年及之后创造的，这也验证了私募股权公司从早期退出的搜索基金手中收购企业后通常会获得更大回报的现象。

最后，纯粹从数学角度来看，正如查理·芒格（Charlie Munger）和沃伦·巴菲特（Warren Buffett）很久以前认识到的那样，长期持有资产的收益是显著的。在《论长期持有的本质：为什么创业者应当拥抱这一策略》[①] 一文中，A. J. 沃瑟斯坦（A. J. Wasserstein）、马克·阿格纽（Mark Agnew）和布莱恩·奥康纳（Brian O'Connor）展示了一个复利资产以每年15%的增长率增长25年，将在前15年创造25%的总价值，而在最后10年创造75%的价值，仅最后一年创造的价值，就占总体的13%。因此，要让利润持续增长。此外，长期持有还可以避免税收并减少交易成本（见图9-1）。

年份	1	2	3	4	5	6	7	8	9	10	11	12	13	14	15	16	17	18	19	20	21	22	23	24	25
初始	$1.0	$1.2	$1.3	$1.5	$1.7	$2.0	$2.3	$2.7	$3.1	$3.5	$4.0	$4.7	$5.4	$6.2	$7.1	$8.1	$9.4	$10.8	$12.4	$14.2	$16.4	$18.8	$21.6	$24.9	$28.6
增长率%	15%	15%	15%	15%	15%	15%	15%	15%	15%	15%	15%	15%	15%	15%	15%	15%	15%	15%	15%	15%	15%	15%	15%	15%	15%
增长额$	$0.2	$0.2	$0.2	$0.2	$0.3	$0.3	$0.3	$0.4	$0.5	$0.5	$0.6	$0.7	$0.8	$0.9	$1.1	$1.2	$1.4	$1.6	$1.9	$2.1	$2.5	$2.8	$3.2	$3.7	$4.3
结束	$1.2	$1.3	$1.5	$1.7	$2.0	$2.3	$2.7	$3.1	$3.5	$4.0	$4.7	$5.4	$6.2	$7.1	$8.1	$9.4	$10.8	$12.4	$14.2	$16.4	$18.8	$21.6	$24.9	$28.6	$32.9

25%的价值产生在前15年，占60%的时间。

75%的价值产生在后10年，占40%的时间。而整整13%的价值都在最后一年。

资料来源：Wasserstein, Agnew and O'Connor。

图9-1 举例复利

贝恩公司（Bain & Company）的休·麦克阿瑟（Hugh MacArthur）在《聚焦长期持有基金：开放新视野》（Spotlight on Long-Hold Funds: Opening Up New Horizons）一文中报告了类似的结果。通过对比一个长期持有的收购与四个

---

① https://yale.app.box.com/s/81b7ygca5tmfcjbjhhuw5xft7ilddtti.

连续六年持有的收购在 24 年内的成本和回报情况，差异性的表现非常显著，如图 9-2 所示。在假设绩效相等的情况下，交易费用、资本利得税和滑点效应解释了为何长期持有的投资相比短期策略的表现高出近 100%。

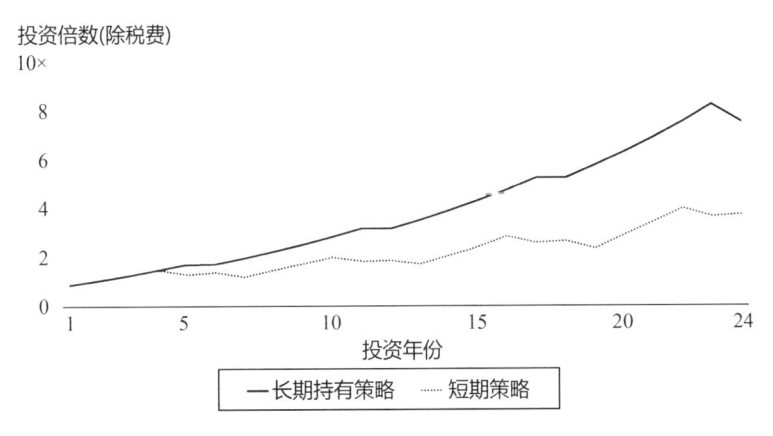

资料来源：贝恩公司。

图 9-2 长期持有

以搜索为主导的公司提早出售的一个最常见原因是搜索者的业绩奖励方式。[①] 随着搜索者的良好执行和业务的增长，为了获得全额的股权激励，她需要创造的价值须越来越多。因此，搜索人在业绩较好时，会有出售公司的动机。

然而，还不止于此。让你到达珠穆朗玛峰大本营的东西，并不能让你登上珠穆朗玛峰，更不用说乔戈里峰。许多搜索者在"大本营"进行收购，并通过改善公司治理和良好管理来改善企业。一段时间之后，这些持续的改进会变得微乎其微。将这一点与激励结构结合起来，就清楚了为什么许多搜索者及其董事会决定"提早"退出。然而，没有哪个真正的登山者愿意在到达山顶之前就放弃，除非这是万不得已的选择。

那么，怎样才能到达山顶呢？答案有三。

[①] 搜索者最终股权的第三部分（单人搜索者为 8.3%，团队为 10%）是根据出售时投资者的净内部收益率（IRR）确定的。根据投资人的内部收益率，通常在 20%～35%之间，搜索人会按比例拿到最后一笔股权激励，通常在 0%～8.3%。

1. 搜索基金取得的巨大成功，如 Asurion、Carillon 和 Vector Disease。
2. 私募股权在搜索基金收购的企业中创造的价值。
3. 激进股东的工具箱。

如波士顿咨询集团的插图 9-3 所示，价值是通过并购或拆分、财务政策、资本结构、资本配置、治理和业务绩效的组合产生的。

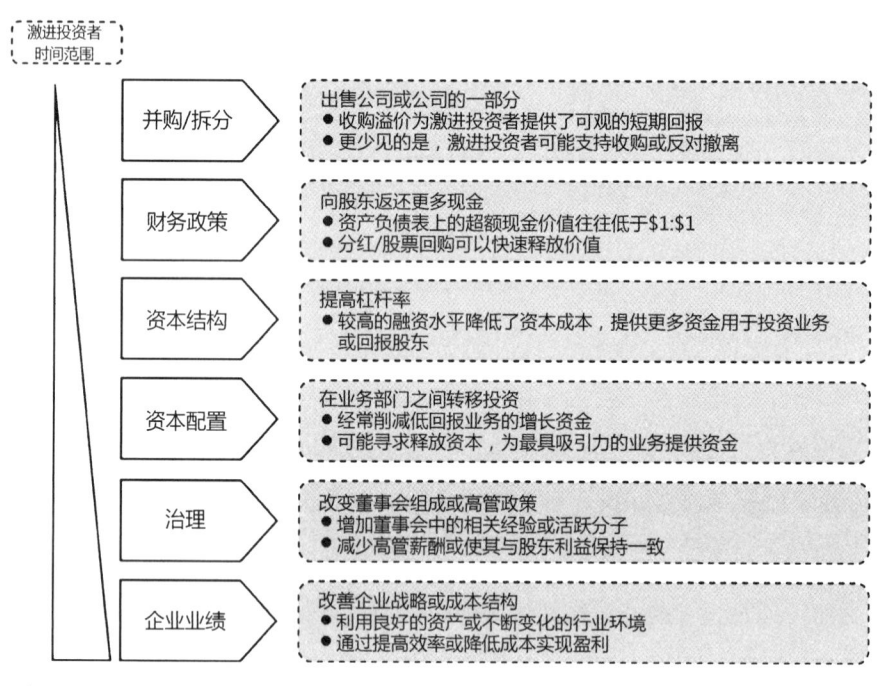

激进投资者时间范围	类别	说明
↑	并购/拆分	出售公司或公司的一部分 • 收购溢价为激进投资者提供了可观的短期回报 • 更少见的是，激进投资者可能支持收购或反对撤离
	财务政策	向股东返还更多现金 • 资产负债表上的超额现金价值往往低于$1:$1 • 分红/股票回购可以快速释放价值
	资本结构	提高杠杆率 • 较高的融资水平降低了资本成本，提供更多资金用于投资业务或回报股东
	资本配置	在业务部门之间转移投资 • 经常削减低回报业务的增长资金 • 可能寻求释放资本，为最具吸引力的业务提供资金
	治理	改变董事会组成或高管政策 • 增加董事会中的相关经验或活跃分子 • 减少高管薪酬或使其与股东利益保持一致
	企业业绩	改善企业战略或成本结构 • 利用良好的资产或不断变化的行业环境 • 通过提高效率或降低成本实现盈利

资料来源：波士顿咨询。

图 9-3　BCG-激进投资者工具箱

本章探讨了本书尚未涉及的三种价值创造"工具"：资本配置、资本结构（包括财务政策）和并购或拆分。在深入探讨这些不同的价值创造要素之前，有一点值得注意：不同的专业人士在讨论"资本配置"时有不同的含义。例如，巴菲特在强调资本配置中理性的重要性时表示："这就是为什么我在评判管理层时的首要规则是关注他们在资本配置上的效率……他们是否在推动盈利能力的领域增加投资……他们是否在收购能提高每股收益（EPS）的公司……如果没有这样的机会，他们是否回购股票？"

让我们将其与 BCG 的激进投资者工具箱进行比较。

增加对推动盈利领域的投资→资本配置

收购能够增加 EPS 的公司→并购或拆分

是否回购股份→资本结构和财务政策

结论是：

1. 对巴菲特先生和 BCG 来说，这些都是价值创造的基本原则。

2. 价值投资者和激进投资者对如何创造价值有着相似的理解，尽管他们可能使用不同的手段。

3. 高绩效的收购创业者已经利用了这些见解。

出于教学目的，本书将以下内容区分开来。

- ☑ 战略性资本配置决策→资本分配
- ☑ 财务性资本配置决策→资本结构
- ☑ 包含战略和财务两方面的资本配置决策→并购与拆分

因此，这可以类比为波士顿咨询集团（BCG）工具包，只需做一个调整：财务政策应作为资本结构的一部分。

如果你的收购式创业模式是"增长"导向的，那么你可能会对资本配置的讨论更感兴趣。而对于倾向"资本成本模式"的人来说，优化资本结构可能更具吸引力。这两者并不一定是相互排斥的。优秀的首席执行官深谙何时使用哪种工具。

资本配置

资本配置决策的重要性不应被夸大，也不应被低估，这是 CEO 的职责。请记住，对于巴菲特来说，他成功的根源一直是"在资本配置上理性行事"。难怪桑代克会认为这是超级 CEO 的首要特征。

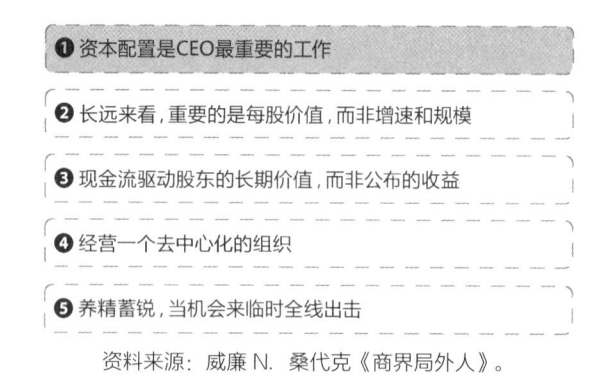

> ❶ 资本配置是CEO最重要的工作
>
> ❷ 长远来看，重要的是每股价值，而非增速和规模
>
> ❸ 现金流驱动股东的长期价值，而非公布的收益
>
> ❹ 经营一个去中心化的组织
>
> ❺ 养精蓄锐，当机会来临时全线出击

资料来源：威廉 N. 桑代克《商界局外人》。

资本配置是首席执行官（CEO）工作本质的一部分。她有受托责任，以某一特定的风险水平（无论如何定义"资本配置"）来分配资本，使其对创造股东价值产生最积极的影响，这使她成为首席资本分配者。

但应该如何制定资本配置决策？巴菲特引用了书中对资本配置的观点，回答说："增加在推动盈利能力领域的投资"，而 BCG 则说："将资金从低回报业务转移到最具吸引力的业务上。"

1968 年，BCG 的创始人布鲁斯·亨德森探讨了如何在由不同增长和市场份额的业务组成的投资组合[①]中，(重新) 分配资源的问题。根据市场份额和增长的相对定位，业务被称为"明星""问题""宠物"（大多被称为瘦狗）和"金牛"（见图 9-4）。

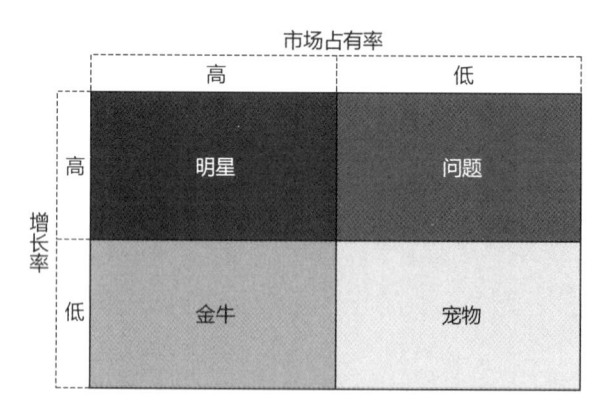

	市场占有率 高	市场占有率 低
增长率 高	明星	问题
增长率 低	金牛	宠物

资料来源：波士顿咨询。

图 9-4 基于市场占有率和增长率的相对定位

---

① https://www.bcgcom/about/our-history/growth-share-matrix.

亨德森和他的顾问建议客户将资金从产生现金的"金牛"重新配置到"问题"上,这样它们就可以变成"明星"。当"明星"业务成熟时,它们就会变成"金牛",为"问题"提供资金,使其成为……①

资本配置的理念合乎常理:将资源从创造较少股东价值的地方转移到对股东更有前景的地方。巴菲特先生认为,更有前景的应是盈利能力最高的地方;BCG认为则应是最具吸引力的业务领域,且亨德森先生主张利用资本配置来购买那些处于增长中的业务的市场份额。

理解如何分配和重新分配资源的一个有用方法是之前讨论过的"开发"(Exploitation)和"探索"(Exploration)概念。这个概念承认行业会不断演变,创新会不断出现,企业需要适应这些变化,以保持与时俱进、创造股东价值,并照顾其他利益相关者。这使企业能够避免出局、被颠覆或承担过度的风险。

回想一下,早期的重点往往是"开发",即缩小业绩差距和/或利用机会缺口。这是有道理的,因为搜索者在一个伟大的行业中收购了一家优秀的企业。

商业环境不断变化,因此你的某些业务可能会衰退,而其他的业务会兴起,某些畅销产品可能会过时。在某些情况下,你的员工可能会离开你去一个你从未听说过的公司。

塔什曼(Tushman)和奥赖利(O'Reilly)的模型为我们提供了一个框架,帮助我们以这样的方式组织公司,既能确保当前的盈利能力(巴菲特的观点)或吸引力(BCG的观点)(即"开发"),又能抓住未来的盈利能力或吸引力(即"探索")。用他们的话说:"组织必须是双元的"。

对于CEO来说,最重要的决策是在"开发"和"探索"之间分配资金。过早地将太多资源从开发转移到探索,会造成业绩差距,以太少的回报换取太多的风险。过慢地将资金导向探索,将对未来的增长和价值创造产生不利影响。

---

① 需要注意的是,BCG建议将"瘦狗(Pet)"业务进行清算、剥离或重新定位。

资本结构机会（包括财务政策）

关于资本结构，我们指的是搜索者用于给其经营和增长提供资金的债务和股权的组合。

一旦业务表现已被精细化调整，CEO 成为值得信赖的经营者，就可以讨论资本结构了。事实上，当业务运营风险降低后，就有机会增加财务风险以获取更高的回报。

通常，如图 9-5 所示，搜索基金的 CEO 在早期会优先偿还银行贷款和卖方融资债务。只有在这些债务变得可控之后，他们才会考虑向投资者返还资本。这种偿还资本提供者的顺序受到合同义务、风险和资本成本的驱动。

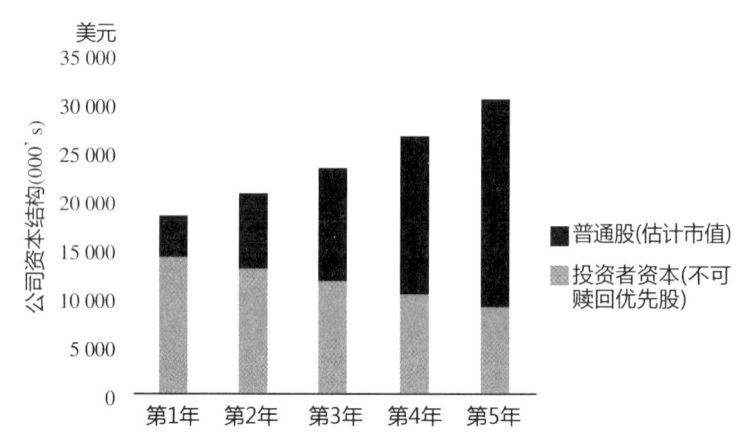

资料来源：Simon Webster。

图 9-5 搜索基金收购的业务资本结构的说明性演变

它还受到风险概念的指导。在 CEO 尚未经受考验的最初几年，降低财务风险是一个明智的做法。后来，当 CEO 变得有见识，董事会取得成就，企业更加稳健时，通过增加杠杆来降低资本成本就成为产生超额回报的有力途径。

该顺序类似于发生清算事件（例如公司出售或清盘）时确定的资本分配优先次序。对于大多数企业（包括搜索基金收购的企业），债务和股权提供者之间的

清算优先级为

1. 银行或其他第三方债务
2. 卖方融资
3. 投资者债务①
4. 所有股权持有人

资本结构优化的本质是在不给公司带来风险的情况下，用最便宜的融资来源为公司融资。

对于投资者而言，提供短期债务的风险低于长期债务，因此其补偿（即利息费用）会更低。由于长期债务提供者的偿付顺序优先于股东，其成本也会较低。因此，用短期债务为公司融资比长期债务更便宜，而长期债务又比股权融资更便宜。此外，债务还提供了税收抵免（税盾）。因此，加权平均资本成本（WACC）为

$$WACC = E/(D+E) + D/(D+E)*(1-T)②$$

然而，需要注意的是，从公司的角度来看，融资来源越便宜，违约风险就越高。③ 确实，没有免费的午餐。

关于增加杠杆的讨论是在这样一个背景下进行的：CEO已经更为成熟，公司也能够产生超额现金。

当你收购公司时，你和投资者已经决定了一个最优的资本结构。此时，在经验丰富的CEO领导下，公司正在产生可预测的、充裕的现金流。现在，你和公司都已实现了积极的转变，可以再次讨论资本结构优化的问题——更具体地说，是如何处理这部分超额现金。这些现金可以通过以下方式来重组资产负债表。

☑ 回购股票

---

① 股东提供的债务。通常，股权投资者通过组合方式进行投资，既包括普通股权和优先股权，也包括普通股权和次级债务。

② E=股权，D=债务，T=税率。

③ 在少数情况下，若出现收益率曲线倒挂，短期债务的成本可能会高于长期债务。

- ☑ 发行特别股息
- ☑ 增加债务
- ☑ 偿还债务

回购股票、发行特别股息、增加债务，会增加财务风险和降低资本成本，从而改变资本结构。由于财务工程不会影响资产回报率，在两种不同的资本结构（WACCs）之间创造的额外回报将归股东所有。

请看接下来这个例子。在收购时，某银行同意提供债务。根据分析和尽职调查，其信贷委员会授予等于2.5倍EBITDA的债务。3年后，你已经偿还了部分债务，EBITDA也有所增长。现在，债务与EBITDA的比率是1倍。一位优秀的银行家——其业务是提供贷款并按时收回贷款——很可能会与你进行非正式会面。你现在是一个值得信赖的客户——拥有稳固、可预测、收入不断增长的业务。不需要太多的讨价还价，你能够以更好的条件获得一份新的贷款条款。这可能意味着更宽松的契约和更低的风险溢价（相较于基准利率）。这时也许还值得与过去几年一直在争取你的业务的其他银行家谈谈。

关于资本结构优化的讨论涉及现金流规模、时间和可预测性。但你也应该意识到久期风险或利率风险。你可能还记得，在投资或公司金融课上，当利率（收益率）下降时，债券价格就会上涨。由于到期日不同，利率变动相同时，30年期债券的价格涨幅是10年期债券的2.5～3倍。当资产和负债之间的平均期限不同时，就会发生久期错配。这是有风险的！

可以理解为何会出现这种错配。由于短期债务成本非常低，用短期贷款购买将使用20年的设备是很有诱惑力的。每次贷款到期时，你发行新的贷款并用所得资金偿还旧的。这种方式在市场流动性充裕时有效，但当市场冻结，没有新的贷款时，这可能导致违约，甚至破产。许多通过商业票据市场进行久期错配操作的大公司在2008年不得不通过美联储提供的后援支持才能得救。然而，你的公司并没有"大而不倒"的保障。

第四种可能是用额外的现金偿还债务，或降低杠杆（增加WACC）。这可能看起来不合常理。通常的情况是，额外的现金被用来偿还投资者的高息债务（或优先股）。它通常被更便宜的银行债务所取代。

同样值得注意的是，并非所有关于资本结构的讨论都是正面的。还有一些是在"法律重组"的背景下发生的，即公司无法满足债务要求时发生的重组。在第一阶段，你将尝试与债务提供者达成某种安排。这往往采取延期付款的形式，提供者将要求更高的利率或抵押品作为回报。

如果情况进一步恶化，债务提供者将推动清算或重组。这可以在庭外进行，也可以通过法庭程序进行。大多数国家都有这种双重制度，以保护那些出现流动性问题但有合理复苏前景的公司（《美国破产法》第 11 章）。前景不佳的公司被阻止进一步破坏价值，因此被清算（《美国破产法》第 7 章），如图 9-6 所示。

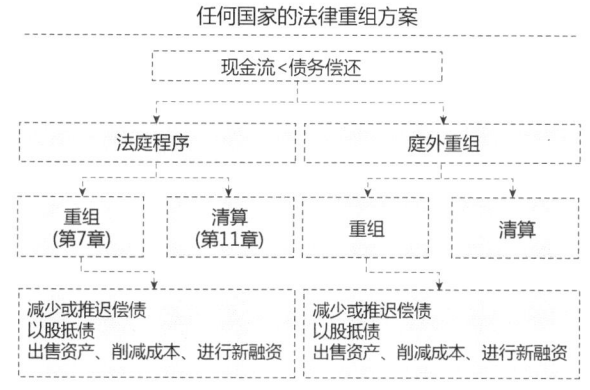

资料来源：Stuart Gilson。

图 9-6 不特定国家的法律重组选项

重组的重点将是重组资产负债表或调整资本结构。

兼并和收购

这是个令人迷惑的难题。大量金融研究表明，兼并和收购①的长期表现都不

---

① 请注意，"并购"是法律术语，在金融媒体中往往被滥用。兼并是指两家公司合并成一个新的实体。而当收购完成后，仍有一个已存在的法律实体保留时，我们称为收购。

太好。根据不同的从业者研究①或学术研究②的结果，失败率可能高达83%。

但与此同时，你很难在主要指数中找到任何一家没有进行过并购的公司。事实上，91.4%的美国上市公司在20世纪90年代和21世纪初至少进行过一次并购③。

在《商界局外人》(The Outsiders)一书中，威尔·桑代克（Will Thorndike）指出，他研究的每一位"超级CEO"都参与过并购，并且至少进行过一次并购，其交易金额超过了他们所管理公司的市值的25%。他还表明，这些并购决策都经过了深入的审慎考虑和耐心等待。这引出了五个区别性原则（见图9-7）。

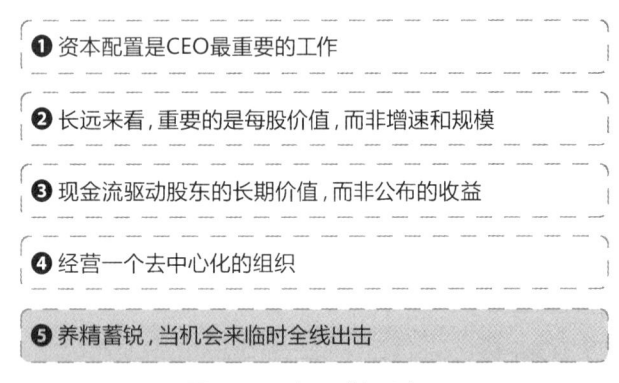

❶ 资本配置是CEO最重要的工作

❷ 长远来看，重要的是每股价值，而非增速和规模

❸ 现金流驱动股东的长期价值，而非公布的收益

❹ 经营一个去中心化的组织

❺ 养精蓄锐，当机会来临时全线出击

图9-7　五个区别性原则

---

① https://www.forbescom/sites/georgebradt/2015/01/27/83-mergers-fail-leverage-a-100-day-value-acceleration-plan-for-success-instead/? sh= 37e9d9ca5b86.

② 雷内博格（Luc Renneboog）和范斯坦基斯特（Cara Vansteenkiste）的《并购中的失败与成功》(Failure and Success in Mergers and Acquisitions)，发表于2019年8月8日，CentER讨论论文系列编号为2019-026。可在SSRN网站上查阅，链接：https://ssrn.com/abstract= 3434256 或 http://dx.doiorg/10.2139/ssrn.3434256。

③ J. 内特尔（J. Netter），M. 斯蒂格莫勒（M. Stegemoller），M. 温托基（M. B.Wintoki）. 数据筛选对并购分析的影响：对1992年至2009年间并购的大样本研究［D］. (Implications of Data Screens on Merger and Acquisition Analysis: A Large Sample Study of Mergers and Acquisitions from 1992 to 2009)，金融研究评论 (Review of Financial Studies)，2011，24（7）：2317-2357.

简言之，并购的难题在于："并购也注定失败，不并购也在劫难逃。"

从综合来讲，这是正确的。因此，综合结论是：不要参与并购。然而，研究表明，并非所有的并购都是一样的。就像《商界局外人》中的超级 CEO 具备了"局内人"没有的这些共性，创造价值的并购也有一些共性是摧毁价值的并购所不具备的。

为了增加你参与并购的机会，为你和你的投资者创造价值，你和你的董事会需要对以下四个问题给出清晰而令人信服的答案。

1. 战略上的理由是什么？
2. 我们应该支付多少？
3. 收购后我们的资本结构会是什么样？
4. 我们是否能执行（合并后的整合）？

我们将依次讨论。

战略理由

荷兰银行（ABN-AMRO）的董事会成员曾经有一个惯用的玩笑，当另一名成员说出"战略"这个词时，其他成员会喊"贵！"。似乎许多代价高昂（甚至是非理性的）的决策，都是在"战略"的保护伞下做出的。

当价值创造的结果如此暗淡时，部分原因在于存在双重的委托代理问题。首先，协助收购方的顾问既有收购的利益，更有高价收购的利益。[①] 其次，CEO 的薪酬（以及声望）与公司规模息息相关[②]。在投资银行家的支持下（尤其是收购式创业领域的精品投行），CEO 会试图说服董事会某个收购目标具有"战略意

---

① Kesner, I, Shapiro, D., Sharma, A. 撮合并购：代理理论视角下代表人的角色 [J]. (Brokering Mergers: An Agency Theory Perspective on the Role of Representatives) 管理学会期刊 (*The Academy of Management Journal*)，1994, 37 (3)：703-721.

② Marsch, T. 并购中的委托代理理论 (Principal-Agent-Theory in Mergers and Acquisitions) [M]. GRIN 出版社，诺德施泰特，2015.

义"（太贵了）。无论如何，你和你的董事会都应该能够从以下几种不同的策略中，合理地为该收购做出解释。

❖ **减少行业产能**。随着市场增长减速，有机增长机会减少。从战略上讲，你可以通过规模来创造股东价值。将企业规模做大可以让你利用波特五力中的一些优势：相对于供应商有更强的议价能力，相对于客户也有更多的控制力。这不仅意味着收购后你的 EBITDA 会增加，还意味着你的 EBITDA 利润率会更高。此外，你可能赢得更大更优质的客户，这在公司规模较小时是无法获得的。确实，EBITDA 规模越大，通常支付的 EBITDA 倍数也越高。

❖ **整合分散行业**。在高度分散的行业中打造领导者的时机可能已经成熟。通常情况下，当收入开始加速增长时（如从"早期传道者"转向大众关注时），就有机会通过品牌、利用营销的方式和提高资本效率，来创造市场领导者，使行业变得集中。只有在强大的商业模式和集成运营模式的支持下，战略市场领导者才能有效满足不断增加的市场需求。

❖ **产品或市场拓展**。一个显而易见的增长方式是向现有客户提供更多产品，或向新客户提供现有产品和服务。通常，这就是你在"早期阶段"改善业务表现的方式。你可能通过开发新服务或从竞争对手那里挖来销售人员来实现这一目标。与其通过渐进式的收入增长，不如通过收购拥有客户、产品或服务、员工和资产负债表的公司来实现跨越式发展。

收购整合后可以实现成本节约，并可能有机会交叉销售额外的产品或服务。如果执行得当，这种并购整合战略可以带来显著的（估值）倍数扩张。

以墨西哥的冰制造和分销公司 Aguafría 为例，正如我们之前讨论的那样，公司的创始人赫尔曼（Germán）和何塞（José）在两年半的时间内进行了七次收购，其中包括两家没有生产能力的冰分销商和五家同时拥有生产和分销资产的公司。通过这些收购，Aguafría 巩固了其在区域市场的地位，帮助降低运输成本并获取新客户，为进一步发展奠定了基础。

另一个例子是西班牙的马克·巴托梅乌斯（Marc Bartomeus），他不仅是西班牙第一个寻找项目的搜索者，也是首个成功完成全周期的西班牙搜索者。马克在三年的寻找期后，于 2014 年收购了 Repli 公司。Repli 是一家刚性塑料容器的分销商，服务于食品、制药、个人护理、化妆品、化工、宠物、兽医、涂料、实验室和汽车行业。Repli 于 2018 年收购了 Pentapackaging，最终在 2020 年被 Berlin Packaging 收购。

马克回忆道："完成对 Pentapackaging 的附加收购对 Repli 来说是一个重要的进步。尽管附加收购存在许多风险，我们认为自己已经做好了准备，并相信这是 Repli 资本的最佳使用方式。

在收购 Repli 后的第一年是非常艰难的，我每天都花很长时间管理公司，并走访客户和供应商。那时我没有时间，也没有兴趣去探索诸如附加收购等全新机会。这一选项在我熟悉业务并建立了一支能够专业管理公司的团队后才成为可能。接下来的目标就是开始创造增长的途径。

与此同时，Repli 产生了可观的现金流，并在第三年完全偿还了银行贷款和卖方贷款。因此，资本分配成为我们董事会会议上的常规话题，我们经常讨论是否应该将资本返还给股东，或者将其再投资于公司。投资者对业务的前景持乐观态度，并没有要求我们提前返还资本，只要我们能够有效利用这些资金。由于我们的业务属于轻资产型，不需要大量的资本支出，完成附加收购成了首选。

Repli 所处的行业在欧洲是非常分散的。过去 20 年中，美国有两家大公司整合了该行业，而欧洲则不然，这里有很多小型分销商，大多数成立已久，并且仍由创始人管理。收购一个或多个邻国的类似分销商将使 Repli 能够在地理上扩展，扩大产品范围，并从规模经济中受益。此外，扩大规模也将使 Repli 对未来的买家更具吸引力。

那时我们已经是行业内部人士了，因此识别和评估潜在的收购目标变得容易。这一过程促使我们与 Pentapackaging 进行了对话。Pentapackaging 是一家意大利的塑料和金属容器分销商，在地理位置和产品范围方面与 Repli 具有良好的战略契合。

凭借出色的业绩和最佳的规模，Repli 无需增资即可收购 Pentpackaging。

尽管在新的司法管辖区收购公司很复杂，但董事会非常支持这笔交易。管理两个国家的站点需要我们创建一个首席运营官的职位，这样我就可以在西班牙和意大利之间分工，而不会忽视当地的日常业务管理。

得益于 Pentapackaging 和 Repli 团队出色的投后整合，我们成了南欧最大的硬质塑料和金属容器分销商。这使我们成为潜在收购者的理想目标。Berlin Packaging 在其成为欧洲领导者的整合努力中收购了 Repli，接下来的故事，正如人们所说，已经成为历史。"

❖ **收购研发**。在某些情况下，为了在你的领域中保持领先地位，公司需要一个受知识产权保护的产品。你需要评估自己开发此类产品所需的时间、成本等因素。最终，你可能会得出结论：从其他公司获取知识产权（或直接收购整个公司）可能是更好的选择。

❖ **构建新产业**。许多首席执行官的梦想是像拼图一样收购多家公司，通过整合这些公司，创造出一个全新的产业。然而，即使在大型公司中，CEO 们也很少能实现这一点。所以，不要对此抱太高的期望。

总而言之，将并购定期列入董事会议程是一种良好的做法。一旦达到了 3 年期限，考虑每年与董事会讨论并购问题。首先专注于企业业绩、增长和成为一名经验丰富的首席执行官。由于并购涉及的风险巨大（因此通常结果不佳），在董事会和首席执行官都对业务没有很好的了解，并且 CEO 没准备好迎接挑战之前，考虑并购是不明智的。

对并购活动和目标的讨论，应始终从战略开始。高管们（尤其是 MBA）普遍认为并购活动很吸引人，就像高管眼中的《壮志凌云》（Top Gun）。总是存在这样一种风险：管理者和董事会为了追求目标，事后才拼凑出某种战略合理性。切勿这样做！当涉及并购提议时，CEO 和董事会应以坚定的理性质问提出者的战略考量。如果战略不清晰或缺乏说服力，可能意味着风险不值得承担。

如果确实有充分的战略理由进行收购，那么可以继续探讨下一步问题。

关于财务的论述

正如没有两个金融资产的相关系数为 1 一样，将两家公司结合在一起也不可能完全没有协同效应的潜力。然而，若在并购谈判中一开始就过于关注潜在的协同效应，往往会导致价值的破坏。即使在纸面上存在强大的协同效应，如果缺乏坚实的战略理由，合并的公司可能并没有真正的战略优势。

然而，一旦明确了收购目标的强大战略逻辑，下一个需要回答的问题是：这对我来说值多少钱。在估值讨论中，协同效应应当成为关注的焦点。

需要明确的是，协同效应或协同价值是通过整合目标公司与收购公司所创造的经济价值。它是通过结合两家公司所获得的额外价值。协同效应可以用公式表示为

$$\Delta V = V_{A-T} - (V_A + V_T)$$

其中，

ΔV：协同价值

V_{A-T}：合并后公司价值

V_A：合并前收购方价值

V_T：合并前的标的公司价值

协同作用可以是运营、财务或战略上的，如表 9-1 所示。

表 9-1　　　　　　　　运营、财务和战略协同作用

运营协同效应	
增加销售额	提高定价能力
	客户/产品收益

(续表)

运营协同效应	
规模经济	降低产能
	分摊固定成本
	地域协同效应
范围经济	不同产品/服务的组合降低成本
优势互补	结合不同的相对优势，形成优势互补
提高效率	最佳的管理和管理技术
	减少闲置的生产、人员和销售渠道
财务协同效应	
减少现金流差值	
提高债务能力	
降低加权平均资本成本	
多重套利	
提高税收效率	
战略协同效应	
合并前没有的新战略	

资料来源：BCG。

并购估值是一个三步走的过程：首先估值目标公司，然后估值协同效应，最后确定你愿意在交易中让步的部分。

❖ 第一步：独立估值目标公司

首先，你需要将目标公司视为一个独立的公司来进行估值。遵循阿斯瓦斯·达莫达兰（Aswath Damodaran）[1]的五步法，将定性分析与定量分析相结合：

步骤1：为你评估的公司制定一个叙述

这一步的关键是这个叙述必须仅基于目标公司独立运营的情况，即假设目标公司未被收购。

---

[1] H. 布奇奇(H. Bouchikhi), J. 金伯利(J. Kimberly). 如何让并购成功 (Making Mergers Work) [J]. 麻省理工学院斯隆管理评论 (MIT Sloan Management Review), 2012 (9).

步骤2：测试叙述是否可能、合理、可行

这是一个重要的步骤，要求你谨慎、批判性地思考并保持现实，因为接下来的重要决策将基于这个叙述。

步骤3：将叙述转化为价值驱动因素

请记住，只有那些可以量化的价值驱动因素才是重要的。

步骤4：将价值驱动因素与估值联系起来

如果该叙述在第二步中通过了三重测试（可能、合理、可行），你可以对结果数据和估值充满信心，这也将帮助你与董事会进行讨论。

步骤5：保持反馈循环的联通

完成这一过程后，开始计算公司前5到10年的年度自由现金流[1]。剩下的现金流用戈登·夏皮罗终值公式来代替[2]。将所有现金流以公司的加权平均资本成本（WACC）折现后得出企业价值（EV）。扣除净债务后，你就可以得到在假设条件下目标公司的市场股权价值，即独立经营情况下的价值。

通过这些步骤，你就可以接近目标公司的独立市场价值。但是，关键问题在于：它对你而言值多少钱？通过将两家公司合并，可以释放协同效应的价值，因此下一步需要评估这些协同效应的价值。

❖ 第二步：评估协同效应

虽然让顾问确定协同价值很诱人，但请记住两点：第一，他们的既得利益与你的利益并不一致；第二，你将对协同效应的实施负责。因此，至关重要的是，你要亲自负责确定协同效应的价值，并制定识别、记录、验证和捕捉这些协同效应的流程，如图9-8所示。

尽管可能会有即兴发挥的诱惑，但严肃的收购方会尽力识别出企业合并后可能实现的每一项协同效应。在大型收购中，这些项目可以累积到超过100页的文

---

[1] H. 布奇奇（H.Bouchikhi），J. 金伯利（J. Kimberly）. 如何让并购成功（Making Mergers Work）[J]. 麻省理工学院斯隆管理评论（*MIT Sloan Management Review*），2012.

[2] 同上。

图 9-8 协同效应

档，其中每一行都定义了具体的协同效应及其随时间的影响。具体如表 9-2 所示。

表 9-2　　并购协同效应示例

编号	区域	团队	描述	效益类型	PV 协同价值（$000）
522	供应链	制造业	通过消除重复资产优化制造成本	成本	2 210
688	共享服务	加利福尼亚	通过为加利福尼亚创建共享服务组织，实现价值交付最大化	成本	80
1284	AIM	得克萨斯	开发 TX 核心系列产品，充分利用 RU RTM	收入	208

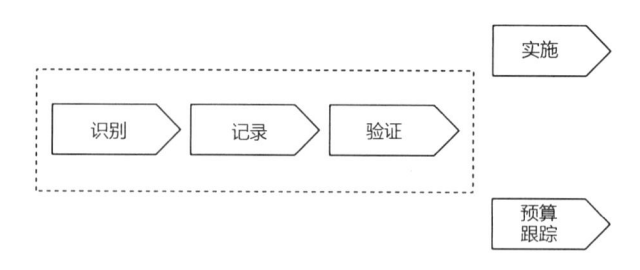

资料来源：作者整理。

在以上案例中，负责人会同意消除供应链中的一些重复资产将节省约 220 万美元。通过记录和验证，能更准确地计算协同效应的总价值。这还将使制造团队负责落实这些成本节约，并在年度预算讨论中跟踪结果。

因此，这一过程有助于评估协同效应的价值，明确责任人，如果目标未达成则提供讨论的机会（解决潜在问题的方案），并促进企业学习，从而在未来的并购中改进估值和执行。

注意，在这里我们区分了成本协同效应（降低成本）和收入协同效应（增加收入）。这是因为成本协同效应较容易实现，好比手中之鸟，而收入协同效应则相对困难，好比林中之鸟。

一旦所有可能的协同效应都被识别、记录并验证，就可以通过确定整体的估计机会来计算协同效应的现值总和。这就是你认为通过将两家公司合并在一起可以创造的额外价值。换句话说，这是在卓越管理下，通过优秀的并购后整合和战略执行所能实现的附加价值。

❖ **第三步：确定你可以放弃的部分**

你还需要确定愿意放弃协同价值的百分比。假设目标公司在没有你的情况下价值1 000万美元，而你确定通过合并两家公司可以实现500万美元的协同效应。考虑到你将负责实现这500万美元的协同效应，问题在于，你愿意将其中多少留给卖方？

这一切都取决于卖方、交易情境和你自身（包括你的谈判技巧）。如果你从一个愿意出售的卖家那里购买，你可能接近1 000万美元（甚至更好的价格）。但如果卖家只有在"价格合适"时才愿意出售，你可能需要与卖家分享这部分收益。在公开市场中，一个常见的经验法则是，用协同效应的25%来说服卖家出售他们的股份。

并购常常破坏价值的第二个原因是，尽管战略理由合理，公司却高估了协同效应，最终为收购公司支付了过高的价格。

资本结构

即使并购在战略上合理，估值也准确无误，公司仍然可能因为杠杆问题而破坏价值。

高效的金融市场、低通胀、竞争激烈的银行系统以及充裕的流动性供应等因素相结合，导致了契约条款的放松和大量廉价债务的出现。如果收购价格的很大一部分是通过债务融资，这使得成本高昂的收购目标看起来很便宜。

重要的是要记住：尽管你现在是一位经验丰富的首席执行官，但收购一家公司会大幅增加经营风险。企业风险管理的原则之一是，同时增加经营和财务风险通常不是一个好主意，往往以失败告终。

如果这个收购只在你承担更大财务风险的情况下才有意义，这可能是一个放弃的信号。换句话说，在评估收购后的现金流时，应该在现金流模型中留出足够的误差空间。

执行——并购后整合（PMI）[①]

这是关键点，也是大多数并购失败的地方。[②][③] 战略、财务和最优资本结构都只是空谈。并购后的整合使所讨论的战略、协同效应和内在价值成为现实（或未实现），有趣的是，这也是顾问、咨询师和投资银行家倾向于离开你去做下一笔交易的地方。

当统计数据显示大多数并购失败，但研究和实践表明确实存在成功的连续收购者时，明智的做法是注意那些成功者所采取的独特做法。[④] 以下是一些经过验证的原则，值得牢记。

❖ **从小处着手。**[⑤] 在整合过程中，你可能会感觉自己在管理三家公司：原来的公司、被收购的公司，以及整合过程。由于你在这方面缺乏经验，加上疲劳以及高压的环境，你将犯一些重大错误。事实上，你可能会犯许多错误。小规模收

---

① H. 布奇奇（H. Bouchikhi），J. 金伯利（J. Kimberly）. 如何让并购成功[J]. (*Making Mergers Work*) 麻省理工学院斯隆管理评论（*MIT Sloan Management Review*），2012（9）.

② R. 克里斯托弗森（R. Christofferson），R. 麦尼什（R. McNish），D. 西亚斯（D. Sias）. 并购为何失败[J]. (*Where Mergers go Wrong*) 麦肯锡季刊（*McKinsey Quarterly*），2004（5）.

③ R. 伯格尔曼（R. Burgelman），W. 麦金尼（W. McKinney）. 管理收购整合的战略动态[J]. (*Managing the Strategic Dynamics of Acquisition Integration*) 加州管理评论（*California Management Review*），Vol 48, No. 3. 春季刊，2006.

④ D. 哈丁(D. Harding), S. 罗维特（S. Rovit），A. 科尔贝特（A. Corbett）. 避免并购崩溃的三步策略[J]. (*Three Steps to Avoiding Merger Meltdown*) 哈佛管理最新动态（*Harvard Management Update*），2005（3）.

⑤ C. 布拉德利（C. Bradley），M. 赫特（M. Hirt），S. 斯密特（S. Smit），A. 韦斯特（A. West）. 研究表明小型并购交易效果更好[J]. (*Research Shows That Smaller M & A Deals Work Out Better*) 哈佛商业评论（*Harvard Business Review*），2018（5）.

购意味着小错误，而大规模收购意味着大错误（对于缺乏经验的人来说）。

因此，你应将第一次收购视为学习过程。从他人的错误中学习，但也要承认你没有模式识别的能力，也没有对管理整合的情感认知。因此，从小处着手，接受你所犯的错误，视为改进的代价。

这就是我们在搜索基金领域观察到的情况，收购要么是补强型收购或相邻业务的收购，而非平台型收购。

- ☑ 补强型收购是指将目标公司整合到收购方的某个部门中，从而创造收入协同效应。
- ☑ 相邻业务收购是指收购后作为独立业务运作的公司，协同效应源于运营模式中的成本协同效应。
- ☑ 平台型收购是指公司在新市场和新产品领域进行重大扩张的收购。

❖ **速度和专注。**[①] 和规模一样，速度也是一个问题。你需要迅速行动。不确定性会打击士气，对企业造成严重影响。这个时候，你的竞争对手会去抢夺你的客户，你的员工会怀疑你和你的战略，你的供应商会认为你的风险增加。

要在每一步、每一天都果断而紧迫地行动，你需要做好充分的准备。连续收购者通常拥有专门从事公司整合的团队。例如，当西班牙的桑坦德银行（Santander）收购英国的艾比国民银行（Abbey National）时，一周内英国市场上已不再见到艾比国民银行的痕迹。所有分行都更换了桑坦德的标志和徽标，员工从第一天起就佩戴桑坦德徽章，穿着桑坦德制服。仿佛艾比国民银行从未存在过。

你可能没有专业的整合团队，许多任务将落到你身上。尽管如此，你和你的高管团队应制定一个行动手册，明确每一天的具体计划和责任人。你将是推动实施的主要动力，并让各方负起责任。

[①] J. 方德雷韦（J. Fondrevay）. 并购后，别让"我们 vs. 他们"的思维毁了公司 [J]. (After a Merger, Don't Let "Us vs. Them" Thinking Ruin the Company), 哈佛商业评论（Harvard Business Review), 2018（5）.

工作的专注度也成为一个挑战。并购后业务表现往往会下降。员工会自发地讨论并购的优缺点，互相分享他们的疑虑，并将这些情绪传递给信赖的客户，而不是专注于客户、产品和服务。

你和你的高管团队需要继续提供业务领导力，并对员工进行监督和问责。通常的做法是让一部分员工（10%～20%）100%参与整合过程，而其余员工（80%～90%）则100%专注于日常业务表现。如果没有明确划分这些角色，你会发现：（1）每个人都在同时做两件事，结果没有一件做得好。（2）很难追究责任。

确保你的高管密切关注关键利润驱动因素，并定期组织业务审查，频率应与并购前相同。关注被收购业务中值得复制、整合或借鉴的方面。这不仅会使你的业务更好，还可能赢得被收购公司员工的尊重。

❖ **公司文化。**[①] 不要过早进行并购的众多原因之一是，首先要在搜索收购的公司中建立自己的文化。当收购文化不一致的公司时，很容易造成文化的脱节。同样，如果你还没有磨炼自己的"文化技能"，你可能会进行一开始就失败的收购。原因出在哪里？出在文化不相容[②]。

通过在收购公司中建立良好的文化，你将磨炼自己的技能，并在这方面建立信心。但不要误会，文化整合是非常困难的。

据德勤咨询公司称，85%的整合失败原因都与文化因素有关[③]。麦肯锡公司的研究表明，组织和文化不协调约占整合失败原因的一半。[④]

---

① D. 福比尼（D. Fubini）.并购前，不仅要考虑财务，还要考虑公司文化[J].(Before a Merger, Consider Company Culture Along with Financials)，哈佛商业评论（Harvard Business Review），2014（12）.

② M. 盖尔凡德（M. Gelfand），戈登（S. Gordon），C. 李晨（C. Li）.并购失败的一个原因：两种文化不兼容[J].(One Reason Mergers Fail: The Two Cultures Aren't Compatible)，哈佛商业评论（Harvard Business Review），2018（10）.

③ 《并购前线的经验教训：并购后的次日》（Lessons from the M&A Front: The Morning After），德勤咨询报告（Deloitte Consulting Report），1999.

④ E. 奥利弗（E. Oliver），E. 奥劳克林（E. O'Loughlin）.如何在并购中获胜[J/OL].(How to Win at M&A)，麦肯锡组织博客（McKinsey Organization Blog），2018（5）.

❖ **将收购人性化。** 人们很容易忽视收购对员工的影响。毕竟，你忙于管理和整合两家公司，与所有利益相关者沟通，向董事会汇报，检查协同效应是否实现，等等。

如图 9-8 所示，收购过程对员工来说是一场情感过山车。首先，人们对成为更大企业的一员感到兴奋。然后，不确定性开始出现："我会被解雇吗？"这会导致瘫痪——员工的思维从专业转向个人，并一直停留在这种思维角度中。这可能会导致员工退缩，甚至更糟——离职（通常最优秀的员工特别容易离开）。

一段时间后，组织开始"领悟"并购带来的正面效应，更多客户对更好的服务产生兴趣。一旦这一认知发生，员工们就会再次对工作、公司和你充满信心。

收购后员工的情感过山车如图 9-9 所示。

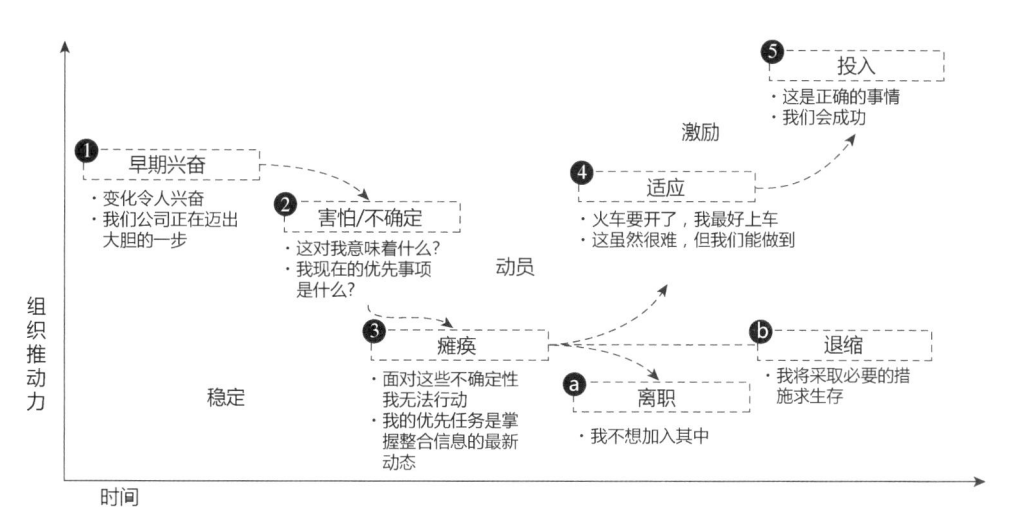

资料来源：德勤咨询。

图 9-9 收购后员工的情感过山车

好的领导通过关心和沟通，使收购人性化，解决员工职业前景的不确定性，从而稳定员工的情感影响。如果你不得不解雇员工，同样，速度是最重要的。确定并传达一个适当的裁员时间点位，使之既能限制不确定性，又能减少错误裁员的可能性。一般来说，公告后的三到五周内进行裁员是一个合理的目标。

一旦稳定了局面（并裁员），就到了调动团队的时候了。每个人都应该明白为什么要收购这家公司，这对他们意味着什么，以及他们在公司的新使命（获取协同效应并实施战略）中扮演什么角色。员工应该因为这次企业行动而感到鼓舞和充满活力，这次收购应该对包括员工在内的所有利益相关者都有所裨益。他们应该感觉自己是更好的团队中的一员。

通过理解和解决员工的情绪波动，你更有可能留住一流人才。你也应该为其中的一些人离开做好准备——当你成为一个连续收购者时，这种可能性会大大增加。这被称为"收购疲劳"，即员工在多次收购的情绪冲击下筋疲力尽。

❖ **与所有利益相关者持续沟通。**[①] 在不确定的时期，每个人都会抬头仰望。你的员工希望知道发生了什么，以及他们可以从老板那里获得什么。中层管理人员会希望高级管理人员来介绍情况，而高级管理人员会向你寻求下一步计划。

有两件事需要注意。首先，不要假设信息会顺畅传递，特别是在信息不清晰或不完整的情况下。不要想当然地认为，仅仅因为你向高管团队做了简报，信息就会在整个组织中无缝流动。

其次，要知道信息空白会迅速被猜测、阴谋和谣言填补。员工会互相传播八卦，甚至更糟糕的是与客户谈论这些八卦，而不是专注于业务。因此，为所有员工制定一个清晰详尽的沟通计划至关重要。确保他们掌握了所需的信息，以便应对来自客户、监管机构甚至家庭成员的问题。

你还需要专门为客户和任何其他有意义的利益相关者（供应商、监管机构等）制定一个沟通计划。你的目标客户应该清楚地知道这次收购对他们有利。你的计划应该包括如何通知每个客户，谁将通知他们，以及通知什么。请注意，许多公司在这方面都失败了（当你的竞争对手进行并购时，了解这些可以帮助你扩大市场份额）。

❖ **清晰的产品和服务路线图。**你对未来产品或服务的计划应提前制定，充分沟通，并认真执行。根据你的愿景，路线图将包括你希望两家公司全面整合的

[①] N. 费尔南德斯（N. Fernandes）.如何抓住即将到来的并购浪潮[J].（How to Capitalize On the Coming M&A Wave），哈佛商业评论（Harvard Business Review），2021（2）.

程度。

公司可能会收购另一家公司，并将其业务整合到一个品牌和管理团队下，这是整合策略。根据产品和服务路线图，公司也可能收购另一家公司，但保持其基本独立运作，这是聚合策略。

这两种并购策略之间并没有明确的界限，因为聚合策略通常涉及某些管理和资本配置过程的集中化。然而，一般来说，整合策略在企业整合中风险更高，但可能实现更多的运营协同效应，且一旦公司整合后可能更易管理。聚合策略通常整合风险较小，并且如果品牌保持独立，可以提供额外的弹性（例如，品牌 A 的一个差评不会影响品牌 B），但它不太可能捕捉到大的运营协同效应，且可能更难管理。我们提出这一点，是希望首席执行官们在考虑并购策略时，要权衡选择整合策略还是聚合策略。根据我们的经验，聚合策略可能因其不同且通常较低的风险特性，而比整合策略更具吸引力。

❖ **明确的治理结构。**根据你的产品或服务路线图、未来战略以及业务整合（无论是整合还是聚合），你需要定义支持这一战略的新组织结构。除了创建新的结构，角色、人员和文化也需要与结构以及彼此保持一致（参见下方的"一致性模型"）。最后，你需要一个不仅能支持你进行整合，还能履行下一阶段公司信托责任的董事会。

并购的成功与否

并购有很大的潜力引入协同效应、扩大运营规模、接触新客户，并进一步发展通过搜索基金收购的业务。然而，如果执行不当，它们也可能大幅破坏价值。让我们来看看一个成功的并购案例，以及一个相对不成功的案例。

2011 年，Nashton Partners 的杰伊·戴维斯（Jay Davis）和杰森·帕纳诺斯（Jason Pananos）收购了美国公司 Vector Disease Control International（VDCI），该公司提供媒介传染病预防计划。起初，两人计划通过有机增长来扩展公司业务，但结果比预期要困难得多。在进行几次附加收购后，策略转变为滚动整合（roll-up）。杰伊和杰森随后进行了 14 次收购，使收入以 43% 的复合年增长率（CAGR）增长。2017 年，Rentokil Initial 收购了该公司[①]。

在这个案例下，强有力的战略和收购后整合促成了成功。该团队还优化了资本结构，能够利用几乎所有的银行债务融资进行收购。关键在于以 3~4 倍的息税折旧摊销前利润（EBITDA）收购那些能产生显著现金流的企业，并将控股公司的杠杆率保持在 3~3.5 倍的预测 EBITDA 左右。因此，随着业务通过收购增长，VDCI 能够增加债务，为进一步的收购提供资金。通过强劲的现金生成和高水平的经常性收入，帕纳诺斯、戴维斯及其债务提供者对 3~3.5 倍 EBITDA 杠杆率感到放心。最终，将 VDCI 出售给 Rentokil 为投资者带来了约 9.5 倍的投资回报倍数（MOIC），其中超过 50% 来自倍数扩张。

用杰森的话说："收购 VDCI 时，尽管不是投资计划的一部分，但我们隐约意识到将来可能会探索并购。我们认为，如果在此之上进行并购，那更多偏向于机会主义，在我们的价值创造战略中只发挥很小的作用。我们任期两年后的第一个附加收购正是这样：规模小，非常机会主义，但也非常有吸引力。"

这次收购是一家湖泊管理业务，进入了一个相邻但非核心的市场。其背后的逻辑是，它为我们提供了服务的延伸，处于一个类似的行业，并拥有类似的商业模式。此外，这笔交易使我们的 EBITDA 超过了 200 万美元，收购价格略低于 3 倍 EBITDA。贷款方为这笔交易提供了 100% 的融资。还有一个好处是，它离我当时住的地方很近。

整合进展顺利，这不仅增加了我们对并购后整合的理解，还增强了我们的信心。这使得我们又机会主义地收购了另外两家湖泊管理公司和另一家蚊虫控制业务。

杰伊补充道："值得一提的是，直到我们运营 VDCI 大约四年后并收购了 5 家公司，我们才决定在收购方面加大力度。转折点在于我们更深入地研究了湖泊

---

① https://www.thenashtoncompany.com/about.

管理行业,并意识到目标公司比我们最初认为的要多得多。于是,我们开始在该行业进行强有力的交易搜寻活动,从而创造了一个可观的收购管道。在接下来的 30 个月里,我们完成了另外 10 笔交易。市场研究、早期收购的整合成功以及运营的顺利进行,使我们和董事会有信心快速推进。最终,我们收购了一批拥有高质量收入、优秀的员工、忠实的客户和可观现金的强大公司,并且具有非常吸引力的 3 至 4 倍 EBITDA 的现金流。我们用债务为所有这些收购公司提供资金,使其成为一个非常成功的价值创造战略。"

后来,当时害虫控制市场发展非常迅猛,我们受到了大型全球战略投资者的极大关注。这意味着,我们的投资者有机会获得超常的回报。重要的是,这些战略投资者(最终为 Rentokil)拥有资源,通过在收购市场上更加积极的策略来继续发展业务。我们将业务出售给 Rentokil 的决定并不容易,但事实证明这对我们的投资者、杰森和我自己以及我们的员工来说都是一次胜利。事实证明,这对 Rentokil 也非常成功,他们在其领导下进一步发展了 VDCI。

商业服务公司(BSC)提供了一个反例。虽然公司的名称是虚构的,但其余部分并非如此。BSC 因多次管理决策失误而申请破产。其失败并非由于经济不景气、信贷市场紧缩或其他不可避免的外部因素造成的,根本原因在于 BSC 大幅度扩张了规模和业务范围,并通过收购进入了与其核心业务无关的领域。

第一,BSC 的业务表现并不足以支持通过收购实现增长的策略。该公司的收入不稳定且不连续,不是经常性收入。

第二,管理层对客户了解不足,导致客户关系脆弱。

第三,行业经历了技术变革,而领导层缺乏明确的数字化战略。

BSC 鲁莽地启动了收购增长战略,并在其核心服务之外进行了几次收购。由于缺乏有意义的收购战略,领导团队基本上是为了增长而增长。每次收购都不清楚如何帮助公司的核心业务或提高盈利能力。良好的战略逻辑也有所缺失。这些交易既没有得到首席执行官的良好沟通,也没有得到董事会的充分理解,而董事会本不应支持这些交易。交易仓促完成,尽职调查不足。特别是有一次收购规模很大,地理位置偏远,需要快速地重整旗鼓,所有这些都是新 CEO 不希望看到的收购特征。

收购后，新公司未能有效整合到一个统一的公司中。多次收购失败，破坏了价值，并使管理层无法集中精力维持业务势头。BSC 的资本结构也过度杠杆化，并且过于依赖短期债务。最终，BSC 无法履行其债务义务，导致公司申请破产。

重申一下，当 CEO 成熟后，董事会应该定期（每年）考虑并购问题。无论何时，在进行并购之前，问问自己：这真的是最明智的资本使用方式吗？记住要提出并回答以下问题：

1. 战略理由是什么？
2. 我们应该支付多少？
3. 收购后我们的资本结构会是什么样？
4. 我们能执行（并购后整合）吗？

有时，最后一点可以通过吸引董事会和经营层面的合适人选来弥补。

安德鲁·索尔顿（Andrew Saltoun）在其公司 Integra Partners 收购 DMEnsion Benefit Management 时，就是这么做的。

2011 年，安德鲁·索尔顿的自费搜索公司 Duane Street Capital 收购了医疗网络管理公司 Integra Partners。尽管 Integra Partners 自 2007 年成立以来表现良好，但由于缺乏临床系统和专业知识，无法在福利管理方面实现关键突破。由于有机增长难以实现，战略需要通过收购来完成。

安德鲁在上任初期就确定了位于密歇根的 DMEnsion Benefit Management 为收购目标，这是一家在美国中西部历史悠久且成功的网络和临床福利管理公司。安德鲁和他的团队与 DMEnsion 的所有者建立了良好的关系，但直到 2014 年，DMEnsion 的董事会和 Integra 团队才达成收购协议。

作为前高盛投资银行家，安德鲁在职业生涯的大部分时间里都与并购（M&A）打交道。或许正因为如此，他知道执行"并入式"收购是一次全新的体验，这让他感到自己并未做好充分准备。

因此，他聘请了前管理顾问吉姆·B（Jim B）领导合并前后的工作。吉姆迅速为 Integra 和 DMEnsion 的每个职能领域建立了工作流：人力资源、会计和财务、信息技术、销售和市场营销、医疗管理（DMEnsion 的临床组织）等。随后，每个 Integra 的领导者都与一位 DMEnsion 的领导者配对，共同分析现状并提出未来的建议。

最终决策由吉姆和一个由 Integra 高级领导者及 DMEnsion 最资深的三位专业人士组成的指导委员会签字确认。这些决策影响了组织结构、资源分配和未来的责任划分。

虽然安德鲁认为 DMEnsion 的并购后整合（PMI）是成功的，但他表示他们本可以在品牌整合和文化融合方面做得更好一些。他们最终达到了目标，但过程有时略显笨拙（来自安德鲁的原话）。

值得简要提及的是，在搜索基金和创业型收购的领域，拆分也时有发生。通过战略评估，董事会和首席执行官可能得出结论，认为公司需要调整其战略构成。战略评估的结论可以是收购，也可以是分拆。有时，拆分在收购实施之前就已完成。

以加拿大的 eCompliance 公司为例。在经过行业聚焦的过程并基于之前在医疗和教育领域的经验和热情，搜索者阿德里安·巴尔萨（Adrian Bartha）和乔什·勒布朗（Josh LeBrun）收购了 eCompliance.com，一个专注于工作场所健康和安全的、非常冷门的电子学习平台。

eCompliance 的增长计划集中于构建一个新的软件产品，该产品将与现有的电子学习产品相结合。然而，阿德里安和乔希很快意识到，由于小企业产生的现金流有限，很难同时扩大两方面的业务。

于是，他们决定将电子学习业务剥离出去，专注于将eCompliance重塑为一家纯粹的软件即服务（SaaS）公司。在转型过程中，他们将一家13人的电子学习公司在几个月内转变为一家30人的软件公司，比预期的要困难得多。

实质上，这相当于一个"搜索基金中的初创公司"。eCompliance在接下来的6年里通过有机增长不断发展，并最终在2019年被一家私募股权支持的战略投资者收购。在此过程中，公司从一个软件测试产品发展到年经常性收入（ARR）超过1000万美元，并实现了其企业使命，即帮助客户消除100万起工作场所伤害和事故。这个目标是在公司由阿德里安和乔什掌管的早期阶段设立的，并在2020年得以超越。

阿德里安继续留任，帮助收购者将公司发展到超过1500万美元的ARR，并在2020年底确定一位新管理者继位后离开。

顺带一提，阿德里安透露，在他们早期搜索时，他们曾瞄准一家决定不卖给他们的公司，后来这家公司以更高的价格出售给了另一位买家。五年后，阿德里安和乔什以原价的十分之一收购了这家公司，因为那位买家把公司搞砸了。正如他所说："有时候，长期策略会带来回报。"

资本配置、资本结构以及并购都可能成为经验丰富的经营者手中的重要工具。然而，同样重要的是，要将注意力集中在打造一个整合且协调一致的公司上。在接下来的章节中，我们将重点讨论这一主题。

一致性模型

2000年7月16日，弗洛伦蒂诺·佩雷斯·罗德里格斯（Florentino Perez Rodriguez）成为皇家马德里俱乐部（"白衣军团"）的第15任主席。他在竞选中承诺要拯救皇家马德里免于进一步的管理不善和财务危机，并引入了"银河战舰"（Galacticos）战略。

从签下死敌巴塞罗那队的进攻型中场路易斯·菲戈（Luis Figo）开始，他的战略是每年引进至少一位超级巨星（"银河战舰"）。他随后签下了世界上一些最出色的球员：齐达内（Zinedine Zidane，尤文图斯，2001 年）、罗纳尔多（Ronaldo，国际米兰，2002 年）、贝克汉姆（David Beckham，曼联，2003 年）、欧文（Michael Owen，利物浦，2004 年）、罗比尼奥（Robinho，桑托斯，2005 年）、拉莫斯（Ramos，塞维利亚，2005 年）……但他在 2006 年 2 月 27 日辞职。在此之前，球队自 2003 年以来未曾赢得任何奖杯，①② 到底出了什么问题？答案是契合度！

团队、组织、系统和有机体都必须相互整合才能良好运作。一名足球运动员的速度、力量、体型、惯用脚（左脚、右脚、双脚）、历史、视野和创造力都有更广泛的影响。这些因素会影响到与他搭档的球员类型、他可以胜任的位置、适合他的球队以及能与他取得成功的教练等。虽然商学院的许多课程是分别进行授课的，但现实中的管理者必须确保这些领域相互协调和整合。如果你想要成功，建立一个协调一致的组织至关重要。

组织理论家大卫·纳德勒（David Nadler）和迈克尔·塔什曼（Michael Tushman）（N&T）开发了"一致性模型"（The Congruence Model），这是一个强有力的工具，用来解决系统契合度问题并揭示业绩差距。在公司表现优异但希望抓住机遇时，该模型还可以用来解决机会缺口。从这个角度来看，它与奥赖利（O'Reilly）和塔什曼（Tushman）关于组织双元性的研究有很好的契合。

你可以问自己："为什么你的组织很重要？"组织应该通过一个转化过程，产

---

① 全文披露：本书的贡献者中有一位阿森纳球迷、一位巴萨爱好者、一位皇马支持者以及一位热刺狂热粉丝。对于不熟悉热刺的读者，可以访问： https://www.tottenhamhotspur.com。

② 弗洛伦蒂诺·佩雷斯（Florentino Perez)自 2009 年起再次担任皇家马德里俱乐部的第 18 任主席。

生实质性影响，将较低价值的输入转化为期望的输出①。同样，纳德勒和塔什曼将组织定位为输入与输出之间的中介。他们的"附加价值"在于设计出一个模型，使管理者能够构建整合的组织（见图9-9）。

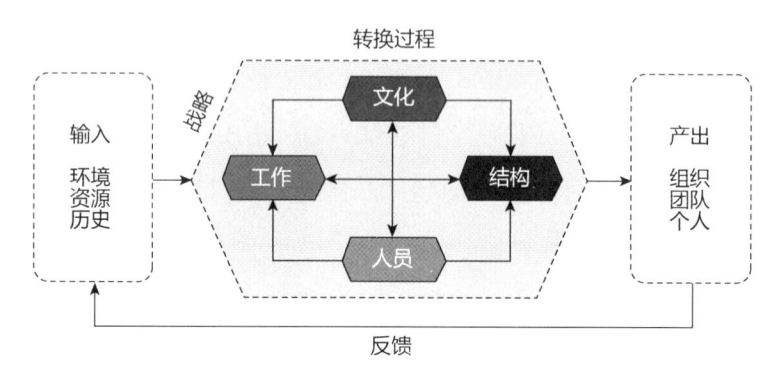

资料来源：David Nadler，Michael Tushman。

图9-9 Nadler-Tushman一致性模型

让我们来看看一致性模型框架的组成部分。

输入

N&T（纳德勒和塔什曼）区分了组织必须处理的三种要素：环境、资源和历史。

❖ **环境**。任何组织都在更大的环境中运作，这包括市场、供应商、法规、工会和竞争对手。正是这个环境为我们提供了机会（客户）、需求（税收）和约束（法规）。

❖ **资源**。第二个输入因素包括公司的资源：员工、IT系统、资本、品牌等。高层管理人员通常会专注于如何最大化利用、优化或重塑这些资源。例如，首席技术官（CTO）可能致力于在预算范围内获得最佳系统，而首席运营官（COO）则可能热衷于实现六西格玛（six-sigma），而人力资源总监（HRO）则可能专注于打造学习型组织。可以很容易看出，随着专业化程度的提高，"银河战舰"战

---

① 也是增值税的本质基础。

略也得到了凸显。

❖ **历史**。最后，N&T 认为历史是一个重要的输入因素。环境和资源在商学院中得到了充分的研究和关注，但历史却没有，至少在案例分析传授的之外的"历史"并未得到重视。我们在这里指的历史更加直接，包括在你了解公司之前所做出的战略决策、上次经济衰退期间被裁员的人、前任老板灌输的价值观等。所有这些家族历史将在公司被收购及其后续发展中产生影响。你不是这段历史的一部分可能是一个优势，然而，你不了解这些历史也不是一件好事。

战略因此成为"关于如何在历史背景下，将组织资源配置于环境中的需求、约束和机会的一系列决策"。[①] 之前提到的"为什么你的组织重要"的问题，涉及你的战略的第一个方面：使命。你在为谁服务，提供什么服务？它与竞争对手有何不同，"你的竞争战略是什么"？一旦你定义了这些，你就可以专注于实现这一使命的战略举措（战术）。最后，定义具体的绩效目标（关键绩效指标 KPI），当这些目标得到良好执行时，将为组织创造理想的输出。

产出

公司的产出是商品和服务，但组织绩效取决于其他不同产出：组织内各团体、单位和个人的运作。

N&T 定义了在组织层面进行评估的三个变量：（1）公司战略所确定目标的实现情况。（2）资源配置和利用的效率。（3）组织在不断变化的环境中灵活调整定位的能力。

一致性模型提供了一个理解组织应如何运作的模型，旨在实现最佳的组织绩效（从而获得最佳输出）。它还使我们能够将前面讨论的许多主题，如战略、商业模式、运营模式、人员管理和创新联系起来。让我们继续讨论转化过程。

[①] 纳德勒（David Nadler），塔什曼（Michael Tushman）. 组织行为诊断模型［J］. 组织动态（Organizational Dynamics），1980（9）．

转换过程

一个组织通过四个主要组成部分将输入转化为输出：工作（关键任务）、人员（能力）、组织安排（组织设计、职位设计、工作环境、HR 系统）以及非正式系统或文化（价值观、信念、规范）。理解这些组成部分之间的相互作用可以让你设计出一个契合的组织结构，从而实现卓越的输出。如果这些组成部分无法协调一致，就会导致表现不佳。让我们来讨论这四个组织的组成部分。

❖ **关键任务**。从根本上说，你的组织之所以重要，是因为你通过执行与战略一致的关键任务（或工作）来创造有目的的价值。分析组织的起点应该是它的任务。如果对要执行的任务没有深入的理解，很难评估其他组成部分。除非你已经深入了解手头的任务和要交付的工作，否则很难评估某人是否能胜任某个职位。而如果你自己没有在这个岗位上花费时间进行实际操作，几乎不可能做出准确的评估。

❖ **人员**。第二个组成部分是执行关键任务的人员。正如在机器人领域一样，在设计、建造和操作智能机器之前，必须先了解执行任务所需的技能和能力。实际上，一旦你对要完成的工作有了良好的把握，就可以定义负责该任务的人员需要具备的技能和能力。匹兹堡企鹅队不会让西德尼·克罗斯比（Sidney Crosby）守门。这并不意味着他不是一名顶级球员，只是意味着他不是一个守门员。

❖ **组织安排**。第三个组成部分是正式的组织安排。它由明确的结构、流程、系统和方法组成，旨在确保个人和部门按照战略要求执行任务。这些安排包括组织设计（将任务分组为部门、部门的内部结构以及将部门联系在一起的协调与控制机制）、职位设计、工作环境以及人力资源系统（对人才的吸引、招聘、分配、培养、评估和奖励）。

❖ **非正式组织**。影响个人和单位行为的非规定和隐性安排构成了最后一个组成部分——非正式组织，通常称为文化。非正式组织由非正式的规范、信念和价值观组成。这些因素将决定人们在"老板不在时"如何行动。尽管它们是非正式的，但并不意味着它们无法受到影响或不具有影响力。

N&T将各组成部分之间的一致性定义为"一个组成部分的需要、要求、目标、目的和/或结构与另一个组成部分的需要、要求、目标、目的和/或结构的一致性程度"。①② 当组件之间存在差异或出现差异时，组织的效率将受到影响。

一旦你和你的董事会对你想为社会创造的价值以及你将如何获取这些价值（战略）有了一个清晰的认识，就请接着讨论你的组织在四个组成部分之间的一致性。通常，你需要三步：

1. 根据公司的战略和对行业和组织的理解，开发一致性模型。
2. 分析公司的各个组成部分及其一致性。
3. 制定行动计划并执行。

需要注意的是，这是一个动态模型。模型的元素是不断变化的：你的资源在变化、招聘能力在提高、新市场在出现等。在一个双元性组织中，你今天领导的公司即便已经一致同意，在应对未来需求时，又会需要动态调整。你需要通过调整组成部分和解决所需的契合度来为未来做准备。

在早期，经验较少的CEO往往会孤立地处理转型过程的各个组成部分。用足球类比来说，这就像教练在提高个别球员的速度、协调性、力量等方面的能力。但是，当教练（CEO）能够让球员（转型过程的组成部分）深入理解他们每个人如何满足彼此和团队的需求、要求、目标和目的时，才会创造最大的价值，从而提升比赛质量。

在下一章中，我们将探讨董事会和治理：如何建立一个优秀的董事会，如何在多年内管理它，以及如何召开有效的董事会会议。我们还将讨论一些常见的错误以及高效CEO和董事会所使用的特别成功的策略。

---

① 纳德勒（David Nadler），塔什曼（Michael Tushman. 组织行为诊断模型[J].组织动态（Organizational Dynamics），1980（9）.
② 在美国，受托责任是针对股东的；在加拿大，受托责任是针对公司的；而在许多欧洲国家，受托责任则是针对股东及其他一些利益相关者的。

第十章

董事会与企业治理：管理（四）

> 指导他人是一种微妙的平衡，不在于将他们塑造成自己的形象，而在于给予他们自我创造的机会。
>
> ——史蒂文·斯皮尔伯格

> 要在长期内繁荣发展，每家公司不仅要提供财务业绩，还必须证明其对社会作出了积极贡献。公司必须惠及所有利益相关者，包括股东、员工、客户以及其运营所在的社区！
>
> ——拉里·芬克

募资　搜索　收购　**管理**　退出

到目前为止，这段经历既令人惊叹、激动人心，又充满了恐惧、威慑、乏味、绝望、意外与乐趣……简而言之，这是一场盛大的过山车之旅。之所以如此，是因为收购式创业这一"巧妙结构"是多样化的，包括筹资、搜寻、收购、管理和退出等各个环节，同时也没有固定结构，有些环节没有预定脚本，且大多无法预测。收购式创业中的"创业"二字并非偶然。要想顺利完成这一旅程，创业的能力不能仅仅是锦上添花，而是核心能力。

本书的大部分内容都集中在收购式创业过程的"核心"——公司管理。在这个过程中，公司的发展与你的职业成长以及董事会对公司及行业的深入理解相互交织。

第十章

在第一年里，工作的重点是加强沟通、改进报告、提高学习效率、设定专业基调并创建协作文化。虽然这对于一位新任首席执行官来说绝非易事，但在第一年里，她其实没有实施重大的变革。

在第一年的"过渡和学习"之后，作为更自信的 CEO 以及更有见识的董事会，工作重点转向管理决策。特别是你通过对人力资源、战略、商业模式、运营模式做出必要改革，将公司变为一个更加专业的机构，并为其提供了更强大的财务管理。

上一章讲到，在你积累了必要的经验后，那些顶尖的搜索人兼首席执行官、积极股东和私募股权专业人士用来创造更多价值的行业秘诀，便也能为你所用了。这些工具包括资本分配、资本结构（包括财务政策）以及并购。你了解到，只有在构建一体化公司的同时，才能充分利用这些工具。这可以通过"一致性模型"来解释。

在本章中，我们将关注与你一起负责良好公司治理的人员和机构：董事会。在讨论了董事会的受托责任之后，本章将回顾董事会的作用、如何打造一个优秀的董事会以及董事会管理的最佳实践。最后，本章还探讨了"企业使命"性质的变化以及这一变化如何影响董事会的受托责任和角色。

一旦你打算收购一家公司，董事会（或类似的治理机构）就变得非常重要。首先，向你的潜在投资者证明，你有一个强大、能干、积极参与的董事会，可以帮助你完成交易。这可以帮助你筹集股权，为你提供建议，也许还可以帮助安抚在最后一刻心存疑虑的卖家，特别是如果他在公司有任何持续的财务利益，比如票据、获益付款（Earn-Out）或其他类型的附带权益。但董事会和公司治理结构也会对公司管理产生影响。

理想情况下，董事会由睿智的导师组成。它们是有前景的收购式创业的支柱之一，同时还有（1）一个伟大的行业，（2）一家好公司，（3）一位具备相关素质和创业激情的创业者——换句话说，一位"未来的首席执行官"。用赛马来比喻，董事会将是骑师（你）的教练。

搜索基金创业者和类似缺乏经验的收购者对董事会的需求，与私募股权或上市公司中经验丰富的 CEO 对董事会的需求截然不同。对于一位未来的首席执行官而言，导师的作用不一样，因为创业者在管理公司和董事会方面的经验（可以理解为：毫无经验）要少得多。我们稍后会进一步讨论这些差异如何影响优秀董事会的构建，但首先，让我们看看董事会的角色。

受托责任[①]

任何董事会的首要任务都是成为一名受托人。董事负有法律上的受托责任，要关注所有股东的财务利益，确保公司遵守适用的法律，并确保公司在可行的范围内运营良好。暂且不提最近关于员工、社会和地球等其他利益相关方的想法，[②] 这意味着董事会需要关注价值。特别是董事会需要确保公司没有承担不必要的风险（包括规避法律或法规），并确保公司由尽可能优秀的管理团队来运营，从而保护股东价值。这就是治理，包括确保团队和公司在环境和其他因素影响下，以最佳方式创造额外的价值。

在搜索基金领域，关于如何治理公司和支持首席执行官已经有很多讨论和著述。但首先要履行的是这种受托责任——保护和增长长期价值并进行良好治理的责任。或者用法律和法院的措辞来说：这是关怀、忠诚和坦诚的受托责任。[③]

[①] 在美国，受托责任是针对股东的；在加拿大，受托责任是针对公司本身的；而在许多欧洲国家，受托责任则既包括股东，也涵盖其他一些利益相关者。

[②] 如今，企业的宗旨正受到质疑，且趋势似乎正在朝着更加强调企业社会责任的方向发展。随着时间的推移，这可能会影响董事会成员的受托责任，使其不仅仅代表股东利益，还要代表更广泛的社会利益。

[③] 在美国，受托责任传统上包括"注意义务"（duty of care）和"忠诚义务"（duty of loyalty），而"坦诚责任"（duty of candor）通常被视为忠诚责任的一个子类别。然而，一些法院开始将坦诚责任视为一个独立的第三类广义责任。这个发展反映了公司治理中透明度和信息披露的重要性日益增加，要求董事在与股东和利益相关者互动时，提供完整和准确的信息。

搜索基金模式的一个优势是 CEO、董事会成员和其他投资者之间的紧密联系,因为他们都持有公司的大量股份。这极大地减少了委托代理问题,因为他们都是委托人。然而,最重要的是,董事会成员充分了解他们作为公司管理者的信托责任,确保所做的决策是符合公司及其股东的最大利益。正如威尔·桑代克的研究告诉我们的那样,这一点在他研究的超级 CEO 及其董事会中得到了深刻理解(见图 10-1)。

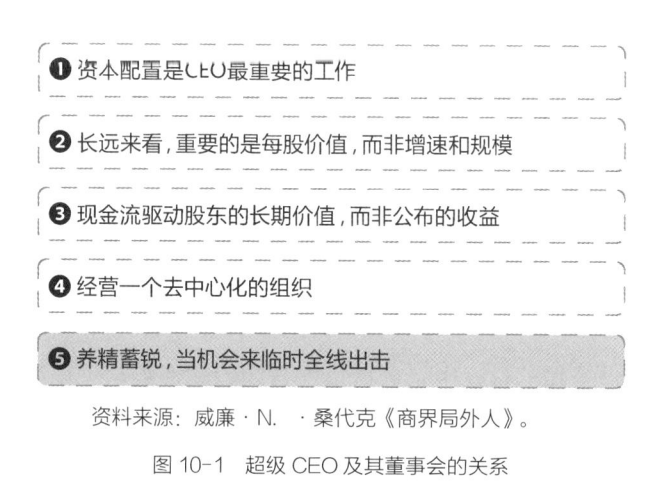

① 资本配置是CEO最重要的工作

② 长远来看,重要的是每股价值,而非增速和规模

③ 现金流驱动股东的长期价值,而非公布的收益

④ 经营一个去中心化的组织

⑤ 养精蓄锐,当机会来临时全线出击

资料来源:威廉·N.·桑代克《商界局外人》。

图 10-1 超级 CEO 及其董事会的关系

现在让我们讨论董事会是如何履行这一责任的。

董事会的作用

董事会的职责可以分为五大类。有效的董事会在这些方面都表现出色,尽管每一项职责所需的时间和专业知识会因公司及其竞争环境的不同而有所变化。这五大类职责包括:选择首席执行官、理解并批准战略、监督财务并确保合规和予以支持。

选择首席执行官

董事会希望尽量少去履行这项职责,因为这个过程既耗时又复杂,且难以做到万无一失。选择新任首席执行官涉及招聘新人才、权衡内部和外部候选人的优劣、制定与股东长期目标紧密一致的竞争性薪酬结构、与管理团队的良好沟通、监督前任首席执行官到新任首席执行官的过渡，以及其他相关任务。这是一项关键技能，理想情况下，董事会中应有几位成员具备相关经验。

幸运的是，搜索基金的董事会不需要经常更换首席执行官，可能每十到二十位收购创业者中只有一位需要更换，并且通常是在担任多年后才会发生。然而，作为一个团队，董事会必须随时准备在必要时承担这一职责。最优秀的董事会通常会制定继任计划（这或许是所有类型的董事会中最难实现且完成度最低的目标）。

除此之外，董事会应该定期评估 CEO，至少每年一次，并在每次会议上向他们提供直接、明确的正面或负面反馈。通过这种方式，新任首席执行官能够明确了解自己的表现状况以及需要改进的地方。搜索基金收购公司后，新任首席执行官在头几年管理公司的过程中，会迅速增长知识和经验，这使得董事会给予反馈的过程变得更加具有挑战性。这与私募股权公司和上市公司董事会给予经验丰富的首席执行官的反馈有所不同。

收购后，新上任的 CEO 几乎总是对所经营的公司知之甚少，但凭借个人素质和工作热情（以及这家稳健的公司），他能够在几年内快速学习。这正是外界的期望：毕竟，搜索基金是一种让缺乏经验的创业者成为优质公司主要所有者和 CEO 的途径。在如此陡峭的学习曲线上，有效的董事会会提供快速、直接、平衡且支持性的反馈，同时也会要求 CEO 具备问责性和透明度。董事会的这种准备，以及在必要时采取行动的能力，为新任 CEO 提供了动力和支持，帮助她发挥出最佳表现。

如果一切顺利，董事会将能够明确回答以下问题。

- ☑ 我们是否拥有合适的首席执行官？
- ☑ 薪酬结构是否合理，并与业绩挂钩？
- ☑ 领导团队是否在发展壮大？（请记住，伟大的首席执行官总是拥有出色的团队，但往往不清楚是团队造就了首席执行官，还是首席执行官造就了团队。）

- ☑ 是否制定了继任计划？

理解和批准战略

通常，战略由首席执行官和管理团队制定，他们花费的时间远远多于董事会成员对公司的思考时间。然而，董事会在战略制定和持有上的参与至关重要。董事会成员在不同公司、行业和战略方面拥有更丰富的经验，可以为战略的制定和阐述提供大量支持。他们通常能够识别出什么样的战略是精心设计过的，因此会不断推动战略的修订，直到战略被清晰地制定并明确表述出来。最终，要成为合格的董事会成员，他们需要深刻理解公司的战略并对此充满信心，以至于对战略负有责任。

在战略问题上，首席执行官获得董事会的批准非常重要。如果没有董事会的批准，首席执行官将违反其受托责任。"战略"应被广义理解，它影响着每一个对公司产生重大变化的决策。因此，战略包括关于并购、资产剥离、资本支出、商业模式变更、资本结构、首次公开募股（IPO）等方面的决策。

监控财务情况

董事会的另一个重要职责是监督公司的财务健康状况，包括与管理层协调以下工作。

1. 讨论和批准年度预算（经营和资本预算）。
2. 讨论和批准财务报表[①]（资产负债表、损益表和现金流量表）。
3. 讨论价值创造的驱动因素（通过关键指标、关键绩效指标或公司仪表盘记录）。
4. 讨论和扫描主要风险。

---

① 通常情况下由两名董事会成员签署。

关于财务的讨论既包括回顾过去，也包括展望未来。财务报表的审批讨论属于前者，而关于未来关键绩效指标目标、预算和激励结构的辩论与决策则属于后者。务必要注意的是，始终将绩效目标与风险联系起来至关重要。没有考虑风险容忍度的绩效叙述并不是良好的董事会实践。

确保合规

这很可能是董事会最不出彩的角色。如果启动良好并维护得当，它通常不需要过多关注。通过尽责地解决以下问题，可以确保合规。

1. 公司是否遵守所有法律法规？
2. 公司是否采用了董事会治理的"最佳实践"？这包括举行不让 CEO 参与的董事会执行会议、确保董事的独立性、评估内部控制、进行自我评估等。
3. 会议的频率、时间、议程和材料是否合适？
4. 所有委员会（通常是审计、薪酬和治理委员会）是否按照最佳方式运作？
5. 我们是否处理了"问题"董事及任何冲突？应将利益冲突记录在案，并应排除相关董事对该事项的投票权。
6. 董事会会议的记录是否充分？

需要注意的是，法律通常不会对董事会的决策进行事后评判。他们只会判断是否遵循了正确的程序，是否进行了必要的审议。因此，记录董事会会议，并确保其正确签署、标注日期并妥善存档至关重要。

支持首席执行官

这是优秀董事会的"秘诀"。如何支持首席执行官，使其能够发挥最佳工作能力，并迅速成为出色的领导者？仅仅因为管理经验不足，就已经让这件事变得相当复杂了。再加上公司和员工对董事会的每个人来说都是新的，这就可能产生问题（选择收购那些运营稳定、管理良好的公司，是为了让首席执行官获得时间和经验模式）。

一个好的董事会将找到方法来指导、建议和帮助新任首席执行官。这需要一系列的技能，如为会议做好准备并与其他董事协调，善于倾听，提出深刻的问题，在个人层面理解并与创业者建立联系，洞察正在发生的事情，立即追究首席执行官的责任，在公司出现问题时迅速采取行动，直接且快速地给予严厉的反馈。除了这些，董事会还需要和首席执行官"同坐一边"解决问题，避免在会议上过多发言或要求团队做太多后续任务，在指导、教学和学习之间找到正确的平衡。

董事会拥有的一个支持和培养首席执行官的重要工具是"执行会议"。在每次董事会会议后，董事会成员会举行非公开会议，讨论首席执行官在会议中的表现以及其他方面的表现。本质上，这是一场非执行董事之间的讨论，且讨论结果最终将作为反馈传达给首席执行官。

关于执行会议（Executive Sessions）

- 在每次董事会会议后举行。
- 必须每次进行，临时召集会提供多余的信号，或者使首席执行官陷入尴尬境地，同时也给可能要求召开会议的董事带来压力。
- 由首席董事或董事会主席主持。
- 不允许管理层参与，采取闭门形式（en camera）。
- 讨论事项包括：
  - 会议流程——审查具体事项（例如，董事会资料的质量、发言时间、议程等）。
  - 评估首席执行官当前的表现，并针对任何发展问题制定行动计划。
  - 调查董事会在与首席执行官讨论时感到不适的任何问题/关切事项。随后立即与首席执行官进行跟进，方式可以是全体董事会或与首席董事单独进行。

资料来源：斯坦福创业研究中心

本质上，任何新任首席执行官的董事会都承担着更大的受托责任，因为其职责的一部分是支持首席执行官的职业成长，防止重大错误的发生，并协助处理复杂情况。

正如马克·安德雷格（Mark Anderegg, Little Sprouts）所解释的那样——

在第一次担任CEO的初期，我与董事会的接触不会太多。我意识到自己经常会遇到一些以前从未经历过的事情，所以我坚持尽早并经常与董事会沟通。这是件好事，因为一位经验丰富的董事会成员吉姆·萨南（Jim Southern）帮助我避免了一个原本会非常混乱、代价高昂的错误。

在我担任首席执行官的第一天，我发现首席运营官（COO）与首席财务官（CFO）之间的关系非常紧张。在接下来的几周里，我逐渐确信这段关系已无法挽回，二人中必须有一人离开。由于首席财务官在文化层面上是不可替代的，我向董事会建议与首席运营官分道扬镳，并且由于在此类事务上的经验不足，我表示将通过重组来实现这一目标。

当时不知道，但现在非常清楚的是，如果我在实施重组后聘请一位新的COO，将使我和公司面临非法解雇的指控。吉姆立即指出了我计划中的这一缺陷，更重要的是，他指导我完成了整个解雇过程——这对我来说是第一次。他帮我聘请了合适的法律顾问，确保我们妥善记录了每一件事，并通过角色扮演对话来增强我的信心。虽然解雇过程并不轻松愉快，但这是负责任的做法，我从中学到了很多。

如果我没有让董事会参与进来，只是凭直觉行事，可能会让公司严重受损，我组建团队也会受到限制。

董事会基础知识

在着手建立和管理一个优秀的董事会，并召开高效的董事会会议之前，需要考虑以下基础知识以及在搜索基金社区中最常见的做法。

董事会规模。 董事会应该由 4～7 名董事组成，包括 CEO。[①]

董事会会议频率。 会议应每年召开 4 次，针对中期问题可安排有限的电话会议。遇到重大问题时，每年应召开 6 次会议，并辅以额外的电话会议。在初期阶段，应当更频繁地召开会议。

图沙尔·沙阿（Tushar Shah，Kinderhook Partners）说："对于首次担任 CEO 的人来说，搜索基金的董事会通常在前六个月左右每月召开一次电话会议。一旦董事会和 CEO 建立了默契，就会转为典型的季度会议。关键是月度电话会议的材料应涵盖公司关键问题，并总结关键数据，格式简洁，不应耗费 CEO 过多时间。前两三次会议时，可以有一位董事会成员与 CEO 紧密合作，创建一个财务报告包，该报告包应包含关键财务指标以及几个特定于业务的关键绩效指标（KPI）。"

首席董事或主席的职责。 该角色负责协调外部董事和 CEO 之间的关系，设计董事会文件格式、会议议程、对 CEO 和董事的反馈以及其他董事会规范。有时，这个角色由 CEO 本人担任，尤其是如果大多数外部董事都曾在其他董事会任职，协调会更容易。

[①] 在团队搜索的情况下，两位成员通常都会进入董事会，但共同分享一票表决权。

首席董事的角色

- 观察是否遵循了规范、结构和流程，如有偏差，提出补救措施。
- 与首席执行官共同提前制定会议议程，并确保议题集中于价值驱动因素。
- 指导首席执行官在董事会会议中的角色（例如，发言时间的分配）。
- 领导对董事会成员的非正式年度"评审"。
- 负责董事会的发展进程。
- 成为首席执行官的个人顾问。
- 解决董事会成员之间的问题，并帮助首席执行官应对政治问题。
- 主持执行会议。

资料来源：斯坦福创业研究中心

委员会。通常至少需要两个委员会：（1）薪酬委员会，负责制定、审查和批准CEO的薪酬（通常还负责批准高层团队的薪酬）。（2）审计委员会，负责审查年度审计并与外部审计人员沟通。有时也需要设立治理委员会，通常是对于更大的董事会。值得指出的是，这些子委员会没有独立的决策权。所有的决策和批准都在董事会层面进行（如图10-2）。

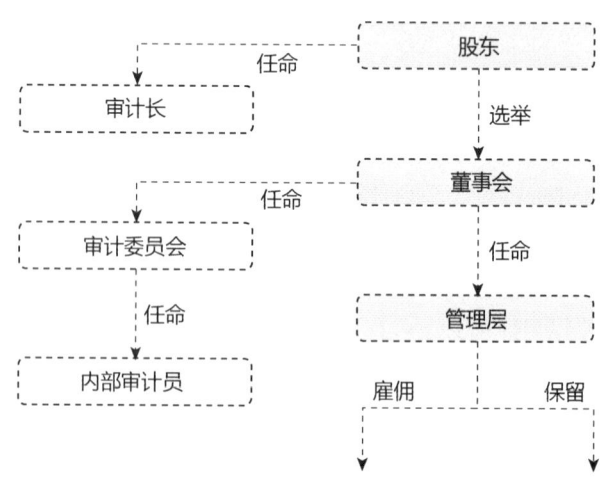

资料来源：作者整理。

图10-2 公司治理架构

用眼看，手别碰！（NIFO：Nose In，Fingers Out）董事会的角色应限于履行其对 CEO 的忠诚、关爱和坦诚的受托责任，主要是指导、监督和管理 CEO。非执行董事不应在公司中扮演任何执行角色！

董事会姿态。 虽然法律职责是众所周知的，董事会的责任也是心知肚明的，但不同的董事会对其义务采取不同的态度。哈佛大学教授 Krishna Palepu 为董事会的做法提供了有用的分类，区分如下：

- ☑ 被动型董事会：董事会的活跃度和参与度最小；其主要工作是批准管理层的决策
- ☑ 认证型委员会：董事会强调合规，并证明企业管理得当
- ☑ 参与型董事会：董事会作为 CEO 的合作伙伴，有明确的界限，但要兼顾合规和企业监督责任
- ☑ 干涉型董事会：董事会深入参与关键决策的制定，并频繁召开紧张会议
- ☑ 经营型董事会：董事会做出关键决策，由管理层执行

好的搜索基金董事会，和更广义上收购式创业的董事会，通常是参与型的，它在履行受托责任的同时，支持、指导并在必要时教育 CEO。有时，董事会可能需要成为干涉型董事会。这通常发生在公司经历危机时，CEO 没有准备好应对，或者由于无能或不道德行为未能履行自己的职责。这些情况非常罕见。

董事会议程。 对议程的遵守在确保董事恰当履行法律职责方面发挥了巨大作用，而法律审查的对象亦主要是就议程及会议形成的相关文件。这是因为它们在良好的公司治理和一般决策中发挥着核心作用。董事会成员必须在会议前接收和阅读这些文件，如有遗漏，应要求补充。董事会会议往往以批准之前的会议记录和询问是否有任何内容应添加到议程上开始。

议程上的一些事项会针对公司和具体情况，而其他事项则较为普遍。麦肯锡公司的图 10-2 显示了要解决的主题，以及它们通常在议程中出现的时间安排。尽管该报告并非专为收购式创业编写，但其中的许多内容仍然适用。

■ 传统董事会议程　■ 其他前瞻性活动

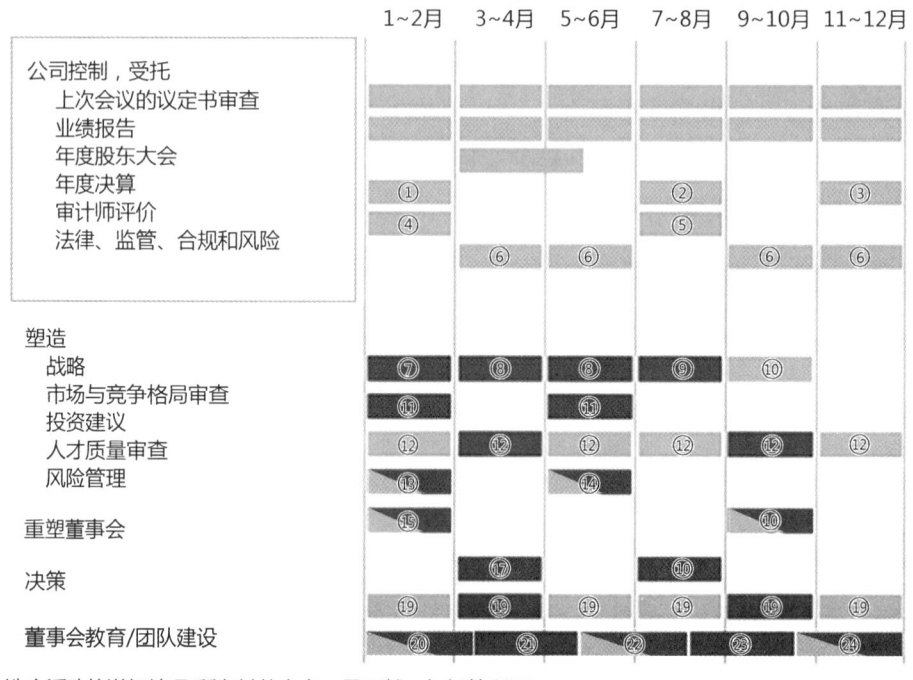

	1~2月	3~4月	5~6月	7~8月	9~10月	11~12月
公司控制，受托						
上次会议的议定书审查						
业绩报告						
年度股东大会						
年度决算		①		②		③
审计师评价		④		⑤		
法律、监管、合规和风险		⑥	⑥		⑥	⑥
塑造						
战略		⑦	⑧	⑧	⑨	⑩
市场与竞争格局审查		⑪		⑪		
投资建议						
人才质量审查		⑫	⑫	⑫	⑫	⑫
风险管理		⑬		⑭		
重塑董事会		⑮			⑯	
决策			⑰		⑱	
		⑲	⑲	⑲	⑲	⑲
董事会教育/团队建设		⑳	㉑	㉒	㉓	㉔

选定活动的详细情况(所有其他内容一目了然，如标签所示)

受托
① 年度决算
② 年度预算指示
③ 下年度预算
④ 审计师报告
⑤ 审计规划方法
⑥ 审计委员会审查

战略
⑦ 确定年度框架
⑧ 确定董事会方案
⑨ 概述/选择方案
⑩ 批准最终战略方针
⑪ 审查战略和竞争地位、KPI

投资
⑫ 参与投资建议的持续审查

人才
⑬ 制定年度人才审查目标
⑭ 审查前30-50人

风险
⑮ 确定年度风险审查目标
⑯ 进行年度风险审查，包括减轻风险的方法

董事会重塑
⑰ 进行董事会全方位评估
⑱ 确定加强董事会程序的方法

决策
⑲ 参与决策，比如关于预算、投资、并购和关键任命

董事会教育
⑳ 与销售人员出差，拜访客户
㉑ 参观研发设施
㉒ 参观新地区
㉓ 检查生产现场
㉔ 参加客户会议

资料来源：麦肯锡公司。

图 10-2　董事会议程安排

最后，让我们用一个观点来总结这张基本清单。大多数搜索基金公司都处于稳定增长的状态，但最近一些公司增长得更快，或者仍在优化产品以适应市场，比如那些提供新兴软件或技术产品的公司。尽管这些高风险/高预期回报的情况与典型的搜索基金模式不同，但值得注意，因为它们的发生具有一定的规律性。在这些情况下，不同类型的董事以及更频繁的会议和沟通节奏可能更为适宜。

建立一个优秀的董事会

在招募董事会成员时，以下几点是最重要的。每一个都值得考虑和关注。

1. 人际交往能力（包括与他人良好合作的能力）
2. 与 CEO 和其他董事的契合度
3. 对公司经营问题的判断力（来自经验、以前在董事会任职，或者理想情况下两者兼而有之）。
4. 综合能力，而不仅仅是分析能力
5. 智慧，包括对公司管理、人员管理、职业发展、个人问题及生活的理解
6. 投入时间，特别是在为会议做好准备、随时提供建议和完成短期董事会任务、以及通过推荐和引荐帮助 CEO 扩展人脉
7. 正直的品格
8. 其他投资者的信任
9. 搜索基金经验，或者至少有指导年轻的新 CEO 的经验
10. 相关领域专业知识，特别是相似专业行业（如医疗保健、软件、消费品、教育）、相似商业模式、可比工作团队等
11. 多元化视角和背景（避免建立一个每个成员都只具备功能性专长的董事会，比如财务、销售、人力资源、国际业务等，更好的做法是选拔具备智慧的通才）
12. 投资者，尤其是公司中的大投资者。然而，若董事会成员中超过两到三

位投资者，其增益可能会递减，除非他们具备深厚的经验（如上所述）

13. 地理位置，方便出席董事会会议（尽管偶尔通过视频会议也可行，但面对面会议效果更佳）

14. 指导能力（不需要每个人都具备，但至少1～2人应具备）

可以看到，需要考虑的因素很多。好消息是，每个董事不需要具备所有的技能，很多高效的董事会中董事中并不全能。根据经验，所有董事都应该具备以上1到8项技能。其他技能最好由董事会其他成员中的一名或多名代表。

综上所述，这些因素通常会导致新任 CEO 倾向于选择现任或前任成功的 CEO、那些曾在其他优秀董事会任职的领导人、以及积极支持其他搜索基金收购公司的投资者。

与选择任何关键员工一样，关于潜在董事的机密背景至关重要，这些参考资料来自他们在类似董事会中合作过的公正人士。这些工作最好在接触该人加入董事会之前，尽早悄悄完成。

有时候，一个投资者大到可以坚持要加入董事会。在接受资金之前，要意识到这种可能性，并具体了解哪个投资者的代表会加入董事会①。这通常是一个很好的结果。投资者完全投入这笔交易，并致力于成为优秀的董事会成员。然而，这种情况不能被视为理所当然。传统搜索基金模式的一个优点是，没有一个投资者提供大部分资金，通常没有一个投资者的资金超过 15% 或 20%，这给创业者留下了更多的选择。就像在生活中一样，好的决策来自多个好的决策选项。

对任何一家公司来说，拥有一个好的董事会的重要性再怎么强调都不为过，更不用说对于有个尚未自我证明的 CEO 的公司了。在搜索基金主导的公司中，董事会的质量往往好过其他同规模公司。这在一定程度上解释了这种模式的成功。在组建你的投资团队时，能够接触到那些既有专业知识又愿意成为董事会成员的人至关重要。

---

① 请注意，如果该投资者参与了你的搜索过程，根据股东协议，他将拥有按比例投资的权利。

引用一位经营者的话:"以 Asurion 为例。1995 年,凯文·塔维尔(Kevin Taweel)和吉姆·埃利斯(Jim Ellis)收购了一家道路救援公司 Road Rescue。该公司工会化程度高,经常性收入低,并且需要持续资本支出以实现增长,不完全符合搜索基金的收购标准。但'搜索基金模式'中的两个聪明且勤奋的 MBA 毕业生,加上一个强大的董事会,包括欧文·格罗斯贝克(Irv Grousbeck)和乔尔·彼得森(Joel Peterson),促成了这一成功。看看搜索基金领域的超级成功案例,再看看他们的董事会!"

不过,需要注意的是,自 2013 年以来,搜索基金和收购式创业的兴趣在北美和海外加速增长。投资资本和投资者数量(个人和机构)也随之增加。然而,能够胜任并愿意承担董事会职责的有经验的董事成员数量却未能跟上步伐。为了吸引这些人加入董事会,越来越多的股东协议包含董事会权益分割条款。该条款允许搜索者在满足特定条件下,提供给董事会成员获得(额外)股权的选择权,前提是他们已经履行了按比例认购的权利。

董事会的维护:如何管理一个优秀的董事会

一旦董事会选定,首席执行官就需要管理好董事会,并关注相关流程,这个过程可以看作是搭建"脚手架"。最重要的是在达成共识的基础上,采用合理的行为规范,确定会议流程,并不断提升董事会的运作水平。而将这些要素紧密结合在一起的关键则是积极且开放的沟通。

搜索基金董事会的架构

- ☑ 董事会的领导(首席执行官+首席董事/董事会主席)
- ☑ 对规范和会议结构达成一致
  - 频率和时长
  - 固定议程项目
  - 参会规范(现场会议、Zoom 会议等)

- 电子设备的使用
- 委员会（薪酬/审计/发展）
- 包含公司管理层的会议

☑ 会议流程
- 会议资料提前3～5天发送
- 假设董事会成员已经阅读资料
- 优先处理最重要的事项
- 促进讨论，而不只是传递数据
- 注意发言时间的分配（首席执行官/董事会为65/35）
- 事先明确会议目标（例如，寻求建议还是审批）
- 关注"能量水平"和时间管理
- 首席执行官应为其他意见留出空间

☑ 关注董事会的发展
- 基于市场的薪酬计划
- 由首席董事主导的董事会更新
- 董事会成员的年度绩效评估

资料来源：斯坦福创业研究中心。

建立规范也许是要做的第一件事。坦率地说，如果你事先提出要求，并且每个人都参与制定大家都会遵守的规范，那么就更容易获得参与感和良好行为。要向董事会成员保证，这不仅仅是一次简单的练习，而是所有董事会成员都应该遵守的"行为准则"。

需要注意的是，股东协议规定了董事会与公司之间的关系，并应明确规定董事会成员的任命、续任和罢免方式。有时，某位董事会成员的贡献或专业知识可能并不是公司所需的，而在某些情况下，公司可能需要某种特定的专业知识，因此需要引入新的董事会成员来替换现有成员。随着时间推移，公司的结构、战略和需求都会发生变化，董事会也应随之调整。

最佳实践还包括定期对董事会进行评估（每年或每两年一次），以及对个别董事会成员的评估。董事会评估的形式因组织而异，最终将由一个有远见的董事会和首席执行官来决定采用何种方式。

良好的沟通对于良好的董事会管理至关重要。当涉及董事会事务时，把自己视为首席沟通官，不要仅限于董事会会议上的沟通。

泰勒·科茨（Tyler Coats，原 Cascadian Capital 公司）敏锐地指出：

让董事会有效参与的方法有很多，但我认为公开和清晰的沟通是最重要的。在董事会会议期间，这意味着要简明扼要的沟通，避免信息过载，并且不要害怕承认自己不知道答案……这也意味着要乐于接受反馈和建议。

不要将与董事会的联系仅限于预定的会议，而是在这些正式董事会会议之外定期与个别董事会成员联系。对于新的搜索基金首席执行官来说尤其如此，他们的运营经验几乎肯定比典型的首席执行官拥有更少。

你的董事将拥有广泛的经验，如果利用得当，将成为重要的资源。他们在思考战略方向时能够提供极大的帮助，同时还能识别并避免关键的战略风险，但前提是通过积极主动和清晰的沟通来让他们保持积极参与。

例如，在我掌舵 Falcon 的前 18 个月里，公司的收入几乎翻了一番。虽然这一切都非常令人兴奋，但快速扩大一个运营密集型企业的规模是具有挑战性的。我很快意识到，我们没有支持增长的运营基础设施，如果不妥善解决，后果将不堪设想。

董事会成了宝贵的资源。我们花了整整两天的时间制定战略计划和优先事项。董事会成员包括大卫·温德尔（David Wendell），他曾担任铁山公司总裁兼首席运营官，是铁山公司从 500 万美元增长到超过 10 亿美元的关键驱动者。他的经验和建议，以及其他董事会成员的指导，为我和 Falcon 提供了明确的方向，指导如何创建长期成功所需的运营支柱。

一定要警惕"坏消息"，并下定决心尽快传达给董事会。你有责任这么做！此外，在适当或有疑问的时候，寻求法律建议。

从进化论的角度来看，在危险、不确定性或麻烦出现时，人类能很好地隐藏起来。这是一种本能，可以解释为什么人类今天仍然存在，但也可以解释为什么面对负面情况时，我们倾向于躲避、隐藏或闭上眼睛。而在商业领域，这种反应是错误的，也是导致首席执行官失去董事会和股东信任的主要原因，甚至会锒铛入狱。

这就是为什么太平洋湖伙伴公司（Pacific Lake Partners）的管理合伙人、并且在超过25家由新上任搜寻基金首席执行官收购的公司中担任董事会成员的吉姆·萨瑟恩（Jim Southern）明智地指出："法律并不要求首席执行官或他们雇用的员工是完美无缺的。但当潜在的失误首次被发现时，关键在于首席执行官接下来怎么做。无视或试图掩盖它，可能会让你在未来多年面临法律问题，无论是民事还是刑事的。但如果你立即通知董事会和外部法律顾问，制订一个计划——包括向利益相关者的沟通计划——你就能晚上安然入睡。"

吉姆确实深谙此道。在收购一家年收入4 700万美元的全国性印刷公司后（据称这是首次通过搜寻基金进行的收购），每月损益表和资产负债表之间出现了不一致的情况。公司正在运行一个意外的EBITDA赤字，但资产负债表上的现金却在增加。到第四个月，现金余额增加了300万美元，而累计EBITDA赤字达到了80万美元。显然，吉姆在尽职调查中犯了一个错误，但这些现金盈余到底从何而来？

一天早上，吉姆在6:30到达办公室时，发现门上贴着一张来自首席财务官的黄色便条："吉姆，立刻来见我。"吉姆没有打开自己办公室的门，而是径直走向首席财务官的办公室。故事的缩略版本是，收购后，公司现任的财务主管被委派在公司运营的22个州中，建立销售税缴纳程序。然而，由于无聊、懒惰或无能，他甚至没有开始这个过程。公司从客户那里收取了300万美元的销售税，但没有向这 22 个州中的任何一个州支付哪怕一分钱。

吉姆和 CFO 就"下一步该做什么"进行了简短的交谈。吉姆向 CFO 承认，他不知道该怎么做，但他承诺会召集董事会和公司的外部法律顾问，在中午之前拿出一个前进计划。

迪克·弗洛尔（Dick Floor）律师在搜索基金领域的早期发展中发挥了至关重要的作用。在耶稣会修道院度过一年的寂静时光后，他改变了主意，申请了哈佛大学法学院并被录取，成为搜索人和经营者非常爱戴的高效律师。吉姆有幸成为他的第一个搜索基金客户。

当吉姆向阿迪·弗劳提出他潜在的犯罪问题时，弗劳的回答迅速而明确。大致如下："是的，吉姆，这是一起犯罪事件，但由于你在得知此事的一小时内就向我和你的董事会报告了，我们有足够的时间来制定解决问题的计划。下面是我们将要做的。对于欠税最高的五个州，我们将找一个认识该州货币审计长、州长或该州重要人物的人。我们将给他一张全额未缴税款的支票，并附上由我办公室起草的一封信，解释这个错误是如何发生的。我们会让他亲自递交。对于剩下的 17 个州，一些州将有特赦计划，另一些则没有。我们将一视同仁，寄去全额欠税支票和一封解释信。"

正如吉姆所说："尽管我们没有收到任何一封感谢信，但我们从未被调查、骚扰或以其他方式受到不利影响！"他继续说道："我们所有的搜寻基金首席执行官都会犯错，尤其是在早期。务必立即通知你的董事会，避免无所作为或掩盖事实。掩盖行为总是比错误本身更严重。"

公司目标和董事会角色的转变

全世界的商业领袖、政治家、学者、投资者、记者和整个社会都在质疑，或者可以说是在"审视"公司在社会中扮演的角色。随之而来的是，董事会所扮演的角色以及伴随其信托的责任将必须重新评估。

直到最近，美国企业界还坚持所谓的"弗里德曼主义"，即"企业的社会责任是增加利润"①，而如果董事会的受托责任是维护和创造股东价值，那么原则是一致的。

但世界在变化，资本主义制度的"外部性"正在产生反作用。从出现在八国集团会议上反全球化抗议者占领华尔街，到瑞典环保活动家格蕾塔·滕伯格，米尔顿·弗里德曼所捍卫的股东至上主义——公司没有比股东利润最大化更高的宗旨——正在受到攻击。

2019年8月19日，美国最具代表性的商业组织——商业圆桌会议（Business Round table）重新定义了企业的宗旨，明确表态要促进"服务所有美国人的经济"② 这表明企业宗旨正在受到质疑，股东至上主义正在减弱。

尽管社会和包括贝莱德集团（Black Rock）首席执行官拉里·芬克（Larry Fink）在内的股东们，正逐渐倾向于那些尊重所有利益相关者的公司，包括对更广泛的社会和地球的尊重，但管理受托责任的法律几乎没有发生改变。事实上，前特拉华州首席大法官利奥·斯特林（Leo Strine）在审查特拉华州法律时指出："透彻审视特拉华州法律可以发现，董事必须将股东的利益作为唯一目标。"

因此，你和你的董事会成员了解自己的受托责任至关重要。受托责任不仅因公司所在的司法管辖区不同而有所差异，而且这些责任也在逐步变化，尽管变化较为缓慢。

你可能已经注意到，本书试图在创造利益相关者价值与创造股东价值之间寻求平衡。事实上，当前的首席执行官和各种类型的董事会都在走这条钢丝，这反映了社会和利益相关者的期望与法律要求之间的矛盾。

搜寻基金模型的一个鲜为人知的优势在于，年轻的首席执行官们对气候变化

---

① https://graphics8.nytimes.com/packages/pdf/business/miltonfriedman1970.pdf.
② https://www.businessroundtable.org/business-roundtable-redefines-the-purpose-of-a-corporation-to-promote-an-economy-that-serves-all-americans.

以及诸如环境、社会和治理（ESG）及多元化、公平和包容（EDI）等非量化因素具有敏锐的感知力。他们不仅理解在许多情况下，可以管理一家公司，既能为所有利益相关者带来福祉，又能为股东创造收益；而且在这种情况无法实现时，他们也有勇气寻找平衡的解决方案。虽然很少有搜索人以"社会影响力"的视角踏上事业旅途，但许多人为了所有利益相关者的利益而改变了公司，[①] 体面地赚取可观的利润。

例如，圣地亚哥·杜兰（Santiago Duran）和塞巴斯蒂安·佩雷斯（Sebastian Pérez）的搜索基金（Cinco Capital）在 2019 年收购了哥伦比亚最大的空中救护机队 Colcharter。当新冠疫情使全国陷入瘫痪时，圣地亚哥和塞巴斯蒂安迅速采取必要措施，确保 Colcharter 继续帮助急需救治的患者。Colcharter 是唯一一家在疫情防控期间持续挽救生命的空中救护公司，同时还为红十字会和其他非政府组织提供了急需的后勤支持。

同样，蒂尔（Till）和托比亚斯（Tobias）在接手 Herchenbach 工业建筑公司仅几个月后，叙利亚内战导致数百万难民散落在欧洲各地。他们没有停下脚步，花了接下来的 12 个月时间，将他们的建筑结构应用到欧洲各地，使许多人面临的艰难局面变得稍微人道一些。

---

① 对有意在搜索基金与影响力投资的交集进行探索的潜在搜索人，请参考 https://haas.berkeley.edu/saif/news/launching-impact-search funds/.

第十一章

放手离开：退出

如果你要进行出售，要确保有人会为此买单。

——玛莎·戴维斯

成功就像幸福一样，无法刻意追寻；而当一个人献身于伟大事业时，它往往随之而来。

——维克多·弗兰克

募资　　搜索　　收购　　管理　　**退出**

收购式创业之旅有多种体验，你可能感觉像是经历一次艰苦的徒步旅行、一次艰难的攀登、一次可怕的洞穴探险，或一次永无止境的闭气潜水，也很可能你的旅程具备了所有这些特征。但有时你可能也会觉得自己像《逍遥骑士》（Easy Rider）中的怀亚特（彼得·方达）和比利（丹尼斯·霍珀）（不涉及毒品），或者像《末路狂花》（Thelma & Louise）中的塞尔玛（吉娜·戴维斯）和路易丝（苏珊·萨兰登）一样……收购式创业，就像生活一样，让你遇到各种情况，让你学习、成长、发展，并成为领导者。

本书在不同的时间段对收购式创业之旅进行了剖析，并为每个阶段提供了相关的见解和最佳实践。此外，它不仅指导你在当前任务中取得成功，还帮助你理解未来的成果是当前行动的延续。你已经被提醒不要寻求捷径。

所有这些都已经成为过去。就像你的前任一样，出售公司的时机已经到来。

本章将详细解释你可以选择的多种公司出售方式。在某些情况下，公司的部分所有权将转让，而你将暂时留任 CEO。其他情况下，可能所有股份都会被出售，你则会开启下一段旅程。

还有其他一些重要的退出问题，比如如何计划退出，哪些因素驱动退出，如何启动退出，以及如何最好地运行和管理这个过程。所有这些问题都在本章中进行阐述。

本章最后讨论退出时创业者个人层面的问题。你的职业身份是自我价值的一个重要部分。在过去的几年里，你一直是公司的 CEO。当人们依赖你的时候，你作为一名专业人士的关系网络就会加强。作为 CEO，很多人和他们的亲人都依赖于你。在讨论了个人的这一层面之后，本书还将罗列一些在你收购式创业之后的生涯中可能会遇到的重要问题。

退出一家企业对于创业者来说是一个非常个人化的决定。一个经营者会因为多种原因考虑退出，其中最重要的原因之一是为了确保自己持有的最后一部分股份得以兑现，而这通常取决于能否实现投资者们事先约定的回报率。正如玛莎·戴维斯（Martha Davis）曾经调侃道："如果你要进行出售，要确保有人会为此买单。"

尽管你可能并不是公司的创始人，但作为 CEO，你已经肩负起创始人的职责；当退出时机来临时，你可能会经历与最初创始人出售公司给你时的类似情感体验。必须意识到，最终的退出决策不仅涉及冷冰冰的财务目标，还需要考虑这些"柔性"因素。

退出方式

大多数搜索基金的收购交易在最初就以能够促进部分或全部退出为结构基础。对于创业者来说，理解如何为投资者及自身实现回报的各种选项至关重要。

主要的退出方式包括资本重组、置换资本、贸易出售和首次公开募股（IPO）。

资本重组

在大多数收购式创业案例中，债务从一开始就扮演着重要角色。随后，它可以为投资者提供可观的分红，甚至部分退出机会。事实上，搜索基金中一些回报最好的交易，来自多次资本调整，以及随后的完全退出。Carillon Assisted Living 的 CEO 凯伦·莫里亚蒂（Karen Moriarty）多年来策划了多次资本重组，为其股东创造了极佳的回报。截至撰写本书时，她仍在运营她的公司——这也是这种退出方式对某些创业者颇具吸引力的一个关键因素。归还股东的优先资本，并同时支付红利（包括给创业者自己），是让创业者继续担任自己真心关心的公司 CEO 的好方法。

重置资本

私募股权公司以及其他投资者，可能会在完全退出之前对购买部分股份感兴趣。阿尔塔学院公司（Alta Colleges Inc.）的联合 CEO 柯克·里丁格（Kirk Riedinger）和杰米·特纳（Jamie Turner）在多年的经营过程中多次利用了这种方式，提供了多个机会让每位股东出售部分股份。这些股份的买家之一是威尔·索恩代克（Will Thorndike）的私募股权公司霍萨托尼克合伙企业（Housatonic Partners），该公司在其他几家公司也采取了类似的策略。霍萨托尼克并不打算更换管理层；相反，他们认为公司在现有团队的带领下可以创造出更大的价值。他们的投资期限比某些现有投资者的更长。从他们的角度来看，创业者可以在继续发展公司的同时，逐步实现一定程度的资金流动性。

贸易出售：企业买家

出售过程通常涉及商业买方和财务买方，这是两种截然不同的买方类型，每一种都值得单独讨论。

对于私营企业而言，最常见的退出途径是将公司出售给一家企业买家。这通常也是估值最高的选择之一，因为收购方可能会通过协同效应实现更大的价值。贸易买家通常希望创业者在出售后继续留任一段时间。不过，大多数买家足够现实，他们认识到创业者不太可能长期留在被收购的公司。作为交易的一部分，卖方（包括创业者）需要作出大量的陈述和保证，这可能会将创业者与公司捆绑在一起更长时间。

贸易出售的一大挑战是创业者角色的变化。尽管她可能会继续担任CEO，但现在她将会有一个新的"老板"。公司的文化也会开始发生变化。许多创业者发现这些变化难以接受，这也是为什么很少有出售公司后的创业者能够长期留任的原因之一。

贸易出售：私募股权买家

搜索者在与卖方谈判时，常常将自己定位为"私募股权以外的好选择"，但当他们需要实现自身努力的变现时，情况可能会发生变化。私募股权公司会认识到创业者所创造的价值，并且根据公司的债务承受能力，能够以高价收购一家表现良好的公司。然而，这样的报价往往伴随着一些重要的附加条件。

根据私募股权公司的风格，CEO可能需要继续留任公司数年，并且通常需要将其出售所得中的一大部分重新投资于被收购的企业。当前市场的标准是，出售公司后的CEO需再投资其所得的三分之一；在某些情况下，再投资金额甚至接近50%。

然而，并不是所有私募股权公司都采取这种方式。对于一些公司来说，随着公司发展，管理层的变动是一种常见做法。对于这样的买家，创业者可能仍要在公司待一段时间，甚至对交易进行再投资，但投资者的战略计划并不以创业者留在公司为条件。毋庸置疑，了解买家在其他收购中的做法很重要。

如果你知道私募股权买家会感兴趣，有几件事可以让私募股权公司更容易对公司提出有吸引力的报价。首先，你可以与银行安排好债务融资，银行的融资条件仅限于对于买家（私募股权公司）的资质认可。因此，私募股权公司只需要决定为股权支付多少。其次，如果你预计近期采取的行动（例如重大成本节约）将在未来产生结果，并因此在现在进行出售，可以请会计师事务所进行审计，以确认这些结果确实会实现。这是私募股权公司在出售某些投资组合公司时，常用的两种简化交易的策略。

上市（IPO）

首次公开募集（俗称"上市"）是创业者既为投资者和自己带来回报，同时又能继续经营公司的一种方式。IPO 为创业者提供了一定程度上的流动性，这与即时流动不同，因为创业者的股份会被"锁定"，在一段时间内（通常为六个月）无法出售，以此来稳定市场情绪。与此同时，在良好的市场下，上市股票的价值也会飙升。随着时间的推移，这可能是创业者为自己实现更大价值的真正机会。

上市后，首席执行官在上市公司中的角色变得截然不同。现在，首席执行官将与股票分析师和主要公众股东密切接触，与客户和供应商的接触变少。一些人在这种环境中如鱼得水，但这种角色转变并不适合每一位创业者/企业家。

提前规划退出

尽管你永远不应该提前"计划退出"，但"退出计划"应从早期就开始准备。从收购之日起，法律文件的撰写需要预见公司退出的可能性，并为这一选择提供便利。这涉及退出决策的投票门槛、拖售条款、IPO 时的股东权益等问题。优秀的律师会在法律文件中书写包含这些关键要素。然而，了解这些条款对公司管理和退出决策的影响至关重要。创业者必须从一开始就仔细阅读并理解所有法律文件的细节。

随着时间的推移，创业者应该开始对不同的退出选项形成看法，可以从与那些经历过退出过程的创业者交流开始。以罗布·约翰逊（Rob Johnson）为例，他和他的合伙人在公司发展过程中与多位曾进行 IPO 的行业 CEO 进行了交流。通过这些对话，他们都得出结论，尽管投资银行家鼓励他们进行 IPO，但这条路并不适合他们。

了解公司在行业中的估值方法显然很重要，并且需要跟踪这些指标随时间的变化。同时，在准备好退出之前，不要过分关注估值。确保实现最大价值的最佳方式，是保持对业务本身的专注。

保持市场对你公司的兴趣。与行业内的其他 CEO 交流，让他们知道你的公司运营得很好（当然，前提是不泄露机密信息）。同时，告诉他们，"公司目前不打算出售。如果有那一天，我会通知你们。"当那一天真正到来时，你建立的关系可能成为退出策略的关键。

建立与投资银行家和财务顾问的关系。当你计划退出时，他们会希望代表你，而当银行开始向你推介买家时，已有的关系将有助于推进。如果突然出现意料外的退出机会，你会庆幸能够与这些顾问保持联系。他们在此过程中也可以提供有关估值的重要信息。

不论 IPO 是否适合你，像经营一家即将上市的公司那样经营公司是明智的，因为追求 IPO 需要最高水平的管理和财务报告流程。如果从一开始就将这些流程建立起来，那么当退出时机到来时，你将为任何退出选项做好充分准备。

此外，保持员工的动力对创造价值也很重要。对于那些认为股权有意义的员工，良好的股票期权计划可以发挥作用。如果你能在团队中拥有主人翁意识，这将能激发更大的价值创造。只是不要犯在退出前保留过多股份的错误，因为这样可能会错过让员工享受此类计划的税收优惠的时机。

任何退出时机的把握都至关重要，而且你不一定总能选择退出的时机。因此，你需要随时准备抓住机会——这也是为什么要像经营一家即将上市的公司那样经营公司的另一个原因。

退出的驱动因素

以下四个主要因素推动了退出：

1. *股东的目标*

2. 创业者的目标和需求

3. 业务的需求

4. 时机的把握

搜索基金收购的结构设计理念在于，通过将创业者股权根据业绩来分段，从而实现股东的财务目标。创业者在与不同投资者的互动中，逐渐会了解他们对退出时间的预期。大多数个人股东对于长期持有股票感到舒适。然而，如果有一两个甚至更多的股东开始施加退出压力，这一点会变得相当明显。显然，寻求退出的股东数量可能决定退出方式的选择。

搜索者的目标和财务需求在任何退出计划中也至关重要。这其中的复杂性在于创业者股权的业绩因素。一些创业者担心，他们可能会因为与业绩挂钩的股权激励，被迫寻求退出，即便他们更倾向于继续长期建设公司。在这种情况下，董事会可以发挥重要作用。经验丰富的搜索基金投资者能够认识到这种潜在的冲突。为了解决这一问题，董事会在许多情况下会启动对股权激励归属要素的调整，可能会调整归属公式以适应更长期的持有期，或在退出之前提前归属这些股份。这就是为什么董事会成员要充分理解搜索基金模式的协作性质，并理解这些要素如何发挥作用。

有时，退出对公司来说是一个合理的选择。在公司所在的行业中可能正在进行行业整合，对于公司来说，参与这种整合可能比作为一个较小的参与者被排除在外更具优势。在这种情况下，通过参与整合，所有人都可能获得最大的价值。另一个例子是，在追求更大合同时，公司可能受益于来自母公司更强大的资产负债表的支持。

时机是一个极为重要的因素。正确把握时机会对可实现的价值产生巨大的影响，这意味着随时准备好执行并完成退出。在以下三种情况同时出现时，实现最大价值的最佳时机就到来了：（1）你的行业正在快速增长。（2）金融市场（股票市场和并购活动）正在繁荣。（3）你的公司正在发展。如果你能抓住这个时机，你将成为一个幸运的创业者。是的，运气也起到了很大的作用。

对退出时机的反思

在搜索基金社区中，近年来出现了一些轻微的挫败感，原因在于许多案例中，搜索基金收购的公司在被出售后虽然为投资者带来了不错的回报，但收购该公司的私募股权公司却获得了更高的回报。例如，在一次疫情前的投资者晚宴上，一位前运营者分享说，他为投资者带来了9倍的回报，但如果投资者继续持有股份并在私募股权公司退出时出售，回报将达到35倍。

如果公司过早退出，而退出过程主要由经营者及其董事会主导，那么一个重要的问题是"为什么运营者和董事会决定过早出售？"或者更进一步地问，"未来什么能阻止董事会和CEO过早出售？"

如果搜索基金投资群体希望通过延长持有期来获得更高的回报，就需要理解如何实现这一目标以及需要采取哪些措施。

虽然还要进行更深入的研究，但根据我们的观察，巨大的成功案例有一些共性：专注的战略、前瞻性的资本配置、非核心业务的剥离、有选择性地并购和收购五年后才开始的金融工程。这些企业还拥有强大的董事会、成功克服有挑战的早期发展阶段以及"开发与探索"能力。

简言之，在第九章：管理的第三阶段充分探索和实施之前，退出往往已经安排好。有时，公司甚至在本书第八章，管理的早期部分内容完成之前就被出售了。这是机会主义的表现，还是因为CEO和董事会尚未准备好进入下一个更复杂的阶段？第八章讨论的"二元性组织"模型可以帮助我们更好地框定关于退出时机的讨论。

- ☑ 如果存在业绩差距（开发阶段其一）：董事会和首席执行官应该能够解决这个问题并获得回报。
- ☑ 如果存在机会缺口（开发阶段其二）：董事会和首席执行官应该能够利用这一点并创造价值。

这两种开发形式的实现都依赖于将一流人才（A类人才）放在关键岗位、制定连贯有效的战略、选择适当的商业模式、进行运营微调和加强财务管理。

在此过程中，战略收购方或私募股权公司可能会接洽，因为他们将绩效和机会差距视为理想的机会。但不要搞错了，对于有强大董事会支持的优秀 CEO 来说，机会也往往属于他们。

- 当有机会或有必要进行探索时：这是最大的机会所在，因为它不仅决定了未来的现金流，还提高了退出倍数。这再次可能使公司成为战略收购者或私募股权公司的目标。

搜索基金投资者和首席执行官对退出时机感到后悔的情况，有时可以解释为缺乏对开发模式和探索模式的洞察力，或缺乏建立一个真正的二元组织的能力。在其他情况下，驱动退出的四个因素可能同时存在。

马克·安德雷格（Mark Anderegg，Little Sprouts）在"时机"问题上的反思提供了一个深刻而诚实的见解。他分享了成功的搜索基金 CEO 在公司运营 3 到 5 年时面临的一种不幸但高度理性的思维模式。这些创业者在创业过程中承受了巨大的风险，现在在账面上已经拥有了可观的财富，但他们的银行账户却未必反映出这种财富。这时，一些心理动态开始显现出来，包括对账面财富的损失厌恶，以及对继续以同样雄心勃勃的增长速度复利增长的挑战和不确定性的担忧。这些因素使得很多人（包括他自己）产生了通过退出来稳固财务状况并降低未来风险的念头。

安德雷格在公司运营到第 3 年时，带着这些想法与董事会进行了沟通，建议公司在当时看起来非常火热的并购市场中寻求退出。一位董事会成员非常支持这个想法，而另一位则表示反对，认为这是"过早"出售。最终，大家一致决定看看市场的反应如何。投资银行家成功地吸引了多方报价，并达到了安德雷格的心理底价，拿到了全部的股权激励，于是他提议接受最具吸引力的报价。

那位反对出售的董事会成员继续表达了他的担忧，认为公司卖得太快，可能会错失更大的价值。更重要的是，他强调，安德雷格此时正逐渐适应CEO的角色，并有能力在未来几年内大幅增长业务。在他看来，安德雷格已经完成了所有艰苦的工作，却在丰收的果实刚刚开始结出的时候选择了退出。他的观点最终被证明是正确的。

尽管如此，董事会最终还是同意出售公司。两年后，安德雷格仍然担任新私募股权公司所有权下的CEO，此时一位欧洲战略买家有意进入美国市场，尽管公司并未挂牌出售，但他们依然提出了一个报价，企业价值是两年前私募股权公司支付价格的3倍多。几个月后，他们以这个价格将公司卖给了这家欧洲买家。

由于安德雷格在私募股权公司持有的股权激励相对于他的搜索基金要少得多，他错失了几百万美元的收益。换句话说，如果他当初没有第一次出售（而欧洲买家仍然如期出现），他的股权价值将比两次交易中所获得的总价值还要高得多。当然，对他的搜索基金股东来说，这种动态是真实存在的，而且规模要大得多。

这个经历带来了一个显而易见的教训：要定期与董事会进行开放而诚实的对话，讨论个人目标和恐惧。除了出售公司，总能找到其他的解决方案。长期复利的力量是无法替代的。

启动退出

虽然创业者最终是退出的关键一方，但在没有得到董事会正式批准前，不能也不应该启动任何形式的退出程序。

最终，任何退出都需要法律程序，而其中第一步就是获得董事会的批准。在拥有良好董事会的公司中，这一步通常不会引起争议。尽管可能会对最佳退出方案和时机持有不同意见，但最终董事会应该能够围绕一个退出策略达成共识。在做出推进决定之前，一两位董事和/或创业者可能还会想与其他股东探讨他们对公司业务和潜在退出的看法，然后再给予董事会最终批准。

关于董事会，还有一点值得注意，那就是优秀的董事会在做出正式决策时很少需要进行投票计数。相反，他们通常是基于共识运作的。实际上，如果一个董事会需要仔细计票，那么通常意味着存在更深层次的问题。这提醒我们要慎重选择董事会成员，确保其中有几位董事对协作性搜索基金模式有良好的理解。

退出过程最终也需要获得股东的批准。优秀的创业者和董事会通常能够有效地让股东理解并支持退出决策，因此最终的股东批准应该相对顺利。如果有一两位股东反对大多数人的最终决定，可以启用"随行权"条款。然而需要注意的是，有些收购方要求100%的股东同意交易，从而避免少数持不同意见的股东采取法律行动。因此，最好是争取所有股东的支持，使他们最终都能批准最终协议。

至于是否应该聘请财务顾问或让创业者自行管理退出过程，也是一个值得考虑的问题。一个由合理费用结构激励的优秀财务顾问，有时可以帮助公司实现最大价值。外部顾问能够以创业者无法做到的方式向买方展示关键点，例如强调创业者的优势或解释公司财务报告的清晰性和准确性。在某些情况下，这种顾问角色也可以由一位非执行董事担任，贯穿整个过程，与创业者密切合作。

如果退出过程由创业者主导，应该有一个明确的流程来保持董事会的信息通畅。毕竟，没有人希望在交易过程中出现意外，尤其是在最终决定所有人投资回报的交易中。

退出过程

出售一家公司，即使是部分出售，也是一个漫长而复杂的过程。这个过程很少会一蹴而就，而且通常需要创业者亲自管理。你可能会让财务顾问主导这一过程，但这也意味着你需要管理好这个顾问。如果你不积极参与和监督，流程的惯性可能会占上风，导致交易朝着你不希望的方向推进并最终交割。

需要参与的人员

创业者在退出过程中首先要做出的决定之一是确定应该让谁参与：管理团队

中的哪些成员应参与退出讨论？退出的可能性可能会引发焦虑或不必要的兴奋，这两者都不利于实际操作。因此，这一决定需要认真考虑。

首席财务官肯定会参与，因为财务报告对任何退出过程都是不可或缺的。其他高级管理人员的参与在很大程度上取决于与潜在买家的讨论情况，以及特定人员是否需要回答大量问题或提供正常报告之外的实质信息。创业者还需要认真思考自己能在多大程度上脱离日常业务活动，这又取决于管理团队的深度和实力（这也是重点打造 A 级团队的另一个很好的理由）。最后，一个人与团队成员的个人关系也会发挥作用，特别是当需要做出反映相互信任的决定时。

除了让少数高层人员参与外，显然不宜向员工透露考虑退出的消息。即使如此，敏锐的员工可能会察觉到一些不同之处。正如一位员工在罗布（Rob）进行贸易销售过程中观察到的那样："穿蓝色西装的人又来办公室了。"

另一个需要考虑的人事决策是，是否以及如何让非执行董事在过程中发挥作用。对此并没有固定的答案。有时创业者会亲自主导整个过程，并在遇到重大问题时咨询一两位董事的意见。而在其他情况下，某位董事会成员可能会与创业者密切合作，甚至参与谈判过程。

关键角色

明确每个团队成员在退出过程中的角色非常重要。例如，如果 CFO 在并购过程中非常有经验，他可能会扮演领导角色之一。了解谁将处理日常管理决策也非常重要，无论是由你亲自处理，还是由团队为你处理。在任何情况下，最关键的是你和你的团队必须继续专注于业务的建设，不能在这个过程中分心。

数据空间

建立一个数据空间（Data Room）供潜在买家访问是常见的做法。如果你有财务顾问，他们会指导你在数据空间里放置什么内容，如何予以展示。如果你亲自处理（或通过你的 CFO 处理），你需要决定在流程的每个阶段提供多少信息，以及何时披露高度敏感的信息，例如主要客户的身份。这也是管理整个过程的一部分。

谈判

尽管任何一部分都不简单，但价格和支付条款可能是谈判中相对最直接的部分。困难的部分通常是陈述与保证条款。当你购买公司时，你可能还记得曾经为这些条款进行过谈判。现在，你站在了谈判的另一边，买方会要求你提供陈述和保证条款，你可能还需要为这些保证提供一定的托管资金，这并不意外。

这些谈判至关重要，并且会对你和投资者最终获得的回报产生巨大影响。如果在谈判过程中遇到瓶颈，不要犹豫，可以让一两位董事会成员或股东参与讨论。他们的经验和视角可能会帮助你解决一些问题，或促使你在谈判中采取更强硬的立场。

管理退出过程

管理退出流程至关重要。你必须全程掌控，不要让事情自行发展，否则可能会失去控制，尤其是在不谨慎的情况下。管理流程的一个重要部分是明确你个人的目标，同时也要清楚企业及其股东的目标和需求。

管理过程意味着在退出期间管理中介机构、股东期望和关键员工期望。好的财务顾问对退出过程非常有经验，可以有效地带领你完成这个过程。但重要的是要记住，他们的主要目标是完成交易。考虑到你的个人目标，并认识到退出后要扮演的新角色，你的个人目标可能会更微妙一些。

管理股东的期望同样重要。正如你在平时保持股东对公司业绩的知情一样，如何以及何时与股东沟通也是一个需要深思的问题。考虑到退出过程会不断变化，你会希望尽可能保密，因此试图定期汇报最新情况是不现实的。你也不希望让股东对于此事的定期汇报过于期待，事实上，与股东的沟通工作也可以由你的某位董事来承担。何时需要股东的意见或批准会很明显。在需要时你或指定的董事可以联系他们。

关键员工的期望也需要谨慎管理。有一些令人遗憾的例子，一些员工期待通过退出获得一笔丰厚的回报，甚至在交易完成之前就开始花钱。你可以想象，如果退出流程最终失败，这对公司的影响会有多大。

最后，考虑你自己的个人情况。你还记得购买公司时的流程，因此这对你来说并非完全陌生。然而，情感上的体验将与当初购买时截然不同。

还记得我们谈到的卖方如何面对转让公司的事实以及他经历的情感过山车（图7-3）吗？你也应该预料到自己会经历同样的情绪波动。A.J. 瓦瑟斯丁（A.J. Wasserstein）等人在一篇必读的文章中称其为情感弧线，并将其描述如图11-1所示。

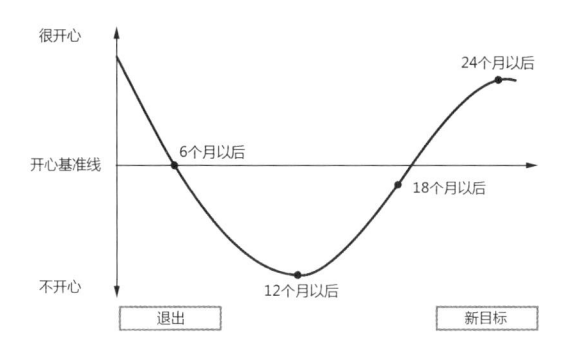

资料来源：奥登达尔、本格布罗德、沃瑟斯坦、阿格纽和奥康纳。

图 11-1　情绪弧线

这就是为什么你需要非常清楚地知道你希望从退出流程中获得什么，以及你不愿接受的条件。然后你必须全程掌控，以确保你能够实现这些目标，而不必接受不满意的条款或条件。

咨询公司外的人员也可能是有益的。这可能是一位非执行董事、一位投资者，或者是公司外的一位朋友——一个你信任的人，可以作为你的倾听者，你可以与他开放地讨论你的个人担忧和愿望，并且他过去的意见一直都被认为是合理且有帮助的。

再次强调，要牢记你的业务。即使你会被退出谈判和法律程序的细节所淹没，你也不能放松对业务的关注。最终，你对公司的业绩负责，必须找到一种方法，确保公司的表现不会因为缺乏关注而下滑。

这是一个非常个人化的决定

最终，退出将是创业者的决定，也是一个非常个人化的决定。重要的是要认识到，实际上是你在控制着任何的退出决定。正如比尔·伊根（Bill Egan）喜欢说的："火车司机如果下车，我也跟着一起下车。"一个成功公司的退出，最终是由创业者驱动和主导的。

明确你希望从这个过程中得到什么，你愿意接受什么、不愿意接受什么。虽然你不想因为过度谈判而破坏交易，但你应该随时做好放弃的准备。同样，不要让事态的发展迫使你做出决定。

确保你了解有哪些替代方案，记住寻找最优替代方案（即BATNA）以及退出后的生活可能会是什么样子，退出可能会成为你人生中的一个真正的转折点，要头脑清晰地进行思考，谨慎管理整个过程。

退出后的生活

当你决定筹集资金并寻找一家要收购的公司时，你迈出了勇敢的一步。在整个寻找过程中，你无疑学到了很多，也成长了许多。然后，当你完成收购并为新公司的第一天做准备时，这几乎像是重新开始学习的过程——但这次你不仅要为投资者和自己负责，还要对所有员工负责，而到收购为止，创业路途刚刚开始。

如今，经过数年努力，你已经建立了一家扎实的企业，这家企业充满了你的价值观。现在，有人对这家企业表现出兴趣，收购方的报价也印证了或许是时候考虑出售了。你已经思考过出售后的生活，那时你可能需要在公司过渡期内继续工作，甚至可能更长时间。然而，这段时期也终将结束，新的篇章将为你开启。那时，你的生活会是什么样子？

这是一个重要的问题，实际上，许多人可能也希望自己能面临这个问题，但这并不总是容易回答的。

我想做什么？

你首先面临的问题是：现在该做什么？是的，你可能在有生以来第一次拥有了一些资本，最初你需要决定如何处理这些资金以及如何管理它们。但同时，你可能还会发现一个更深层次的问题在困扰着你：我真正想要的人生是什么？

罗布（Rob）记得在自己退出后，曾与伊尔夫·格劳斯贝克（Irv Grousbeck）讨论过这个问题，所有经营者都应感谢伊尔夫，他创建了搜索基金模式，并将支持和合作的价值观注入了这个社区。伊尔夫指出，拥有许多选择并不会让最终的决定变得更容易。事实上，正如他继续说道，过多的选择反而让问题更加复杂。

你会问自己许多问题：我是否想继续打拼？是不是时候寻找另一家企业来经营或再次进行收购式创业？我是否愿意像许多前经营者那样，继续活跃在搜索基金社区？我从搜索基金模式中获益良多，我的参与可以帮助其他年轻人也获得同样的机会。这是一个崇高的选择。

我甚至还想是否继续待在商界？也许是时候追求那个一直潜藏在内心深处的梦想了，去从事慈善工作，重返大学深造，在孩子的学校承担重要角色，追寻精神道路，搬到一个新国家开始全新的生活，或者干脆来一次非常长的假期。而我的配偶或伴侣对此怎么看呢？毫无疑问，他们也必须参与到这个决定中来。

正如来自 Brown Robin Capital 的卢卡斯（Lucas）和瑞安（Ryan）所分享的那样："我们的导师给了我们一个很好的建议：在出售后的六个月内，不要做任何重大的决定，不要进行大额投资，不要进行大额购买，不要做出职业决策。他告诉我们要花些时间，让自己从中抽离出来，观察自身观点的改变。他建议我们花时间认真思考，保持开放的心态，看看我们会发现什么。他临别时还说，要开始了解什么能带给我们能量和快乐。"

新的职业

观察其他经营者在出售公司后的选择可以给你带来一些启发。柯克·雷丁格

（Kirk Riedinger）和杰米·特纳（Jamie Turner）是最早的一对搜索基金经营者，他们选择继续在搜索基金社区内从事业务，这次的身份是投资者。他们独立运作，在国际范围内投资搜索基金项目，同时还担任搜索基金和公司的董事会成员。

彼得·凯利（Peter Kelly）也是早期的经营者之一，他同样开始投资并担任董事会成员。但随后，他决定回到母校斯坦福大学商学院教授搜索基金课程，与搜索基金之父伊尔夫·格劳斯贝克（Irv Grousbeck）紧密合作。后来，他携家人搬到马德里，度过了一年的国际生活体验。那一年的生活使彼得萌生并实践了在巴塞罗那的 IESE 商学院引入并开始教授搜索基金课程的想法。

在发展并出售了他们通过搜索基金收购的公司后，杰伊·戴维斯（Jay Davis）和杰森·帕纳诺斯（Jason Pananos）成立了 Nashton 公司，专注于投资其他搜索基金。此外，他们还与卢卡斯·布劳恩（Lucas Braun）、瑞安·罗宾逊（Ryan Robinson）（Brown Robin）以及 G.J. 金（G. J. King）和威尔·布雷斯曼（Will Bressman）（BK Growth）合作，创立了 The Search Project，一个通过系列网络研讨会小组讨论各种搜索基金话题的平台。像许多其他前经营者一样，G.J.、杰伊、杰森、卢卡斯、瑞安和威尔都是商学院的常客讲师。

有趣的是，卢卡斯·布劳恩曾是彼得·凯利（Peter Kelly）和杰拉尔德·瑞斯克（Gerald Risk）在斯坦福选修课"搜索基金车库"（Search Fund Garage）中的"大咖助教"（TA-Deluxe）。这只有在"搜索基金国度"（Searchfundlandia）才能发生。

桑德罗·米纳（Sandro Mina）、杰夫·史蒂文斯（Jeff Stevens）和吉姆·萨瑟恩（Jim Southern）也选择了搜索基金投资者的道路，但他们各自筹集了专门用于投资搜索基金的基金。如今，Relay Investments（桑德罗）、Anacapa Partners（杰夫）和 Pacific Lake Partners（吉姆）都是搜索基金及后续收购项目的常规投资者。

尽管仍然活跃在搜索基金社区，并在斯坦福商学院教授课程，早期经营者戴维·多德森（David Dodson）将重心放在了他创立的一家国际慈善机构上，

第十一章

Project Healthy Children，其致力于消除全球范围内的儿童饥饿和营养不良，该项目得到了搜索基金社区其他成员的部分支持。戴维还曾在闲暇时间竞选美国怀俄明州参议员。

所有这些例子都展示了投资者杰拉尔德·瑞斯克（Gerald Risk）反复强调的一个事实：经营者与其投资者之间的关系是长期的，这种关系可能会持续数十年，远超最初的搜索基金投资。这种关系也进一步体现了搜索基金社区合作精神和价值观的延续。

我想成为什么样的人？

在思考下一步行动时，美国作家、哲学家、神学家、教育家和民权领袖霍华德·瑟曼（Howard Thurman）的一句话或许能带来启发："不要问自己世界需要什么，问问自己是什么让你感到真正活着，然后去做那件事，因为世界需要的是那些充满生命力的人。"当你能够回答是什么让你感到充满活力时，你就已经开始回答你想成为谁。

在思考这个问题时，你可能还读一下克莱顿·克里斯坦森的优秀著作《你将如何衡量你的生活？》。克里斯坦森讨论了一个人应该考虑的关键问题，然后总结道："思考一下你的人生将被如何衡量，并决心每天都以一种最终让你的人生被评判为成功的方式生活。"正如他所说："不要把你最好的想法留给你的事业。"

每年，罗布（Rob）都会给他的学生上一堂关于创业者生活的简短课程。在课程中，他指出了创业者生活中的众多挑战和回报。接近尾声时，他谈到创业者每天都感受到的"无尽压力"，以及其中一个最大挑战是如何在生活中找到平衡。课程的结尾，他说这段时间也可以是人生中最美好的时光。这里选择"可以是"这个词是有意为之，因为它呼应了克里斯坦森的观点。如果能保持一切的平衡和正确的视角，这段时间就可以是人生中最美好的时光。同样的原则也适用于你人生的下一步。决定你将如何衡量你的人生，并追随那条道路，最终将定义你是谁。

做一名朝圣者，去迎接艰险

远离安逸的人生坦途

以灵魂直面未知

同勇者一齐寻求启迪

经历严寒与饥饿

炽热与干渴

活下来

迎接新的挑战与黎明

唯有如此

你才会寻觅到心底的平和，并说道

我曾俯视那座山的彼端

洞悉了所有奥秘

我心充盈，人生圆满

我走过了自己选择的道路

师父，我们是朝圣者

我们将积跬步行千里

或许我们会翻越

最远的那座

披着白雪的，蓝色的山

横渡那

怒涛汹涌，光粼闪烁的海

——詹姆斯·埃尔罗伊·弗莱克（James Elroy Flecker）

致　谢

本书旨在将整个社区中，分散各处的知识和智慧汇集于一处。在相关学术研究的支持下，书中还为读者提供了经过验证的框架、方法论和策略。最终，本书得益于众多搜索基金和收购式创业社区的成员以及我的学术同行们的支持，其中一些人我要特别感谢。

首先，我要感谢我的朋友和同事：罗布·约翰逊（Rob Johnson，IESE 商学院）、彼得·凯利（Peter Kelly，斯坦福商学院）和西蒙·韦伯斯特（Simon Webster，伦敦商学院和剑桥大学），他们不仅为本书部分内容作出贡献，还提出了宝贵的意见。同时，我也要感谢吉姆·埃利斯（Jim Ellis，斯坦福商学院）在我撰写初期给予的指导。

此外，本书还受益于以下人士的建设性反馈：科利·安德鲁斯（Coley Andrews，Pacific Lake Partners）、比尔和马克·伊根（Bill and Mark Egan，Marion Equity）、桑德罗·米纳（Sandro Mina）和塞西莉亚·卢利（Cecilia Lulli，Relay Investments）、杰拉尔德·里斯克（Gerald Risk，TTCER）以及威尔·索恩代克（Will Thorndike，Housatonic Partners）。托马斯·贝格斯特兰德（Tomas Bergstrand，Archipelago Capital）、马特·埃斯特普（Matt Estep，Bosworth Capital）、乔治·扬科维奇（George Jankovic，T3 Ventures）、安迪·洛夫（Andy Love，Aspect Investors）、图沙尔·沙阿（Tushar Shah，Kinderhook）和巴奇·斯通（Badge Stone，WSC & Company）也为本书提供了更多的想法和意见。

正如艾萨克·牛顿（Isaac Newton）所说："如果说我看得更远，那是因为站在巨人的肩膀上。"我不敢断言自己看得更远，但我确实站在了一些非常高大而强壮的肩膀上,特别是乔治·阿克洛夫(George Akerlof)、迈克尔·斯彭斯(Michael Spence)和约瑟夫·斯蒂格利茨(Joseph Stiglitz,信息不对称)、马克斯·巴泽曼(Max Bazerman,谈判)、史蒂夫·布兰克(Steve Blank)、鲍勃·多夫(Bob Dorf)、亚历山大·奥斯特瓦尔德(Alexander Osterwalder)和埃里克·莱斯(Eric Ries,精益创业与实验)、克莱顿·克里斯滕森(Clayton Christensen,颠覆性创新)、阿斯沃斯·达莫达兰(Aswath Damodaran,估值)、彼得·德鲁克(Peter Drucker,管理)、丹尼尔·卡尼曼(Daniel Kahneman)和阿莫斯·特沃斯基(Amos Tversky,行为洞察)、大卫·纳德勒(David Nadler)和迈克尔·塔斯曼(Michael Tushman,协同理论)、查尔斯·奥赖利(Charles O'Reilly)和迈克尔·塔斯曼(双元性理论)、克里希纳·帕勒普(Krishna Palepu,公司治理)、迈克尔·波特(Michael Porter,行业竞争力)以及埃弗雷特·罗杰斯(Everett Rogers,扩散理论)。我特别感谢迈克尔·塔斯曼,他审阅了涉及他多个专业领域的手稿部分。迈克尔是我最喜欢的教授之一,他拥有无尽的精力、热情和慷慨。

我也非常幸运得到了 IESE 国际搜索基金中心、斯坦福创业研究中心以及耶鲁大学的 A. J. 瓦瑟斯丁(A. J. Wasserstein)的支持和帮助,他个人几乎就是一个研究中心。

过去十年里,许多收购创业者与我分享了他们的时间、智慧和趣闻轶事,我对此深表感谢。本书特别受益于以下创业者的慷慨支持:马克·安德雷格(Mark Anderegg)、兰斯·巴纳德(Lance Barnard)、阿德里安·巴尔塔(Adrian Bartha)和乔希·勒布伦(Josh LeBrun)、马克·巴尔托缪斯(Marc Bartomeus)、蒂尔·博塞特(Till Bossert)和托比亚斯·瑞伯(Tobias Raeber)、卢卡斯·布劳恩(Lucas Braun)和瑞安·罗宾逊(Ryan Robinson)、威尔·布雷斯曼(Will Bressman)和 G. J. 金(G. J. King)、赫尔曼·卡纳莱(Germán Canalé)和何塞·巴勃罗·费尔南德斯(José Pablo Fernández)、华金·塞佩达(Joaquín Cepeda)、理查德·查利斯(Richard Challis)和丹尼尔·波特吉特(Daniel Potgieter)、泰勒·科茨(Tyler Coats)、杰伊·戴维斯(Jay Davis)和贾森·帕纳诺斯（Jason Pananos）、蒂亚戈·德·阿西斯·席尔瓦（Thiago De Assis Silva）、阿尔瓦罗·德·里维拉（Álvaro De Rivera）、丹尼尔·迪·切科（Daniel Di Cecco）和费尔南多·吉列姆（Fernando Guillem）、圣地亚哥·杜兰（Santiago Duran）和塞巴斯蒂安·佩雷斯（Sebastian Pérez）、卡洛斯·费尔南德斯（Carlos Fernández）、劳拉·富兰克林（Laura Franklin）和威廉·科尔特（William Colt）、扬·弗里茨（Jan Fritz）和克里斯·瑟尔（Chris Sehr）、弗朗西斯科·加拉兹（Francisco Galaz，董事会成员）、苏米特·加格（Sumit Garg）、尼基塔·戈赛恩（Nikita Gossain）、艾伦·格雷科（Alan Greco）、布拉姆利·约翰逊（Bramley Johnson）、简·卡格瓦（Jane Kaggwa）、亚历山大·科恩（Alexander Kirn）、克里斯蒂安·劳伦斯（Christian Lawrence）和基阿伦·鲍尔（Ciaran Power）、恩里科·马尼亚尼（Enrico Magnani）和帕特里夏·里奥佩尔（Patricia Riopel）、詹姆斯·麦克斯韦（James Maxwell）、杰夫·奥尔登堡（Jeff Oldenburg）、拉贾·普拉萨纳（Raja Prasanna）、杰西卡·帕特森（Jessica Patterson）和乔·奥德尔（Joe Odell）、柯克·里丁格（Kirk Riedinger）和杰米·特纳（Jamie Turner）、安德鲁·萨尔顿（Andrew Saltoun）、马里奥·西西里亚（Mario Sicilia）和何塞·费尔南德斯（José Fernández）、约翰·谢菲尔德（John Sheffield）、拉斐尔·索莫萨（Rafael Somoza）和何塞·斯特拉（Jose Stella）、吉姆·南部（Jim Southern）、里兹·斯泰特勒（Ritz Steytler）以及马克西米利安·魏德尔（Maximilian Weidl）。

同样要感谢的是手稿的编辑们：尼克·阿尔伯特（Nic Albert）、佩里科·波斯蒂戈（Perico Postigo）、凯瑟琳·普拉特（Katherine Pratt）和贾斯廷·沃森（Justin Watson）。此外，我要感谢我最亲密的朋友托尼·达维拉（Tony Davila）整个过程中对我的指导。

关于附录部分，我们要感谢 Stikeman-Elliott 的马里奥·尼格罗（Mario Nigro）。他是加拿大搜索基金社区的真正朋友。马里奥的支持远超"职责范围"，他为加拿大的搜索者和投资者提供了巨大的帮助。

由于本书主要是在周末和假期写作的，如果没有我的家人凯特（Kate）、哈莉亚（Halia）、阿莱卡（Aleka）和马多克斯（Maddox）的持久耐心、善良和支持，这本书根本不会存在。感谢你们！

如果没有这么多令人赞叹的、充满勇气的社区成员，没有那些有胆量相信自己能够收购企业并成为改变世界领导者的人，本书就不会诞生。同样，如果没有后来者怀着追随前辈脚步的勇气与渴望，本书也不会诞生。向你们所有人致敬。

最后，一些商业领域确实拥有以最敏锐的智慧元素和最坚强的道德成分构建的远见卓识的领导者。这些领导者不仅塑造了他们的领域，提供了思想领导力，还设定了基调和文化。我们搜索基金界深深感谢艾尔夫·格罗斯贝克（Irv Grousbeck）在创建搜索基金时承担了这样的领导角色，为其提供了关怀和合作的文化，并给了他人加入其中的机会。我相信，为了使这个社区持续繁荣，我们必须理解并与艾尔夫的精髓融为一体。正如《哈姆雷特》中的一句警言："Here in lies the rub（此乃症结所在）"

让·赛门
2021 年 7 月 4 日于狮子湾

关于作者和贡献者

关于作者

让·赛门（Jan Simon）是繁祚资本（Vonzeo Capital Partners）的管理合伙人，该基金在全球范围内投资搜索基金。他也是 IESE 商学院国际搜索基金中心的学术主任。

让在投资行业工作了近二十年，曾效力于所罗门兄弟公司（Salomon Brothers）、美林证券（Merrill Lynch）和高盛集团（Goldman Sachs）。他曾担任所罗门兄弟新兴市场交易台的联席主管，在高盛设立了大陆销售交易台，并且是美林证券对冲基金咨询小组的成员。

让曾在多所著名商学院任教，包括伯克利大学（哈斯商学院）、剑桥大学（贾奇商学院）、IESE、INSEAD、牛津大学（赛义德商学院）、罗特曼商学院和西蒙弗雷泽大学（比迪商学院）。他多次获得教学奖项，并被《经济学人》评为全球前 20 名商学院教授之一。

他的专长领域包括：投资策略、并购以及收购式创业。他曾管理股票和固定收益的投资，并为对冲基金提供多种策略的建议。他的研究成果发表在《金融网络理论期刊》和《英国管理学杂志》等学术期刊上，并在彭博商业周刊、金融新闻、金融时报、《对冲基金杂志》和 SCOPE 等媒体中被讨论。

让拥有天主教鲁汶大学的法学学士和法学硕士学位，IESE 商学院的工商管理硕士学位，埃塞克斯大学的金融学博士学位，以及罗特曼管理学院的企业董事

ICD. D 资格认证，并在哈佛商学院完成了高级管理课程（AMP）。

他曾服役于第一伞兵营和突击队的特种作战团，以及北约特种干预部队、ACE 机动部队。他同时拥有绿色和红色贝雷帽资格。

关于贡献者

罗布·约翰逊（Rob Johnson）是 IESE 商学院创业系的访问教授，同时也是一位成功的企业家和风险投资人。从 1994 年起，他在伦敦商学院执教十年，期间设计并教授了创业金融课程，并创立了"年度欧洲商业计划竞赛"。他于 1994 年开始在 IESE 教学，随后在 IESE 成立了国际搜索基金中心。他在 IESE 出版社发表了大量案例和技术文章，是国际搜索基金领先研究的合著者。

罗布曾担任多家私营公司的董事，包括第一家由搜索基金收购的公司，并在这些公司从早期融资到成功的商业出售和首次公开募股（IPO）的过程中都积极参与。他目前在繁祚资本和 Palamon Capital Partners 的咨询委员会、柬埔寨-老挝-缅甸发展基金的投资委员会以及多家搜索基金公司的董事会任职。此外，他还担任巴黎美国图书馆的董事，并曾任该图书馆的财务主管。

罗布拥有戴维森学院的文学学士学位，弗吉尼亚大学达顿学院的 MBA 学位及伦敦大学海斯罗普学院的基督教和跨宗教对话硕士学位。

彼得·凯利（Peter Kelly），是现任 Auronix SAPI、Huneeus Wines（执行董事长）、MasLabor 和 ResponseLink LLC（董事长）的董事。他曾于 1993 年至 2010 年担任 Med-Mart/Pacific Pulmonary Services（"PPS"）的首席财务官、总裁和首席执行官，该公司是一家提供家庭呼吸服务的企业，由彼得共同创立的搜索基金于 1993 年收购。

Peter 曾担任 PPS、AquaVita Holdings、eComplance LLC、Krueger Gilbert Health Physics Inc、Northstar Anesthesia Inc、Guardian Home Care Holdings Inc、Medical Equipment Distributors Inc、The Governance Institute Inc、呼吸护理质量委员会（主席）、美国家庭护理协会和马林学院的董事。

他目前在斯坦福商学院教授收购式创业、搜索基金车库以及成长型企业管理课程。他还是私人公司的投资者，并积极参与搜索基金。此前，他在 TA Associates 负责发掘并投资成长型软件和通信公司。

他的教学方法注重实践，严格但有趣，并基于严谨的思考。他拥有 17 年的医疗保健服务公司 CEO 经验，该公司从 170 名员工发展到 1 400 名员工。此外，他还担任过 12 家公司的董事，并在 8 个国家投资了 50 家私人公司。

他在斯坦福出版社出版了十多个案例和技术文章。他是两个领先的搜索基金研究（IESE 和斯坦福）的合著者。

西蒙·韦伯斯特（Simon Webster）是一位投资者和企业家，他筹集了美国以外的第一个搜索基金。通过搜索基金模式，他于 1990 年收购了一家英国公司 RSL，并成为其 CEO。西蒙通过有机增长和收购，使公司在 10 年中增长了近十倍的销售额。他在 2005 年主导了公司的出售，并一直担任 CEO 至 2007 年，为投资者创造了顶级回报。

西蒙在伦敦商学院（London Business School）和剑桥大学（Judge-Cambridge）教授收购式创业课程，是欧洲工商管理学院（INSEAD）的驻校创业者/企业家。他是 IESE 国际搜索基金中心顾问委员会主席，并帮助组织了在巴塞罗那 IESE 举行的国际搜索基金会议和在慕尼黑 IESE 举行的首届欧洲搜索基金投资者日。

西蒙在全球范围内投资并指导搜索基金创业者，且担任多家公司的董事会成员，其中大多数公司是由搜索基金创业者收购的。他还在繁祚资本的咨询委员会任职，繁祚资本是美国以外首个专注于搜索基金的机构投资者。

附　录

以下的保密协议（NDA）和意向书（LOI）将使你对这些法律文件的措辞和涉及的话题有一个良好的理解。然而，请注意，每个交易、情况和谈判都有其独特的细微差别。优秀的研究者和操作人员应寻求精通公司法和企业收购的法律专家的法律建议。[①]

[①] 鉴于不同地区的法律使用场景差异，本中文译本仅提供中文版保密协议模板，未包含英文版的保密协议及意向书。——译者注

保 密 协 议

本保密协议（"本协议"）由以下双方于【　】年【　】月【　】日在【　】签署：

甲方：【　　】
乙方：【　　】

（以上当事人在本协议中又可单独称为"一方"或合称为"双方"；提供信息的一方以下称为"提供方"，接收此种信息的一方以下称为"接收方"。）

鉴于接收方拟与提供方就【　　】项目（"项目"）进行合作，在双方协商及工作中提供方（包括其相关人士，定义见第一条）将向接收方（包括其相关人士）披露一定的具有价值的专有信息，因此，双方同意订立本协议：

第一条　保密信息

"保密信息"应包括但不限于接收方从提供方处获得的未公开披露的信息、知识、数据、绘图、专有技术、分析、计算、编辑、研究和其他材料；保密信息还包括接收方从上述信息或者与上述信息相关的信息开发得到的信息以及其他具有保密性性质的信息。所有这些信息在本协议中总称为"保密信息"。

"相关人士"包括公司股东、关联方以及各自的董事、雇员、咨询者、代理人、顾问。

第二条　信息的提供

双方同意按照本协议的目的提供和使用保密信息。此外，提供方同意保密信息可以提供给接收方的相关人士。

第三条　权　　属

接收方认识到提供方提供的保密信息属于提供方有价值的特殊财产，并且提供方提供该等保密信息不应该被视为向接收方授予了任何关于保密信息的权属权利。

第四条　披露和使用保密信息的限制

接收方应将保密信息限制在接收方及其有必要知晓保密信息的相关人士的范围内，并对自身及其相关人士的保密义务负责。双方同意，除非按任何适用法律法规、监管规则或者按有管辖权的司法机关或监管机构的要求作出披露外，在没有取得提供方事先同意之前，不向任何其他个人、商社、公司、联合体或其他团体披露保密信息，且不为本协议目的以外的目的使用保密信息。

第五条　注意义务标准

双方同意在保护另一方的保密信息时，其注意义务的标准不低于保护自己的专有的保密信息的标准。并且，保密信息的储存和处理方式应当符合避免未经授权的披露和使用的要求。

第六条　保密信息的销毁

在本协议有效期后，提供方经提前 20 个工作日书面要求接收方销毁任何依本协议而提供的书面保密信息及其复印件，除非在合理情况下、在适用法律法规、监管规则，或者按有管辖权的司法机关、监管机构或内部制度的要求必须保留复印件的情形下，接收方将会销毁有关书面保密信息及其复印件。

第七条 除 外 信 息

本协议规定的保密信息不包括以下信息：

（a）在从提供方处获得前，已经为接收方掌握的信息；

（b）已经是或者正在为公众所知的信息，除非为公众所知是由于接收方违反本协议；

（c）由接收方独立开发的信息；

（d）如接收方或相关人士被任何适用法律法规、监管规则或者按有管辖权的司法机关或监管机构强制要求披露任何该等保密信息资料，接收方应在法律法规允许的情况下及时通知提供方，以便提供方就该等披露申请豁免。如未能取得豁免，则接收方及其相关人士应将该等披露局限于法律法规、监管规则强制要求披露的最小范围内。

（e）依提供方的书面授权而向第三方所披露的保密信息；

（f）从第三方获得的信息，该等第三方没有受到类似保密义务的限制。

第八条 违 约 责 任

如接收方未按本协议各条所述义务保密或引用保密信息谋利并因以上行为导致提供方遭受实际损失的，接收方应向提供方作出相应赔偿，但接收方不承担提供方的间接损失（包括但不限于利润损失、机会损失等）。

第九条 期　　限

本协议有效期限为从本协议签署之日起计的【　】年届满，但对于未公开之保密信息的保密义务应持续存在直至其成为公开信息之日为止（以较早发生者为准）。

第十条 公 开 宣 布

双方同意，对双方间的任何讨论或协商的内容，任何提出的安排或协议，以及任何与以上内容相关的其他信息进行严格的保密,并且在未经双方同意的情形下不公开披露。双方同意,双方均不能、也不允许任何双方的关联公司、子公司、个人或其他实体,在没有事先征得另一方书面同意前,就此类安排或协议的讨论以及其他正在讨论或协商的商业和操作计划做任何公开宣布,无论是以新闻还是其他形式进行发布。

第十一条 陈述和保证

双方均向对方陈述并保证其为所注册地法律合法成立并依法存续的实体。双方均保证,其有完整的权力及相关授权,能够独立签署本协议,并且能够从事为履行本协议而必需的各类事项。

第十二条 法律适用及争议解决

本协议的签署、效力、解释、履行、强制执行、修改或终止等均适用中国法律(不包括香港、澳门、台湾地区法律)。

因本协议引起的或与本协议有关的任何争议,各方应通过友好协商的方式解决;上述协商应在一方书面通知另一方存在争议后随即开始。

若双方不能在收到本条第 2 款所述之通知后的 60 日内通过友好协商解决争议,则任何一方可将上述争议提交予【　　　　　】(仲裁机构)按照其届时有效的仲裁规则在【　】进行仲裁。仲裁裁决是终局的,对双方均有约束力。

第十三条 一般条款

本协议是双方就所涉内容的完整文件,它取代了双方以前对这些内容所做的全部口头或书面协议。没有经过双方书面签署认可,对本协议任何条款的修订、解释或弃权是无效的。

任何一方延迟行使任何权利、权力或特权,并不是对这些权利、权力和特权的放弃。任何现在对该等权利、权力或特权的弃权行为或声明,或任何单一或部分地行使权利、权力或特权,不会排除以后完全行使或对其他相同权利、权力及特权的行使。

所有段落的名称只是为了方便的目的，并不影响本协议内容的意思或解释。所有本协议项下的通知、请求或其他往来讯息均应使用书面形式。该等通知、请求或其他往来讯息应当亲自送交，或者以挂号信或特快专递的形式寄出，或者以传真发出。寄出地址应为被送达方（或各方）在本协议开始处注明的联系地址或者由被送达方（或各方）按照本条另行通知的送达地址，传真号码亦须按照本条款作另行通知，而首次通知必须亲自送交，或者以挂号信或特快专递的形式寄出。变更地址或传真号码的一方应以传真形式将有所变更的新地址或传真号码通知对方。任何通知、请求或其他往来讯息以邮递方式寄出时，于交邮后的第十日视为收到；以传真方式发出时，于传输成功时视为收到。

如果本协议的一个或多个条款因任何理由而被认定为无效、非法或不可强制执行，该等无效、非法或不可强制执行应不影响本协议其他条款的效力。但是，本协议在解释时，应按照如同从来没有订立过这些无效、非法或不能强制执行的条款一样来解释。并且，本协议应尽量依照原有的目的来履行。

本协议自双方签章之日起生效。本协议一式两份，双方各持壹份，每份原件具有同等法律效力。

（以下无正文，签署页随后）

本页为保密协议之签署页

兹证，本协议已由以下双方于本协议首页列明的日期签署：

甲方：

乙方：

推荐语

本书内容全面，研究深入且极具实用性，对搜索基金与收购式创业领域的文献做出了重要贡献。它是我们协作生态系统中的开创性参考书。

——H. 欧文·格罗斯贝克（H. Irving Grousbeck），斯坦福大学商学院

让（Jan）多年来深入研究搜索基金，这本书充分体现了他对该模式的深刻理解。本书不仅是对已身处搜索基金领域人士的馈赠，也为那些考虑加入该行业的人提供了宝贵的资源。

——科利·安德鲁斯（Coley Andrews），太平洋湖伙伴（Pacific Lake Partners）管理合伙人

如果你正在考虑进行收购式创业，我强烈推荐这本书。书中充满了行业专家和业内人士的深刻见解和实用建议，真希望在我进行搜索和收购时就能读到它！

——桑德罗·米纳（Sandro Mina），砺雷投资（Relay Investments）管理合伙人

从未有过一本如此实用和完整的收购式创业指南。《搜索基金与收购式创业》内容详尽，令人惊叹。这是任何有志成为搜索者的必读书籍，也将可能是正在创业旅程中的收购创业者重要年度读物。

——杰森·帕纳诺斯（Jason Pananos），纳什顿公司（The Nashton Company）联合创始人，哈佛大学商学院高级讲师

让（Jan）为任何有意了解这一独特且未被充分认知的领导者和投资者群体的人撰写了一本必读之书。本书深入剖析了支撑他们卓越成功的策略、核心价值观和薪火相传的精神。他们通过收购并长期经营企业，创造了在任何环境下都罕见的回报。这本书为他们的成就做了应有的诠释。

——杰拉尔德·里斯克（Gerald Risk），TTCER Partners 合伙人、斯坦福大学商学院管理学讲师

这本书对收购式创业进行了务实、深刻且全面的探讨。尤其独特的是，让（Jan）能够将财务分析与商业战略、领导力、运营管理以及组织架构相结合，整合出高绩效组织的核心构建要素。这本书将成为搜索基金文献中的奠基之作。

——迈克尔·L. 塔什曼（Michael L. Tushman），哈佛大学商学院贝克基金会教授

让（Jan）对《搜索基金与收购式创业》一书做出了卓越的贡献。这是一本为搜索基金创业者量身打造的实用指南。书中见解深刻、内容详尽，充满了可操作的技巧和策略。对于任何考虑投身搜索基金之路的人来说，这都是一本引人入胜的必读书目——在我的课程中更是必修读物。

——A. J. 沃瑟斯坦（A. J. Wasserstein），耶鲁大学管理学院尤金·F·威廉姆斯管理实践讲师

《搜索基金与收购式创业》是一本极佳的入门书籍。它清晰地阐述了搜索基金的运作模式和步骤，链接了风险投资、私募股权投资和并购基金的相关知识，为亚洲在这一领域的发展提供了宝贵的见解。

特别值得一提的是，书中强调了社区和生态圈的构建，以及企业利益方的关系平衡，展示了新一代投资模式的潜力；书中对于退出模式的探讨也有重要的借鉴意义。此书是希望了解搜索基金及其在亚洲发展潜力的投资者的必读之作。

——李沛伦　友仑集团董事长，创始人

搜索基金（Search Fund）作为收购中小企业来实现创业梦想的独特路径，给市场带来更多创新活力，译作填补了该领域书籍空白。

——管建军　国浩律师（上海）事务所　合伙人